看视频学修车系列

汽车电工入门

（彩色图解+视频）

刘春晖　刘玉振　张洪梅　编著

机械工业出版社

本书为篇章结构，分别是电工基础篇、燃油汽车篇和电动汽车篇。电工基础篇包括汽车电工基础；燃油汽车篇包括电源系统、起动和点火系统、照明和信息显示系统以及空调系统；电动汽车篇包括电动汽车总体结构、电动汽车能量管理和充电系统以及电动汽车高压部件和动力系统。本书内容主要针对电动汽车维修从业人员和汽车电器维修工，希望通过理论知识和实际操作方法的讲解，帮助广大读者学习与掌握汽车电工基础知识和维修操作技能，便于读者了解汽车电器的特点以及电器故障的一般诊断方法，进而更好地掌握汽车电气系统的维修诊断技术，提高汽车维修电工的实践技能。

　　本书语言精练、以图为主、内容丰富、实用性强，配套视频课程，读者可通过"天工讲堂"小程序观看，既可供初学汽车维修技术的人员使用，也可供广大汽车爱好者、驾驶人以及职业院校汽车专业的师生阅读和参考。

图书在版编目（CIP）数据

汽车电工入门：彩色图解＋视频 / 刘春晖，刘玉振，张洪梅编著 . —北京：机械工业出版社，2024.4

（看视频学修车系列）

ISBN 978-7-111-75584-5

Ⅰ . ①汽…　Ⅱ . ①刘…　②刘…　③张…　Ⅲ . ①汽车 – 电工技术 – 图解　Ⅳ . ① U463.6–64

中国国家版本馆 CIP 数据核字（2024）第 072739 号

机械工业出版社（北京市百万庄大街 22 号　邮政编码 100037）

策划编辑：谢　元　　　　　　　责任编辑：谢　元　赵晓峰
责任校对：李可意　张亚楠　　　封面设计：张　静
责任印制：郜　敏

中煤（北京）印务有限公司印刷

2024 年 7 月第 1 版第 1 次印刷

184mm×260mm・15.5 印张・384 千字

标准书号：ISBN 978-7-111-75584-5

定价：99.90 元

电话服务　　　　　　　　　　　网络服务
客服电话：010-88361066　　　机　工　官　网：www.cmpbook.com
　　　　　010-88379833　　　机　工　官　博：weibo.com/cmp1952
　　　　　010-68326294　　　金　书　网：www.golden-book.com
封底无防伪标均为盗版　　　机工教育服务网：www.cmpedu.com

前 言
FOREWORD

随着汽车电子技术的发展，在汽车上装用的电器与电子设备日趋复杂，汽车电子化已成为汽车行业发展的必然趋势。这对汽车维修从业人员的要求越来越高。汽车维修技术人员，特别是初学汽车维修的人员，迫切需要深入了解汽车的结构特点、故障诊断方法以及检修经验，尤其是新能源汽车电工应该掌握的新知识和新技能，从而在竞争日益激烈的环境中立于不败之地。

本书从基础出发，全面解读汽车电工以及电动汽车相关构造及检测相关问题，原理与图示相结合，将复杂的原理图示化、图形化，力求让没有汽车基础的读者也能轻松读懂简单的汽车电气系统构造原理。本书围绕汽车维修从业人员普遍关心的电工基础知识，以及电动汽车动力蓄电池、动力系统等的维修进行了有针对性的重点介绍。

本书为篇章结构，全书共分三篇，分别是电工基础篇、燃油汽车篇和电动汽车篇。电工基础篇包括汽车电工基础；燃油汽车篇包括电源系统、起动和点火系统、照明和信息显示系统以及空调系统；电动汽车篇包括电动汽车总体结构、电动汽车能量管理和充电系统以及电动汽车高压部件和动力系统。本书内容主要针对电动汽车维修从业人员和汽车电器维修工，希望通过理论知识和实际操作方法的讲解，帮助广大读者学习与掌握汽车电工基础知识和维修操作技能，便于读者了解汽车电工的特点以及电器故障的一般诊断方法，进而更好地掌握汽车电气系统的维修诊断技术，增强汽车维修电工的实践技能。

本书语言精练、以图为主、内容丰富、实用性强，配套视频课程，读者可通过"天工讲堂"小程序观看，既可供初学汽车维修技术的人员使用，也可供广大汽车爱好者、驾驶人员以及职业院校汽车专业的师生阅读和参考。

本书由刘春晖、刘玉振、张洪梅编著。

由于编者水平有限，书中难免有不当之处，恳请广大读者批评指正。

编　者

目 录

CONTENTS

电动汽车篇

电工基础篇

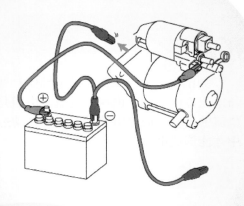

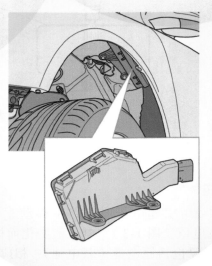

第一章

汽车电工基础

第一节　汽车电工常用术语

如图 1-1 所示，在金属（导体）两端施加电压时，电子便从负极流向正极。电子流向与电流方向相反。电压、电流、电阻是电的三大要素，电压是电子流过导体（电路）形成电流的动力，而电阻就是电子在移动过程中遇到的阻力。要说明的是，只有在封闭的电路中才能形成电流。

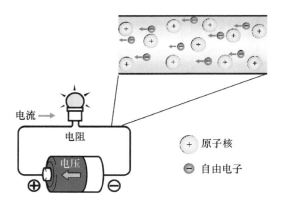

图 1-1　电的三大要素

一、电压

1. 直流电压

电压（图 1-2）引起电子在电路中移动。电压值和极性保持不变的电压称为恒定（理想）直流电压（图 1-3）。电压值变化而极性保持不变的电压称为直流电压。最常用的直流电压源包括原电池（蓄电池）、相应的发电机（部分接有整流器）、光电池（太阳能发电系统）和开关模式电源。在电工技术领域，还通常组合使用变压器和整流器。

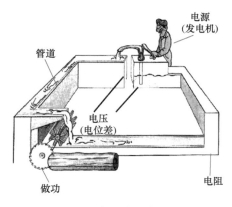

图 1-2　电压的形象比喻

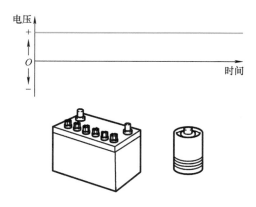

图 1-3　恒定（理想）直流电压

2. 交流电压

如图 1-4 所示，在一定的时间内，电子多次改变其方向和强度。数值大小和极性不断变化的电压和电流称为交流电压和交流电流。交流电压的典型代表是家庭常用的 220V 插座。

图 1-5 显示了一个正弦交流电压（U）随时间（t）变化的情况。交流电压的特点是其方向呈周期性变化。

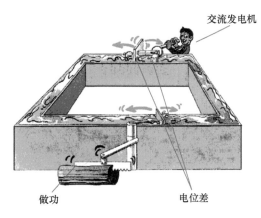

图 1-4　交流电压的形象比喻

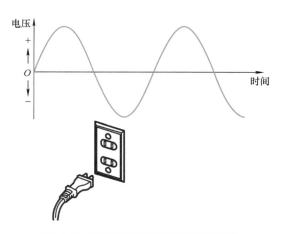

图 1-5　正弦交流电压随时间的变化

3. 电压测量

通常采用电压表测量电压，电压表始终与用电器、元件或电压电源并联在一起，测量示意图如图 1-6 所示。电压表的内阻（固有电阻）越大越好，以尽可能减小电压表对待测电压的影响。数字万用表有非常大的内阻（$R_i > 1M\Omega$），被测电阻值越小，测量的误差越小。

交流电压的检测

用电压表测量电压时，要注意以下几点：

1）必须设置电压类型，即交流（AC）电压或直流（DC）电压。

2）测量直流电压时，应注意极性。

3）如果不知道被测电压范围，则应先将功能开关置于自动或者最大量程，然后视情况降至合适量程。

4）测量时，电压表必须始终与待测量的对象并联。

5）测量高电压时，要格外注意，避免触电，同时不要输入高于仪表量程的电压，否则有损坏仪表内部线路的风险。

6）测量后，要将电压表调到最大的交流电压量程。

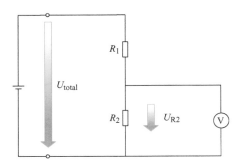

图 1-6　测量电阻 R_2 两端的电压

二、电流

1. 电流定义

电流是指电荷载体（例如物质或真空中的自由电子或离子）的定向移动（图 1-7）。电压是产生电流的原因。只有在闭合电路内才有电流流动。电流是对在导体里移动的电子流的称谓，就像管子里的水由水压推动那样，导线里的电流则被电压推动。水的流量是用流量表来计量的，同样，电流是用电流表以安培（A）为单位来计量的，其做法是将电流表接入电路中，如图 1-8 所示。

图 1-7　自由电子的定向移动

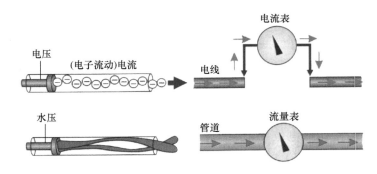

图 1-8　计量电流

电流的定义为：单位时间内通过导体横截面的电量称为电流。电流可分为直流电流和交流电流两大类。

直流电流是指方向和时间不作周期性变化的电流（图 1-9），但电流大小可能不固定，而产生波形，这种电流称为脉动直流电流（图 1-10），直流电流记作 DC（Direct Current），用大写字母 I 表示。图 1-11 所示电流方向为从正极流向负极。交流电流是指大小和方向随时间作周期性变化的电流（图 1-12），交流电流记作 AC（Alternating Current），用小写字母 i 表示。

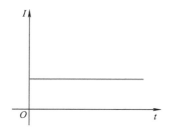

图 1-9　直流电流

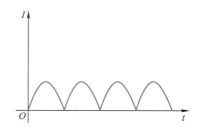

图 1-10　脉动直流电流

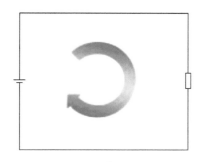

图 1-11　电流方向

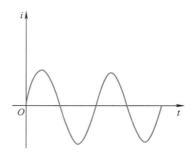

图 1-12　交流电流

2. 电流测量

（1）电流表测量电流　电流表用于测量流过某一电路的电流。电流表从原理上分为内分流式和感应式。内分流式电流表用于小电流的测量，测量时必须串联于所测电路之内（图 1-13），绝不能与所测电路并联，否则将使原应流经部件的电流绕过该部件直接流入电流表，过高的电流会烧坏电流表和电路。

万用表的电流档也属内分流式电流表。当电流表与所测电路串联时，电流将通过电流表内的一个固定电阻。另外一条电阻较高的电路与上述电阻并联，电流的大小就通过该电路显示在电流表上。这类电流表对于小电流的测量十分精确，特别是测量电子电路。这种内分流式电流表的最大读数一般是 10 ～ 20A。

（2）感应式电流夹钳测量电流　测量电流的另外一种方法是使用电流夹钳（图 1-14）。如果待测电流 >10A，那么用电流夹钳测量电流的优势非常突出。另一个优点是测量电流时无须打开电路。

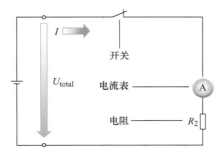

图 1-13　测量电流

图 1-14　用电流夹钳测量电流

1—电流夹钳　2—蓄电池负极单线

三、电阻

1. 电阻的作用

如图 1-15 所示，阀门开度决定了管路横截面积的大小。管路横截面积越小，对水流的阻碍作用越大，水流越小（图 1-16），同样，物质也能对电流产生阻碍作用，我们称它为该作用下的电阻物质。电阻（又称电阻器）将会导致电子流通量变化，电阻越小，电子流通量越大，反之亦然。

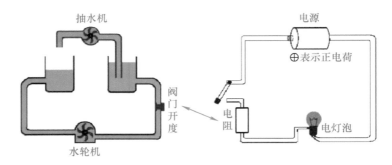

图 1-15　水流与电流的阻碍

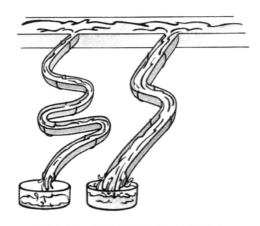

图 1-16　阻碍作用越大，水流越小

导体具有两面性，一方面对电流有良好的传导性，另一方面对电流也有一定的阻碍作用（这种阻力是自由电子作定向运动时与导体的原子发生碰撞产生的），这种阻碍作用的大小用电阻来表示。也就是说，电路中对电流通过有阻碍作用并造成能量消耗的部分叫电阻。

2. 电阻的识读

一般碳膜电阻和金属膜电阻的阻值标识都是用色环法表示的，有四环和五环，色环电阻值识读方法如图 1-17 所示。

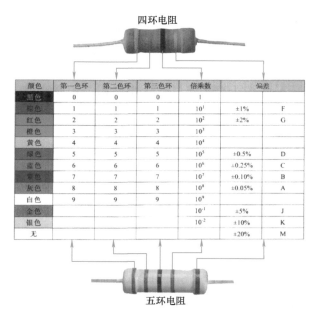

色环电阻值
的读数 1

色环电阻值
的读数 2

图 1-17　色环电阻值识读方法

3. 欧姆定律

欧姆定律描述了电压、电流和电阻之间的关系（图 1-18），其内容是，在恒温下一个金属导体上的电压降 U 与流经导体的电流强度为 I 的电流成正比。

$$电压（U）= 电流（I）\times 电阻（R）$$

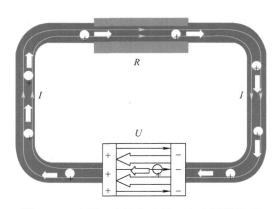

图 1-18　电压、电流和电阻三者之间的关系

利用欧姆定律可计算出一个电路的三个基本参数，前提是至少已知其中的两个参数。这三个基本参数是电压、电流和电阻。欧姆定律可用以下三个公式表达：

$$U = IR$$

$$I = U/R$$

$$R = U/I$$

如果在电阻为 1Ω 的用电器上施加 1V 电压，则电路内的电流为 1A。电压升高时，电流也随之升高。用电器电阻升高时，在电压保持不变的情况下电流减小。魔法三角可用于辅助确定欧姆定律的不同公式，如图 1-19 所示，删掉待计算的参数，用剩下的两个参数计算出结果。

注意： 如果很难接入电路或不允许断开电路，则要测量电路内已知电阻上的电压，随后可通过欧姆定律计算出电流。

为在汽车电路中应用欧姆定律，记住它的一个较容易的方法是把它想象为一个电压恒定的跷跷板，如图 1-20 所示。电压不变时，如果电阻下降，则电流便会上升。反之，电阻升高，电流下降。

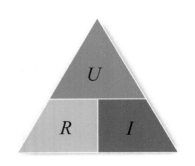

图 1-19　欧姆定律的魔法三角

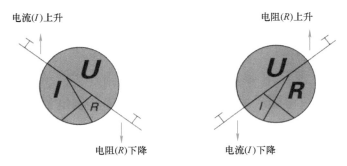

图 1-20　欧姆定律（电流与电阻对比）

4. 机械可变电阻

机械可变电阻与电位器形式不同，但它们具有相同的电气功能（可变分压器），机械可变电阻的电路符号如图 1-21 所示。

电位器的电阻值可随时改变，线绕电位器仅在汽车电气系统内使用，碳膜电位器或导电塑料电位器在汽车电子系统内使用。电位器可用于长度测量，电位器活动触头与待测长度有关，测量电位器的电压降，通过电压降的变化可以量度长度变化。电位器也可以作为角度传感器使用，在这种情况下，旋转角度与电位器电阻上的电压降之间具有一种固定的相互关系。用于测量电压的电位器电路如图 1-22 所示。

滑动电阻的测量

机械可变电阻在汽车中主要应用在燃油液位传感器、叶片式空气流量传感器、踏板位置传感器、节气门位置传感器等。目前，除了燃油液位传感器还在使用电位器外，其他传感器都已换为非接触式传感器。

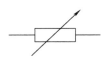

图 1-21　机械可变电阻的电路符号

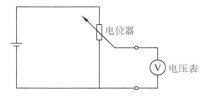

图 1-22　用于测量电压的电位器电路

5. NTC 热敏电阻

NTC 热敏电阻是电阻值随温度升高而减小的半导体电阻。对于 NTC 热敏电阻来说，

R_{20} 表示 20℃时的电阻值，即处于冷态的 NTC 热敏电阻的电阻值。为了抵消内部温度影响，NTC 热敏电阻流过的电流较低，因此外界温度对电阻值的影响很大。NTC 热敏电阻的电路符号如图 1-23 所示，两个反向箭头表示电阻与温度成反比。NTC 热敏电阻的电阻随温度变化的特性曲线如图 1-24 所示。

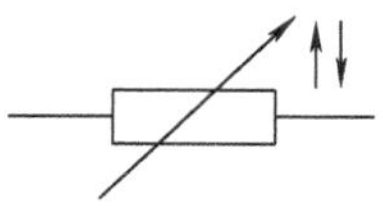

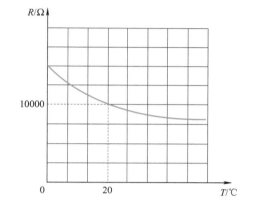

图 1-23 NTC 热敏电阻的电路符号

图 1-24 NTC 热敏电阻的电阻随温度变化的特性曲线

6. PTC 热敏电阻

PTC 热敏电阻是电阻值随温度升高而增大的半导体电阻，其电路符号如图 1-25 所示。图 1-26 所示为 PTC 热敏电阻的电阻随温度变化的特性曲线。在汽车上 PTC 热敏电阻可用来控制加热装置电流，如外视镜加热器（图 1-27）。

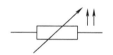

图 1-25 PTC 热敏电阻的电路符号

PTC 热敏电阻达到初始温度 T_A 时电阻值开始增大。此时为初始电阻 R_A。直至标称温度 T_N 时电阻都以非线性形式增长。自标称电阻 R_N 起，电阻显著增大，PTC 热敏电阻工作范围扩大，直至达到最终温度 T_E。

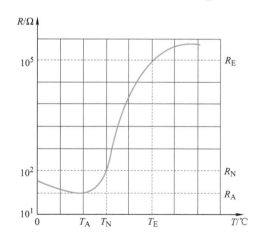

图 1-26 PTC 热敏电阻的电阻随温度变化的特性曲线

T_A—初始温度 T_N—标称温度 T_E—最终温度
R_A—初始电阻 R_N—标称电阻 R_E—最终电阻

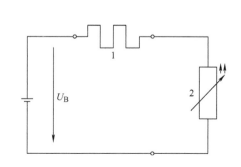

图 1-27 外视镜内加热控制电路图

1—外视镜加热器 2—PTC 热敏电阻 U_B—电源电压

7. 电阻测量

电阻器作为组件也在汽车电路中使用，同时线路的状态也可以通过电阻值来判断。因此，汽车维修从业人员应能够正确测定电阻值。电阻值用数字万用表电阻档测量。使用万用表测量电阻时，电路一定不能通电，否则可能会损坏仪表。将红表笔插入 VΩ 插孔，黑表笔插入 COM 插孔，将功能开关置于 Ω 档，选择合适的量程，将测试表笔并接到待测电阻上，如图 1-28 所示。

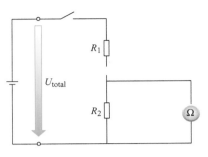

图 1-28　测量电阻时仪表的连接方式

万用表具有一块内置电池（工作电压通常为 9V）。待测电阻与一个电流表一起串联到该供电电源。

注意：数字万用表测量电阻时所用的测量电流非常低，这可能会造成对有关电子部件的显示不正确。因此，数字万用表具有检测导通性和二极管的专用档位。

测量电阻时，要注意以下几点：

1）测量期间不得将待测部件连接在电压电源上，因为万用表使用本身的电压电源并通过电压或电流确定电阻值。

2）待测部件必须至少有一侧与电路分离，否则并联的部件会影响测量结果。

3）极性无关紧要。

可变电阻的测量

4）万用表与待测对象连接在一起并选择正确测量范围后，显示屏上会以数值形式直接显示出电阻。如果超出最高测量范围，则表示电路中断。因此，万用表也可用于检查导通性。

注意：导通性测量的档位不能确切测出电阻值。测量时也要注意两表笔短接时的读数，此读数是一个固定的偏移值。为了获得精确读数，可以将读数减去红、黑两表笔短路读数，作为最终读数。

8. 电源的内电阻

假设一个理想电源始终提供规定电压 U，例如蓄电池提供 12.5V 电压。但当接通一个或多个能量用电器（如灯泡、电动机等）时，所有电池和大部分供电单元都会出现电压降。如果将一个 12V/2W 的灯泡接到电池上时，电压就会由 12.5V 降到 12V 甚至更低，原因在于电源的内阻 R_i（图 1-29）。

将实际电路中的电池想象成一个由理想恒压电源（电源电压为 U_q、电阻为内阻 R_i）组成的串联电路（图 1-30）。实际上并没安装电阻，图 1-29、图 1-30 均为示意图。电源电压 U_q 保持不变，即不受电流 I 的影响。现在通过能量转换器 R_L（负载电阻、外阻、用电器）向内阻为 R_i、电源电压为 U_q（电动势）的电压电源施加负荷。

负载电阻 R_L 不会获得接线柱 A 和 B 上的全部电源电压，因为一部分电压会在蓄电池内阻 R_i 中损耗。

$$U_{KL} = U_q - U_{R_i}$$

电流 I 流经外部电路时，接线柱电压会降低 IR_i（电流 I 流经内阻 R_i 时内阻上的电压降）。因此，接线柱电压（即电阻 R_L 上的电压）就会随电流的升高而降低。

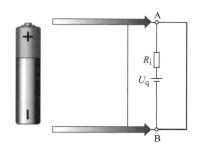

图 1-29　电源的内阻示意

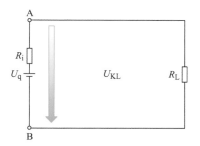

图 1-30　负载电阻 R_L 上的电压

四、自感和互感

1. 自感

如图 1-31a 所示，当开关闭合或打开时，线圈的磁力线会有所改变；如图 1-31b 所示，磁铁作进、出线圈移动，也能产生磁力线的变化。运动磁铁可以产生电动势，这种电动势的产生无须考虑线圈有无电流流过。由于线圈的电流流动或停止引起磁通量的变化，因磁通的变化又在这个线圈中产生电动势，这种现象称为自感。

2. 互感

两个线圈如图 1-32 所示排列，当第 1 个线圈（一次线圈）的电流改变时，在另一个线圈（二次线圈）会产生感应电动势，在方向上它阻止第一个线圈磁通的变化，这种现象称为互感。

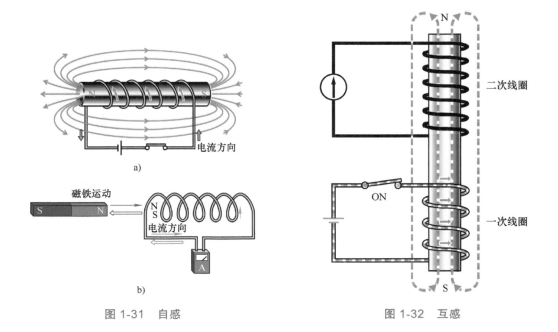

图 1-31　自感

图 1-32　互感

第二节　汽车电工基本元件

一、电容器和电容

电容器是一个能够储存电荷或电能的元件。最简单的电容器由两个平行的金属板和金属板之间的绝缘体组成。电容器（图 1-33）上的电荷的分布如图 1-34 所示。

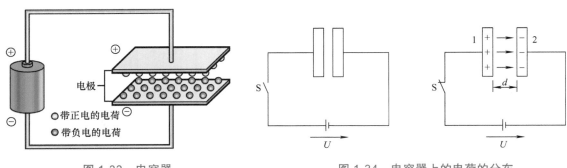

图 1-33　电容器　　　　　　　　　图 1-34　电容器上的电荷的分布

1—电子不足　2—电子过剩　d—导电板距离

电容器的储存能力称为电容。电容的单位是法拉（F）。电容器的容量取决于导电板的面积、导电板距离和两板之间绝缘材料（电介质）的性质。实际使用的电容器值小于 1F，常用单位为微法（μF）和皮法（pF）。

1. 电容器类型

根据实际应用情况使用非极化或极化电容器。电容器的电路符号及类型如图 1-35、图 1-36 所示。

非极化电容器的两个接头相同，即可以相互调换。非极化电容器可用直流和交流电压驱动。

电容的检测

而极化电容器有一个正极接头和一个负极接头，两个接头不能互换。极化电容器不能用交流电压驱动。要求高电容量时（至 mF），使用电解电容器。

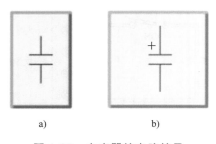

图 1-35　电容器的电路符号

a）非极化电容器　b）极化电容器

图 1-36　电容器的类型

a）非极化电容器　b）极化电容器

2. 电容器串联和并联

与电阻相似，电容器也可并联和串联。如图 1-37 所示，将电容器依次连接在一起且相同电流经过所有电容器时，电容器为串联形式。总电压 U_{total} 分布在串联电容器上。局部电压之和等于总电压。最小电容器上的电压降最大。最大电容器上的电压降最小。

（1）串联时的总电容 串联电路的总电容小于最小的单个电容。每增加一个串联电容器，总电容就会随之减小。

$$\frac{1}{C_{\text{total}}} = \frac{1}{C_1} + \frac{1}{C_2} + \frac{1}{C_3}$$

（2）并联电路的总电容 如图 1-38 所示，电容器并联时，施加在所有电容器上的电压都相同。因为通过电流为电容器充电，所以所有电容器的总电容大于所有单个电容器的电容。总电容等于单个电容之和。

$$C_{\text{total}} = C_1 + C_2 + C_3$$

电容器通常采用并联方式，以增大电容。

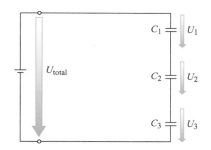

图 1-37 电容器串联

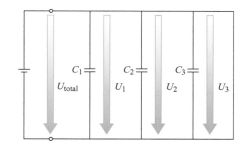

图 1-38 电容器并联

3. 电容器的应用

电容器在汽车上主要用于电压滤波和减小过电压峰值。

（1）通过高通滤波器分开 DC 电压和 AC 电压 输入端电压 U_1 是一种混合电压或波动电压。它由一个带有叠加 AC 电压的 DC 电压组成。

如图 1-39 所示，充电后，电容器发挥直流断续器的作用。只有 AC 电压元件可促使电容器反复进行电荷交换。在此过程中通过的电流会在电阻器 R 上产生 AC 电压。这种电路用在带有晶体管的放大器内，用于从混合电压中过滤出 AC 电压。

（2）脉动 DC 电压平滑处理（滤波） 如图 1-40 所示，通过 RC 元件对仅由正值半正弦波组成的 AC 电压进行平滑处理，以降低电压波动（交流部分）。输出电压已非常接近恒定 DC 电压。输出电压的平滑处理程度取决于电容 C 和电路中通过的负载电流。

这种电路在汽车电子系统内用于降低控制单元内 DC 供电电源的波动，并过滤掉干扰电压。

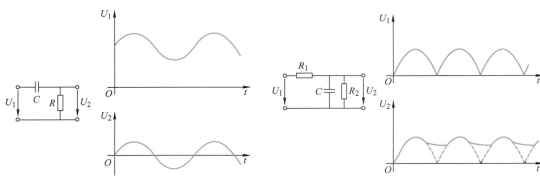

图 1-39　带有 *RC* 元件的高通滤波器　　　　图 1-40　带有 *RC* 元件的低通滤波器

（3）车内照明灯关闭延迟　如图 1-41 所示，电容器 *C* 与继电器的线圈并联在一起。因此，释放开关后仍有电流通过继电器，从而通过照明灯。通过继电器的励磁线圈使电容器放电后，继电器会关闭照明灯电路，照明灯电流在开关释放后延迟一小段时间才中断。

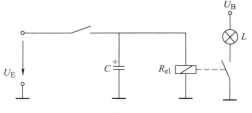

图 1-41　车内照明灯关闭延迟

电容器在电场内储存电能。按设计要求电容器分为：非极化电容器和极化电容器。这些电容器用于分开 AC 电压和 DC 电压，平滑处理 DC 电压以及产生时间延迟。

二、线圈和电感

在电子电气系统中线圈有多种用途，例如用作点火线圈、用于继电器和电机内。在汽车电子系统中，线圈用于感应式传感器内，例如曲轴和凸轮轴传感器。但线圈也可以用于输送能量（变压器）或进行过滤（例如分频器）。在继电器内利用线圈的磁力切换触点开关。线圈按照电磁学原理和电磁感应原理工作。

1. 电磁学工作原理

（1）导体的磁场　如图 1-42 所示，在每个载流导体周围都有一个磁场。磁力线的形状为闭合曲线。

载流导体周围磁力线的方向可通过螺旋定则确定。设想将一个右旋螺纹螺栓沿电流方向（技术方向）拧入一个导体内，则其旋转方向就是磁力线方向。流入导体内的电流用符号 ⊗ 表示，流出导体的电流用符号 ⊙ 表示。

（2）线圈　如图 1-43 所示，基本线圈是指缠绕在一个固体上的导线，但不一定要有这个固体，它主要用于固定较细的导线。将导体缠绕成一个线圈时，就会在线圈内部形成磁力线。磁力线平行分布且密度相同，这种磁场称为均匀磁场。磁力线离开的地方为 N 极，进入的地方为 S 极。

线圈最重要的物理特性是其电感。一个线圈的磁场强度取决于绕组数量 *N*、电流 *I*、线圈结构。

图 1-42　某个载流导体周围的磁场

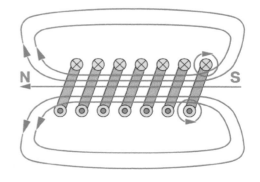

图 1-43　某个线圈的磁场

一个线圈的电感是在自身绕组中将电能转化为磁能的能力。电感的物理量符号是 L。电感的单位是 H（亨利）。实际使用的线圈电感低于 1H，例如 1mH。线圈的电路符号如图 1-44 所示。

除了电感外，实际线圈还具有其他一些（通常是不希望出现的）特性，例如电阻或电容。通过在线圈中放入一个铁心可使磁场强度增大 1000 倍。带有铁心的线圈称为电磁铁。只有当电流 I 经过线圈时，软磁铁心才保持磁性。在汽车应用中，这个原理用于继电器、电磁阀等各种元件。

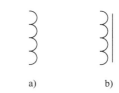

图 1-44　线圈的电路符号
a）没有铁心的线圈　b）有铁心的线圈

2. 电磁感应

如图 1-45 所示，导体或线圈在磁场中移动时，导体或线圈内就会产生一个电压。磁场强度改变时，导体或线圈内也会产生电压。该过程称为电磁感应，产生的电压称为感应电压。

感应电压的大小取决于：磁场强度、导体或线圈在磁场中的移动速度、线圈的匝数。

在汽车应用中，这个原理用于电磁感应式传感器、点火线圈和发电机等元件中。

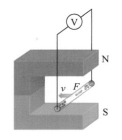

图 1-45　某个导体内电压的电磁感应

3. 自感应电压

不断变化的电流经过线圈时，线圈周围就会产生一个不断变化的磁场。电流每变化一次线圈内都会产生一个自感应电压。产生该电压的目的在于抵消电流变化。

电感对磁场变化（建立和消失）的反作用与物理学中的惯性原理相似。例如赛车加速时，其惯性就会克服加速效果。而制动时，由于惯性，赛车需要一段时间才能完全静止。

自感应电压越来越大的条件是：电感越来越大、电流变化越来越大、电流变化时间越来越短。

4. 自感应的应用

点火线圈（图 1-46）的任务是将蓄电池电压转化成所需要的点火电压。在此过程中，点火能量（通过初级绕组的电流）作为磁能临时储存在点火线圈的铁心内。初级绕组电流切断后，磁场削弱并在次级绕组内产生约 30kV 的高压。感应电压取决于磁场强度、磁场变化速度、次级绕组的数量。

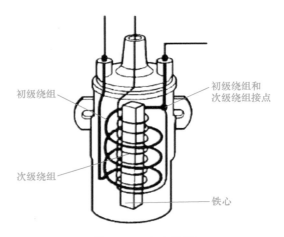

图 1-46　点火线圈

电磁铁不能在次级绕组中移动。取而代之的是开关不停地断开和闭合。因此开关接触时线圈内部就会形成磁场，开关断开时磁场就会减弱。开关闭合时形成磁场，磁场穿过次级绕组。在形成磁场的同时，绕组内产生电压。当磁场完全形成后，该电压就会消失。开关断开（断开触点）时，磁场削弱并反过来穿过次级绕组。此时就会形成带有反极性的电压。图 1-47 所示的连接方式还无法达到令人满意的结果。释放开关时，接触点上就会出现因自感应产生的电弧放电。这种电弧放电会使磁场减弱的速度放慢，从而使得次级感应电压的强度不足以产生点火火花。

为了解决这个问题，将一个电容器与接触断路器触点并联在电路中，如图 1-48 所示。

电容器处于短路状态，直至开关的触点闭合。只有当触点断开后，感应电压才会为电容器充电。当电压为 0V 且电流较大时开始对电容器进行充电。

电容器可大大减少电弧放电，从而可以突然切断接触点上的电流，也使得磁场可以更迅速地削弱，使线圈内产生高压。

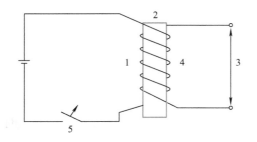

图 1-47　点火线圈的变压器原理

1—初级绕组（数量少）　2—铁心
3—开关接通和断开过程中产生感应电压
4—次级绕组（数量多）　5—开关

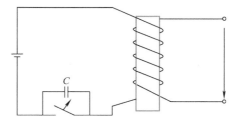

图 1-48　电容器与接触断路器触点并联

三、半导体技术

半导体是指电导率处于强导电性金属与绝缘体之间的材料。

半导体元件主要由硅（Si）和砷化镓（GaAs）等半导体材料制成。在半导体技术初期作为生产晶体管原材料的锗（Ge），由于其边界层温度较低（75℃），因此在现今半导体生产中，使用的意义已经不大。

硅晶体内部是由单个硅原子（图1-49）组成的固态结构。每个原子的外部电子壳内都有4个电子，称为价电子。原子各个方向上都有一个价电子与相邻元素的相应电子相连，与其形成稳定的电子化合物。每个原子都以这种方式同相邻电子形成四个稳定的电子化合物。

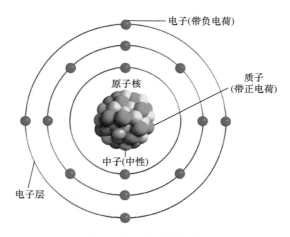

图 1-49　硅原子结构

因此，纯硅在固态形式下形成晶格，其电阻较高，是一种不良导体。为了有目的地影响或控制半导体的电导率，通过加入更高或更低化合价的杂质可提高纯硅晶体的电导率。硅晶格结合外部原子的过程称为掺杂。在室温条件下半导体的导电性很低。半导体受到热、光、电压形式的能量或磁能影响时，其电导率就会发生变化。

由于半导体对压力、温度和光线很敏感，因此也是理想的传感器材料。

1. N 掺杂

将一个五价元素（例如磷）作为杂质加入一个硅晶体内时，磷原子可以顺利地加入硅晶格结构内。

虽然磷原子有五个价电子，但其中只有四个电子能与相邻的硅原子形成稳定的电子对连接。也就是说还剩余一个自由电子。因此，加入到硅晶体内的磷原子因剩余一个电子而形成晶体缺陷。以这种方式掺杂形成的晶体为N半导体，N掺杂示意如图1-50所示。在实际应用中，通常在每100万个硅原子中加入一个磷原子形成这种结构。也就是说，向硅元素中添加磷杂质非常困难。

2. P 掺杂

P掺杂是指向一个硅晶体内加入一个三价元素（例如硼）的杂质。一个硼原子的最外侧电子轨道上有三个电子，但需要四个电子与其四个相邻元素形成稳定的电子对连接。在缺少一个电子的部位留下了一个"洞"。掺杂后带有这种电子空穴的晶体称为 P 半导体，P 掺杂示意如图 1-51 所示。电子空穴很容易再次吸收电子，以便重新达到中性状态。

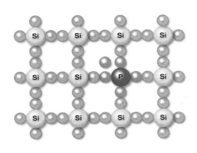

图 1-50 N 掺杂

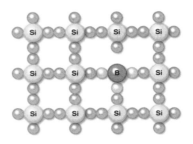

图 1-51 P 掺杂

3. PN 结

通过采用不同的掺杂方式，现在形成了两种不同的半导体。如图 1-52 所示，将 P 导电材料和 N 导电材料结合在一起时，两种材料之间就会形成一个边界层，称为 PN 结。在环境热量的影响下，两个区域边界层上的电子由 N 半导体移入 P 半导体并填补那里的电子空穴。同时在 P 半导体内留下电子空穴。这样就在 P 与 P 半导体之间的边界处形成了一个空间电荷区。

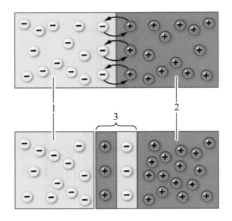

图 1-52　PN 结（无外部电压）

1—N 导电材料　2—P 导电材料　3—PN 结

当电场足以克服热振动施加的作用力时，电子转移结束。温度越高，空间电荷区越宽，电场越强。在空间电荷之间产生一个电压。20℃时硅元素的该电压为 0.6 ~ 0.8V。

4. 有外部电压时的 PN 结（二极管）

向已经形成边界层的 PN 结上施加电压会产生什么效果？

如图 1-53 所示，如果电源正极连接在 N 半导体上，负极连接在 P 半导体上，N 掺杂半导体中多余的电子会通过电源进入 P 掺杂半导体的电子空穴内。这样边界层就会扩大且没有电流经过硅晶体。

如图 1-54 所示，如果左侧连接电源负极，右侧连接正极，那么经过 N 掺杂边界层就会从电源获得大量电子，而 P 掺杂边界层的电子则被吸收，从而在 N 掺杂边界层内会出现更多的剩余电子，而右侧区域内则会出现更多的电子空穴。这样绝缘层就会完全消失并有电流流过。

也就是说，PN 结作为整流器（二极管）允许电流朝一个方向流动并阻止它向另一个方向流动。

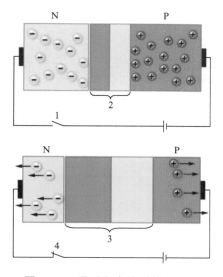

图 1-53 通反向电流时的 PN 结
1—开关打开 2—较窄的空间电荷区
3—较宽的空间电荷区 4—开关闭合

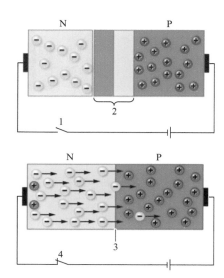

图 1-54 通正向电流时的 PN 结
1—开关打开 2—较窄的空间电荷区
3—无空间电荷区 4—开关闭合

四、二极管

1. 概述

二极管极性
的识别

通过 P 半导体和 N 半导体结合形成的元件称为半导体二极管，简称二极管（图 1-55a）。半导体晶体的塑料或金属壳体用于防止它受到机械损坏。

如图 1-55b 所示，当电源的正极接在 P 极一侧，负极接在 N 极一侧时，P 型半导体的正空穴和电源的正极相互排斥。N 型半导体的自由电子和电源的负极相互排斥，排斥力把它们推到 PN 结合区，结果自由电子和空穴相互吸引，使得电流流过 PN 结区。

如图 1-55c 所示，当电源的接法相反时，那么 P 型半导体的正空穴和电源的负极相互吸引，N 型半导体的自由电子和蓄电池的正极相互吸引，因此，空穴与自由电子远离结合区，结果在 PN 结平面上没有自由电子，也没有正空穴，这样就阻止了电流通过。

如图 1-56 所示，普通二极管只允许电流向一个方向流，即从 P 侧流向 N 侧。最低导通电压：硅管为 0.3V，锗管为 0.5V。如果反向施加电压，则电流不能通过。事实上有极小的电流，这个电流称为反向漏电流，如果反向漏电流增加到足够大时，二极管的电流会突然增加，称为二极管击穿。二极管击穿时所施加的电压叫击穿电压。在电路图中使用图 1-57 所示的电路符号，电路符号中的箭头表示电流方向。

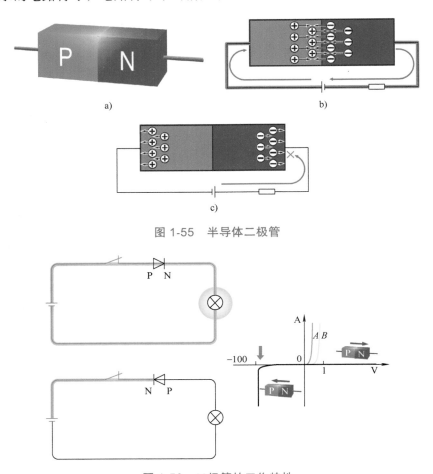

图 1-55 半导体二极管

图 1-56 二极管的工作特性

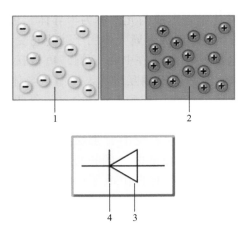

图 1-57 PN 结的结构及电路符号

1—N 层 2—P 层 3—阳极 4—阴极

2. 发光二极管（LED）

与其他二极管一样，发光二极管（LED）（图 1-58）也由两个半导体层（一个 P 层和一个 N 层）组成，且必须始终与一个电阻串联，以便限制经过发光二极管的电流。但通常用砷化镓取代硅作为半导体的原材料。LED 的颜色通常有绿色、黄色、红色、蓝色等，尺寸和结构形式有许多种。LED 的颜色取决于所用材料，LED 的电路符号如图 1-59 所示。

发光二极管
工作演示

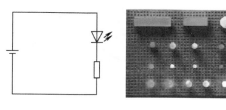

图 1-58　发光二极管（LED）

图 1-59　LED 的电路符号

LED 的 PN 结如图 1-60 所示，一个 LED 的 N 层掺杂较多时，P 层的掺杂只能较少。这样二极管接入流通方向时，电流几乎只通过电子运载。P 层内出现空穴与电子结合（复合）的情况时，释放出能量。根据具体半导体材料，这种能量以可见光或红外辐射形式释放出来。由于 P 层非常薄，因此可能有光线溢出。

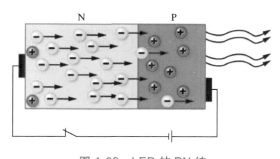

图 1-60　LED 的 PN 结

LED 相对于白炽灯的优势在于：①使用寿命很长（大约是白炽灯的 100 倍）；②不会突然发生故障，而是光强度随着时间减弱；③响应时间更快；④抵抗机械作用的能力较强。

LED 的结构如图 1-61 所示，与以前的信号灯相似，LED 在汽车上用作指示灯（图 1-62）。其特点是耗电量低且使用寿命长。LED 的开发方向是用于尾灯和部分前照灯。

3. 齐纳二极管

齐纳二极管常称为稳压二极管，一般工作在反向击穿状态，其电路符号如图 1-63 所示。如果在阻隔方向上超过一个特定的电压 U_z，电流 I_z 就会明显提高，二极管即可导电。通过增加掺杂物质可使阻隔层变得很薄，因此电压为 1～200V 时就会击穿。为了在出现击穿电压时电流迅速升高不会造成二极管损坏，必须通过一个相应的电阻限制电流。图 1-64 所示为齐纳二极管的工作特性。

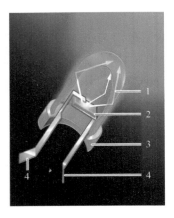

图 1-61　LED 的结构

1—发出的光线　2—PN 结　3—塑料壳　4—电气接头

图 1-62　LED 用作指示灯

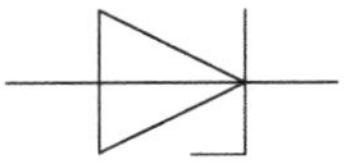

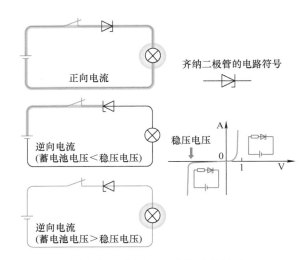

图 1-64　齐纳二极管的工作特性

图 1-63　齐纳二极管的电路符号

4. 光电二极管

如图 1-65 所示，如果有光线照射的光电二极管加上反向电压，则反向电流会通过，它的电流的变化和照在光电二极管上的光线多少成比例。即对光电二极管施加反向电压时，通过它测试出的逆向电流的多少就可确定光照量的多少。

5. 二极管在汽车上的应用

半导体二极管可以让电流朝一个方向流动，而在另一个方向则阻碍电流的流动，它起到电流阀门的作用。因此半导体二极管是一种用于交流电整流的有效元件。

1）半波整流电路。如图 1-66 所示，半波整流电路允许交流电压的正半波通过，阻止交流电压的负半波通过。

2）全波桥式整流器电路。如图 1-67 所示，全波桥式整流器电路将负的正弦半波转换成正的曲线。

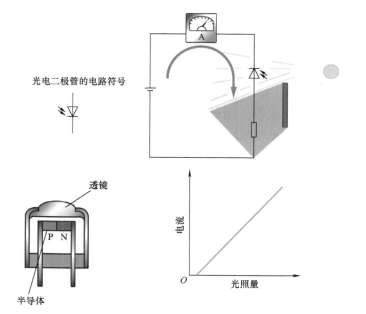

光电二极管的电路符号

图 1-65 光电二极管的电路符号及结构

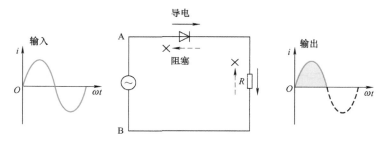

图 1-66 半波整流电路的工作原理

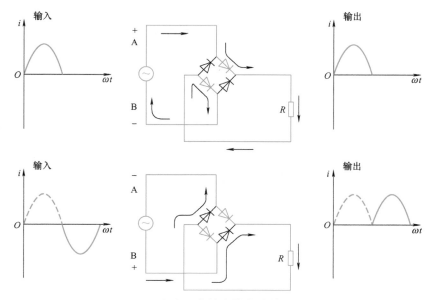

图 1-67 全波桥式整流器电路的工作原理

五、晶体管

晶体管是由三个半导体层组成的电子元件。每个半导体层都各有一个电气接头。如图 1-68 所示，根据半导体层的分布方式分为 PNP 型晶体管和 NPN 型晶体管。这三个半导体层及其接头称为发射极（E）、基极（B）和集电极（C）。电荷载体从发射极移动到基极（发射出去）并由集电极吸收。因此晶体管有两个 PN 结，一个位于发射极与基极之间，另一个位于集电极与基极之间。

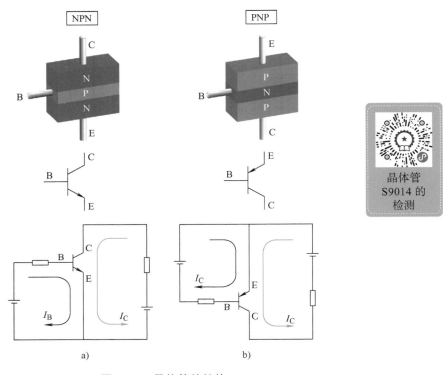

晶体管
S9014 的
检测

图 1-68　晶体管的结构
a）NPN 型　b）PNP 型

1. 工作原理

下面以一个 NPN 型晶体管为例介绍工作原理。PNP 型晶体管与 NPN 型晶体管的工作原理相同，但电流流动方向相反。图 1-69 所示是一个晶体管及其三个接头（发射极、基极和集电极）的工作原理。

发射极内有很多电子，基极内只有少量空穴。在正电压 U_{BE} 的作用下，电子进入基极，电子在那里与空穴结合。基极与发射极之间的电压重新以很小的电流形式提供正电荷空穴。

晶体管的特性如图 1-70 所示，在集电极与发射极之间施加一个很小的电压时，基极空间内的剩余电子就会受到集电极电压的影响。集电极至基极的阻隔层消失，集电极电流 I_C 流过。

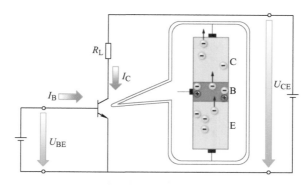

图 1-69 电路中的晶体管及其三个接头的工作原理

U_{BE}—基极与发射极之间的电压 I_B—基极电流 R_L—负载电阻
I_C—集电极电流 U_{CE}—集电极与发射极之间的电压

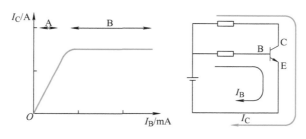

图 1-70 晶体管的特性

晶体管放大作用的原理是，以基极空间内很少的电荷载体（即很小的基极电流）控制很大的集电极电流。基极至发射极电压较小时，只有部分发射极内的电子进入基极空间。因此流过的集电极电流较小。通过改变基极电流 I_B 可控制集电极电流 I_C。

稍微改变基极电流就会使集电极电流变化较大。由于集电极电流与基极电流之间基本为线性关系，因此将这种变化定为静态电流增益系数。

晶体管极性
的检测

$$\beta = \frac{I_C}{I_B}$$

2. 用作开关的晶体管

在汽车电气电子系统中用电器通过机械和电子开关打开和关闭。晶体管适合接通较小的电流。机械开关已被晶体管所取代，因为晶体管响应速度更快、无噪声而且不会造成机械磨损。实际起到开关作用的是晶体管集电极和发射极之间。

如图 1-71 所示，晶体管上未施加基极电压时，没有基极电流流过。这意味着没有集电极电流流过。晶体管上施加正基极电压时，有基极电流和集电极电流流过。如图 1-72 所示，当晶体管应用于数字电路中时，NPN 型和 PNP 型的晶体管没有功能上的差异。

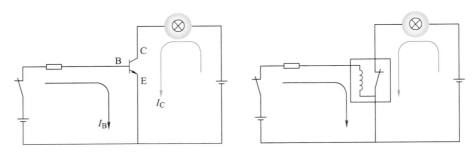

图 1-71　晶体管的开关功能

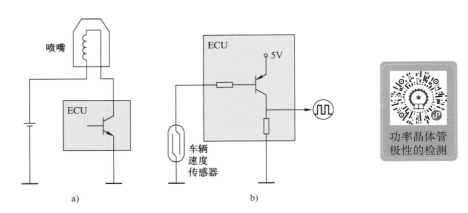

a)　　　　　　　　　　　b)

图 1-72　晶体管的应用举例

a）NPN 型　b）PNP 型

功率晶体管
极性的检测

3. 光电晶体管

如图 1-73 所示，当光电晶体管接收到光时而集电极加电源正极、发射极接地，这时就会产生电流通过电路。通过电路的电流是根据光电晶体管上的光照量而变化的。如图 1-74 所示，光电晶体管应用在汽车上的减速度传感器中。

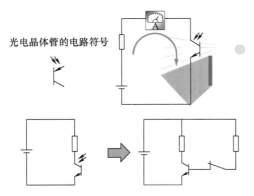

图 1-73　光电晶体管的电路符号和结构

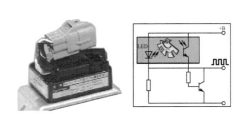

图 1-74　光电晶体管在汽车上的应用

第三节　电路与信号

一、汽车基本电路

1. 汽车电路

为了使汽车的电器设备工作，应按照它们各自的工作特性及相互间的内在联系，用导线和车体把电源、电路保护装置、控制装置及用电设备等装置连接起来，构成能使电流流通的路径，这种路径称为汽车电路。汽车电路主要由电源、电路保护装置、控制装置、用电设备（负载）及连接导线组成，如图 1-75 所示。

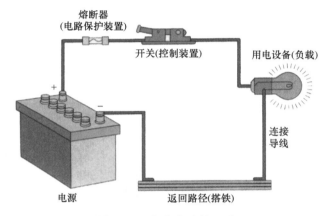

图 1-75　汽车电路的组成

（1）电源　汽车上有两个电源——蓄电池和交流发电机，其功能是保证汽车发动机的起动和各用电设备在不同情况下都能正常工作。

（2）电路保护装置　汽车电路保护装置主要有熔丝（俗称保险丝）、电路断电器及易熔线等，其功能是在电路中起保护作用。当电路中流过超过规定的电流时，电路保护装置能切断电路，防止烧坏电路连接导线和用电设备，并把故障限制在最小范围内。

开关的检测

（3）控制装置　汽车控制装置包括传统的各种手动开关、压力开关、温控开关，以及现代汽车中大量使用的电子控制器件，包括简单的电子模块（例如电子式电压调节器）和微电脑形式的电子控制单元，例如发动机电子控制单元（Electronic Control Unit，ECU）、自动变速器电控单元（Transmission Control Unit，TCU）等。电子控制器件和传统开关在电路上的主要区别是电子控制器件需要单独的工作电源及需要配用各种形式的传感器。

（4）用电设备　汽车用电设备包括电动机、电磁阀、灯泡、仪表、各种电子控制器件和部分传感器等。

（5）连接导线　连接导线用来连接电源和负载，传输电能。连接导线包括低压导线和点火用高压导线，低压导线用于将以上各种装置连接起来构成电路。此外，汽车上通常用车体代替部分从用电器返回电源的导线。

2. 串联电路

（1）电阻的串联　电阻串联是将所有电阻依次连接在一起。电流先后经过每个电阻，也就是说必须克服总电阻，如图 1-76 所示。

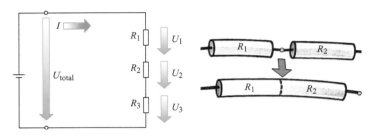

图 1-76　电阻串联

相同电流经过所有电阻时，这些电阻为串联形式。总电压 U_{total} 分布在串联电路的各个电阻上，各部分电压之和等于总电压。

$$U_{total} = U_1 + U_2 + U_3$$

由于串联电路内各处的电流大小都相等，因此不同电阻的电压降不同。电压与对应的电阻成正比。串联电路的总电阻是各串联电阻之和。

$$R_{total} = R_1 + R_2 + R_3$$

总电压分配在最大电阻上的电压降最大，总电压分配在最小电阻上的电压降最小。

（2）供电电源串联　正确串联连接各供电电源的电极时，就会将各部分电压相加起来，如图 1-77 所示。将各电源彼此同极相对连接时就会消减电压。最大电流由最弱供电电源决定。

$$U_O = U_{O1} + U_{O2} + U_{O3}$$

$$R_i = R_{i1} + R_{i2} + R_{i3}$$

串联连接供电电源时，各部分电压相加形成总电压。同理，将各内阻抗相加即得到总内阻抗。

3. 并联电路

（1）电阻的并联　电阻并联电路不是将电阻依次连接，而是将电阻并排连接。在这个电路中有更大的横截面供电流通过，并联电路的连接如图 1-78 所示，因此总电阻较小。并联电路的总电阻始终小于最小的单个电阻。电阻并联时，施加在所有电阻上的电压都相同。

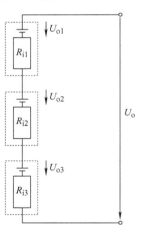

图 1-77　供电电源串联

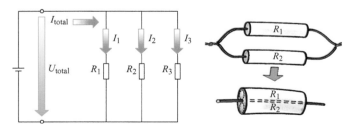

图 1-78　电阻并联

总电流在电阻的连接点处分为多个分电流。分电流的总和等于总电流，如图1-79所示。

$$I_{total} = I_1 + I_2 + I_3$$

并联电路的总电阻小于最小的单个电阻。电流可以更好地通过各个并联电阻，即电导率升高。可利用图1-80所示公式计算三个电阻并联时的总电阻。

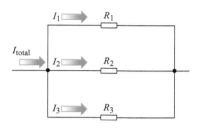

图1-79　电流 I_{total} 分为三个分电流

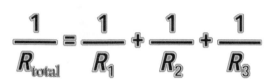

图1-80　一个并联电路的总电阻

（2）供电电源并联　可将供电电源并联起来，如图1-81所示。但必须确保所有供电电源都具有相同的标称电压值和内阻抗。必须将各电源的同极彼此相连，否则可能会对供电电源造成无法修复的损坏或破坏。并联连接供电电源可输出相对于单个供电电源来说更强的电流。

各部分电流相加形成总电流，各内阻抗并联连接在一起。

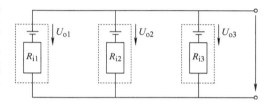

图1-81　供电电源并联

$$I = I_1 + I_2 + I_3$$

$$\frac{1}{R_i} = \frac{1}{R_{i1}} + \frac{1}{R_{i2}} + \frac{1}{R_{i3}}$$

注意：必须确保只将具有相同非负荷电压值和相同内阻的供电电源并联在一起。如果将不同容量和充电状态的蓄电池并联在一起（辅助起动），只能在短时间内保持这种连接状态，以免蓄电池过热。

4. 常见电路故障

电路的工作状态有三种——通路、断路、短路。

（1）通路　通路是指从电源的一端沿着导线经过负载最终回到电源另一端的闭合电路。如图1-82a所示为一个通路。

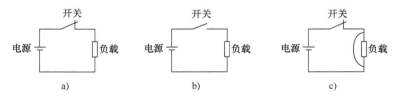

图1-82　电路的工作状态

a）通路　b）断路　c）短路

如图 1-83 所示，对于汽车上的电路来说，经过一段时间，连接部位在空气、湿气、污物和侵蚀性气体的作用下出现氧化现象，这种氧化作用会使连接部位的接触电阻增大。根据欧姆定律，电阻增大会产生电压降。电路中的电阻增大导致电流减小，因此用电器内实际消耗的功率减小，例如，因氧化作用造成前照灯导线电压降为 10% 时，前照灯内的实际功率就会减小大约 20%。接触电阻较小且电流只有几安培时，电压降可以忽略不计。

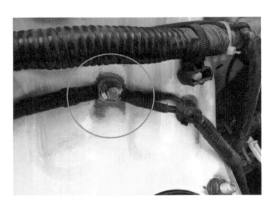

图 1-83　搭铁线的生锈

接有电流较大的用电器时（例如起动机起动时），可能会出现严重影响用电器功能的电压降，但由于无法用万用表测量较小的接触电阻，因此必须通过测量闭合电路内的电压来确定该电阻值。

（2）断路　断路（图 1-82b）时电路无法闭合，即所需电流中断。汽车电路的断路通常是由于插接、连接问题。断路的结果是电气组件无法工作，例如白炽灯泡、加热电阻、扬声器等。

注意：在汽车电路中，由于插接器插接以及导线因所处环境恶劣问题造成的断路故障比较常见。

（3）短路　如图 1-82c 所示，在两个电极（例如电池的正极和负极接线柱）之间建立起直接的导电连接（通常是不希望出现的）时称为电气短路。短路通常是由于绝缘不良或由于电气系统及电路出现电路故障。当电压几乎降为零时，电流达到其最大值，即短路电流。该电流只能通过电源内阻 R_i 来限制。

所有为进行平衡蜂拥而至的电子试图同时通过导体，导体无法承受这种电流，因此导致导体上产生电火花或过热。由于短路电流没有受到限制，因此可能导致没有熔丝保护的导线或电缆过热损坏。出现较高的短路电流时熔丝必须熔断，同时以最快的速度将短路部位与其他正常的供电网络断开。发生短路时必须根据电路情况尽快切断（最多 0.1s），以将电压降和短路电流的影响降至最低，否则可能会引起火灾。

注意：在汽车电路中，产生短路的原因大多是导线绝缘材料因环境恶劣损坏或接线不慎，因此应经常检查电器设备和线路的绝缘情况。

二、集成电路

如图 1-84 所示，一个集成电路由几个甚至几千个电子元件组成，包括晶体管、二极管、电容、电阻等，它们被集成在几毫米见方的硅片上，封装在塑料或陶瓷材料中。集成电路的功能包括对两个信号或数值的逻辑比较和放大输入电压等。

1. 模拟信号和数字信号

电子信号分为模拟信号和数字信号两种。

（1）模拟信号 模拟信号及模拟电路特性如图 1-85 所示。模拟信号是随着时间连续平滑地变化，通常其特性是它的输出变化与输入近乎成正比。

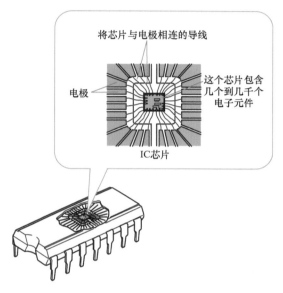

图 1-84 集成电路的结构

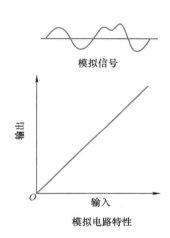

图 1-85 模拟信号及模拟电路特性

（2）数字信号 如图 1-86 所示，数字信号的变化（开和关）是随时间间断变化的。数字电路的一个通常特性是当它的输入增加到一定值时，它的输出会突然变化。如输入从 0V 增加到 5V 前的过程中，它的输出一直是 0V，当输入达到 5V 的瞬间，它的输出突然跃至 5V。通和断表明信号是送还是不送。通常用 1 代表 ON（通），用 0 代表 OFF（断）。

当一个电压作为输入信号时，必须确定它的特定电压作为标准值。因此，所有的电压超过这个标准电压就是信号 1，低于它的是信号 0。例如：如果标准设定为 5V，计算机将确定 9V、7V、6V 的信号为 1；将 2V 或 0V 信号看作为 0。

2. 逻辑电路

如图 1-87 所示，数字集成电路含有不同的元件。数字集成电路中的电路称为逻辑电路或数字电路，并且是由不同形式的所谓的门组成的，例如 NOT、OR、NOR、AND 和 NAND 门。因为这些门有特殊的能力去进行信号逻辑处理，它们也称为逻辑门。在逻辑门中，通常是有一定的逻辑关系建立在数字信号的输入和输出之间的。常用真值表表明数字信号的输入和输出之间的关系。在真值表中，常用 1 表示电压出现，而 0 表示没有电压。

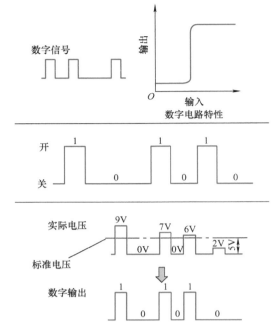

图 1-86 数字信号及数字电路特性

图 1-87 数字集成电路内部包含逻辑电路

（1）非（NOT）门 如图 1-88 所示，非门的输出信号和输入信号相反。当输入端 A 施加电压时，输出端 Y 没有电压。其关系可以用图 1-88 所示的等效电路来体现。

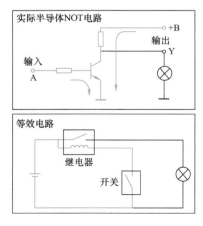

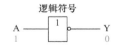

真值表	
输入	输出
A	Y
1	0
0	1

非门功能的演示

图 1-88 非（NOT）门

（2）或（OR）门　如图 1-89 所示，在或门中只要输入信号有一个是 1，那么它的输出就是 1。当输入端 A 和 B 上各施加电压时，那么输出端 Y 就有电压。只要两个输入端 A 和 B 有一个或两个信号都为 1，输出端信号就是 1。

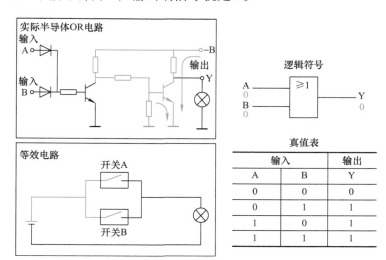

图 1-89　或（OR）门

（3）或非（NOR）门　如图 1-90 所示，或非门是由一个或门和一个非门组成的。只有在两个输入端 A 和 B 都是 0 的情况下，输出端 Y 的信号才是 1。如果输入端 A 和 B 有一个或两个都是 1，输出端 Y 的信号是 0。

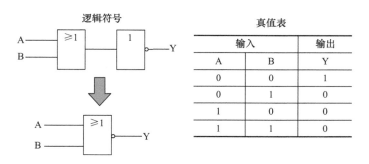

图 1-90　或非（NOR）门

（4）与（AND）门　如图 1-91 所示，在与门中，如果所有的输入信号都为 1，输出就是 1。如果输入端 A 和 B 都加上了电压，那么输出端就会有电压，即灯只有在 A 和 B 都闭合时才会亮。

（5）与非（NAND）门　如图 1-92 所示，与非门由一个与门和一个非门组成。两个输入端 A 和 B，只要有一个是 0 或两个都是 0，那么它的输出端 Y 的信号就是 1。如果两个输入端 A 和 B 都是 1，那么输出端 Y 就是 0。

（6）比较器　如图 1-93 所示，比较器比较一个正极电压输入和一个负极电压输入。如果正极输入端 A 的电压高于负极输入端 B 的电压，那么输出端 Y 就是 1。如果正极输入端 A 的电压低于负极输入端 B 的电压，那么输出端 Y 就是 0。

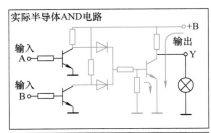

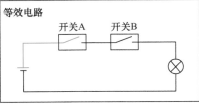

真值表		
输入		输出
A	B	Y
0	0	0
0	1	0
1	0	0
1	1	1

图 1-91　与（AND）门

真值表		
输入		输出
A	B	Y
0	0	1
0	1	1
1	0	1
1	1	0

图 1-92　与非（NAND）门

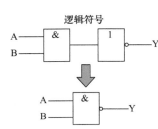

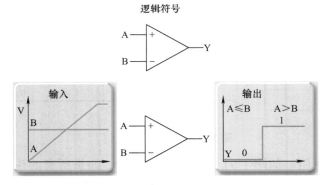

图 1-93　比较器

燃油汽车篇

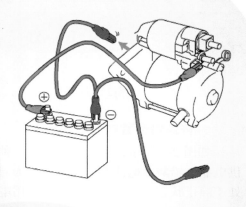

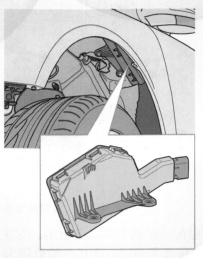

第二章

电源系统

第一节 蓄电池的检查与充电

一、蓄电池的结构

1. 普通铅酸蓄电池

如图 2-1 所示，铅酸蓄电池是一种较早的蓄电池，目前仍然有车辆使用这种蓄电池提供电能。铅酸蓄电池在车辆中可作为起动内燃机的起动电池使用。此外，也可以在发动机处于静止状态时，在有限时间内为用电器提供电流。

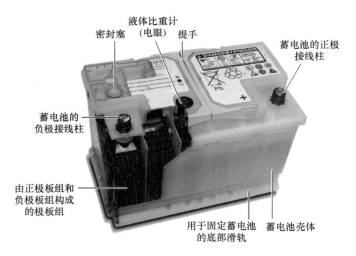

图 2-1 铅酸蓄电池的系统结构

普通铅酸蓄电池的结构如图 2-2 所示。它主要由正极板、负极板、塑料隔板、壳体、电解液、连接条、极柱等组成。壳体一般分隔为三个或六个单格，每个单格均盛装有电解液。插入正负极板组便成为单体电池。每个单体电池的标称电压为 2V，将三块或六块单体电池串联后便成为 6V 或 12V 蓄电池总成。

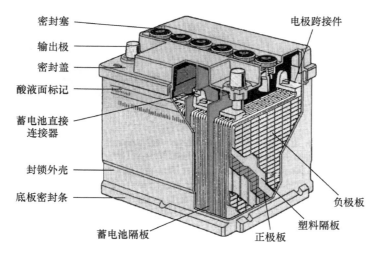

图 2-2　普通铅酸蓄电池的结构

蓄电池结构
与使用

2. 免维护蓄电池

免维护（Maintenance Free，MF）蓄电池，如图 2-3 所示。免维护蓄电池在 20 世纪 70 年代后期进入国际市场，并得到迅速发展，是目前汽车上普遍使用的铅酸蓄电池。

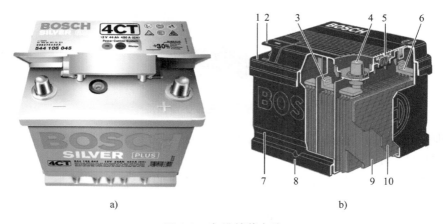

a)　　　　　　　　　　　　　　b)

图 2-3　免维护蓄电池
a）外形　b）结构

1—蓄电池盖　2—极柱盖　3、6—单格电池连接器　4—极柱　5—（出气）缝隙　7—壳体
8—底部安装轨　9—塑料隔板及置于其中的正极板　10—负极板

免维护蓄电池的优点及结构如图 2-4、图 2-5 所示。免维护蓄电池由 6 块单格电池串联而成，每块单格电池的电压为 2V，串联后蓄电池电压为 12V。免维护蓄电池主要由极板、隔板、连接条、电解液、外壳和极柱等组成。

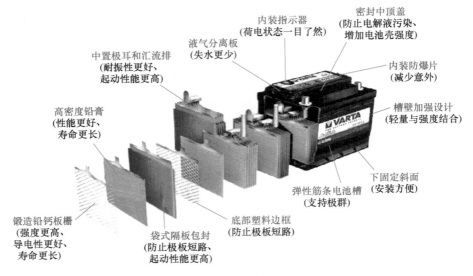

图 2-4 免维护蓄电池的优点及结构

图 2-5 某品牌免维护蓄电池

3. 吸附式玻璃纤维隔板（Adsorption Type Fiberglass Partition，AGM）蓄电池结构

单格蓄电池的结构如图 2-6 所示。AGM 蓄电池的结构如图 2-7 所示。每个蓄电池的基本模块都是单电池，单电池相当于一个极板组，极板组由正极极板组、负极极板组和隔板组合而成。AGM 蓄电池的分解结构如图 2-8 所示。AGM 蓄电池一般安装于具有起动／停止系统的车辆中以及具有高充放电循环的应用装置里。其特点是无电眼，不得打开，电解质以液态形式储存在玻璃纤维板上，AGM 蓄电池可归类为阀控式铅酸（Valve Regulated Lead，VRLA）蓄电池，一般用于装备有起动／停止系统的车辆上。

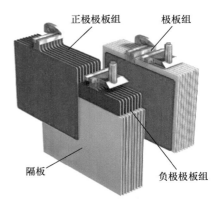

图 2-6 单格蓄电池的结构

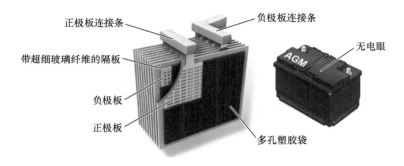

图 2-7　AGM 蓄电池的结构

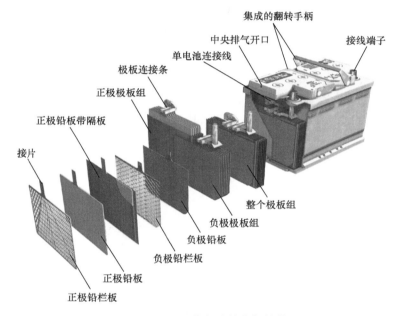

图 2-8　AGM 蓄电池的分解结构

4. 增强型免维护铅酸（Enhanced Maintenance Free Lead-acid，EFB）蓄电池

EFB 蓄电池采用双色电眼（图 2-9）且不得打开，电解质以液态形式储存在聚乙烯涤纶磨毛布上，此类蓄电池也可归类为 VRLA 蓄电池，一般用于装备有入门级起动/停止系统的车辆上。EFB 蓄电池的结构如图 2-10 所示。

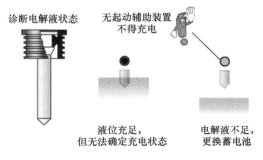

图 2-9　双色电眼的结构和诊断原理

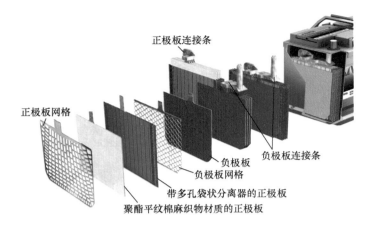

正极板连接条

正极板网格

负极板

负极板网格

带多孔袋状分离器的正极板

聚酯平纹棉麻织物材质的正极板

负极板连接条

图 2-10　EFB 蓄电池的结构

AGM/EFB 蓄电池的特点是具有更长的使用寿命，更好的冷起动性能，对蓄电池深度放电有更好的保护，完全免维护

注意：不能使用普通蓄电池替换，否则会很快导致普通蓄电池损坏。充电线不可接在负极柱上（图 2-11），负极可以采用车身接地。

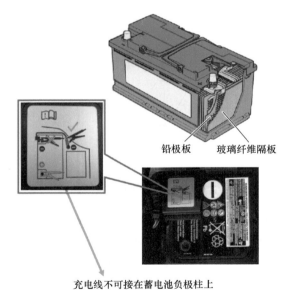

铅极板　　玻璃纤维隔板

充电线不可接在蓄电池负极柱上

图 2-11　充电线不可接在蓄电池负极柱上

二、蓄电池的充电和放电原理

蓄电池的充电和放电是通过电解液的化学反应来实现的，充放电的化学反应过程如图 2-12 所示。

1. 放电

当电解液中的硫酸和铅反应变成水时就会产生电能。同时，硫酸和极板化合，使得正负极板变成硫酸铅。

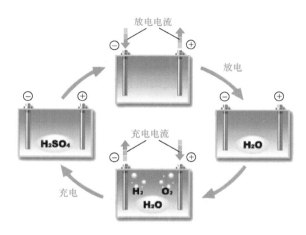

图 2-12 蓄电池的充电和放电的化学反应过程

2. 充电

由于硫酸从极板放电，因此电解液变成硫酸，进而电解液的密度增加。正极板变成二氧化铅而负极板变为海绵铅。

注意：在充电过程中当电解液发生化学反应（水电解）时，正极板产生氧而负极板产生氢。由于水的电解，电解液量减小，因此需要补充。

三、蓄电池的安装与拆卸

车用蓄电池内部电阻很小，一旦发生短路就会形成大电流放电，不仅损失电能，而且还有烧坏电缆或电器线束的风险。因此，安装蓄电池时，应先连接正极电缆，后连接负极电缆。这是因为如果先连接负极电缆，那么连接正极电缆时，扳手万一搭铁就会导致蓄电池短路放电。同理，拆卸蓄电池时，应先拆卸负极电缆，后拆卸正极电缆。

（1）电池的拆卸 从汽车上拆卸蓄电池时，应按下述流程进行。

从汽车上拆卸蓄电池时，应先拆搭铁电缆，后拆正极电缆。拆卸时，若发现蓄电池接线柱螺栓锈蚀难以取出，严禁用锤或钳敲打，以避免极柱断裂、极板活性物质脱落。可用热水冲洗后，拧开螺栓，用夹头拉器将夹头取下，如图 2-13 所示。取下蓄电池时应小心轻放，尽量用蓄电池提把进行搬运，如图 2-14 所示。

图 2-13 蓄电池的拆卸及清理方法

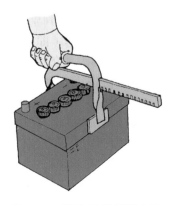

图 2-14 蓄电池的搬运方法

拆卸步骤如下：

1）将点火开关置于"断开（OFF）"位置。

2）拆下蓄电池固定夹板的固定螺栓，取下固定夹板。

3）拧松蓄电池正、负极柱上的电缆接头固紧螺栓，取下电缆（先拆卸负极电缆，后拆卸正极电缆）。

4）从汽车上取下蓄电池。

5）检查蓄电池壳体上有无裂纹和电解液渗漏痕迹，发现裂纹和渗漏应予更换蓄电池。

（2）蓄电池的安装　将蓄电池安装到汽车上时，应按下述程序进行。

1）检查蓄电池型号规格是否适合该型汽车使用。

2）检查电解液密度和液面高度是否符合技术要求，否则应予调整。

3）根据正、负极柱和正、负电缆端子的相对位置，将蓄电池安放到固定架上。

4）如图 2-15 所示，将正、负电缆端子分别与正、负极柱连接（先连接正极电缆，后连接负极电缆）。

5）在正、负极柱及其电缆端子上涂抹一层润滑脂，以防极柱和端子氧化腐蚀。

6）安装固定夹板，拧紧夹板固定螺栓。

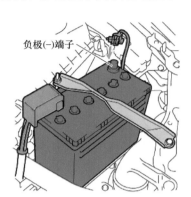

图 2-15　先连接正极电缆，后连接负极电缆

四、蓄电池的充电

1.蓄电池极柱极性的识别

将蓄电池安装到汽车上使用时，需要将蓄电池的正极柱与通往起动机的电缆（即火线电缆）连接，将蓄电池的负极柱与搭铁电缆（即搭铁线）连接。在蓄电池充电时，需要将蓄电池的正极柱与充电机的正极连接，将蓄电池的负极柱与充电机的负极连接。因此，必须正确识别蓄电池极柱的极性，才能正确连接蓄电池电路。在蓄电池正极柱上或正极柱周围的蓄电池盖上标有"＋"或"P"标记；在负极柱上或负极柱周围的蓄电池盖上标有"－"或"N"标记。对于使用一段时间后标记模糊不清难以辨别的蓄电池，可用下述方法进行判别。

1）观察极柱颜色进行判别。使用过的蓄电池，其正极柱呈深棕色，负极柱呈深灰色。

2）用直流电压表检测判别。将电压表连接蓄电池的正负极柱，按表针偏摆方向判断其正负极性。若表针正摆（即向右偏摆），则表的正极所连极柱为蓄电池正极；若表针反摆（即向左偏摆），则表的负极所连极柱为蓄电池正极。

3）用电解方法进行判别。蓄电池两个极柱各连接一根导线，将导线的另一端分别插入电解液中（导线端头切勿相碰），此时导线周围产生气泡较多者所连极柱即蓄电池负极。

4）通过极柱粗细判别。极柱较粗的为蓄电池正极，极柱较细的为蓄电池负极。

5）通过使用一段时间后极柱上产生的氧化物判别。产生绿色的氧化物较多的是蓄电池的正极，较少的为负极。

6）根据蓄电池线所接的部件判别。正极接起动机的主接线柱，且正极一般有多根电源线引出，负极接车身或发动机的搭铁部位。

2. 蓄电池充电作业方法

常用充电机如图 2-16 所示。具体充电作业方法如下。

1）在将蓄电池与充电机连接之前，应将蓄电池极柱和表面清理干净，将液面高度调整至正常水平。

2）按图 2-17、图 2-18 所示正确连接充电机和蓄电池。

注意： 从车上拆卸蓄电池接线时，一定要先拆卸蓄电池的负极接线，后拆蓄电池的正极接线，安装时要按照相反的顺序，否则将会造成事故（图 2-19）。

3）将充电机上的电压调节旋钮调至最小位置。

4）打开交流电源开关。

5）打开充电机上的电源开关，调节电压旋钮，观察电流表读数，直到电流表读数指示出所确定的电流值为止（按照充电规范，确定充电电流大小）。

6）通过加液孔观察蓄电池的内部情况，用万用表测量蓄电池两端的电压，当有连续气泡冒出或连续 3h 电压不变时，应立即停止充电。

7）停机时，必须先沿逆时针方向调节电流调节旋钮使电流表指针调至零位后，再切断电源开关使充电机停止工作。

图 2-16 常用充电机

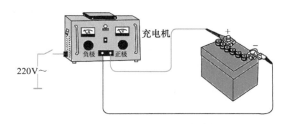

图 2-17 连接蓄电池与充电机

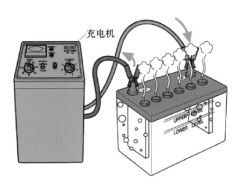

图 2-18 蓄电池的充电过程

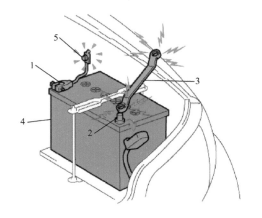

图 2-19 蓄电池接线的错误拆卸顺序

1—蓄电池负极（-）接线端子 2—蓄电池正极（+）接线端子
3—工具 4—蓄电池 5—搭铁点

3.蓄电池充电的注意事项

1）严格遵守各种充电方法的操作规范。

2）处于寒冷天气的蓄电池在充电之前需检查电解液是否结冰，不可对结冰的蓄电池进行充电，否则会引起爆炸。

3）补充充电前，需检查电解液的液面高度，电解液不足时应补充蒸馏水。

4）充电过程中应注意测量电解液的温度，当温度超过40℃时应将电流减半，当温度继续升高达45℃时应停止充电，待冷却到35℃以下时再充电，也可采用风冷或水冷的方法来降温。

5）初充电应连续进行，不可长时间间断。

6）室内充电时，应旋下加液孔盖，使氢气和氧气能顺利排出。

7）充电室要安装通风设备，在充电过程中通风设备应不停地工作，以排出有害气体，避免爆炸及损害操作人员的健康。

8）充电室严禁烟火。

五、蓄电池的维护

为了使蓄电池处于完好状态延长其使用寿命，在日常使用中，应注意做好以下维护工作：

1）定期检查蓄电池的在车体上的安装及蓄电池卡子与极柱连接是否牢固，并及时清除线夹和极柱上的氧化物，清除方法：用滚烫的开水浇在蓄电池的正负极柱上，可以快速清除极柱及蓄电池表面污物。在极柱表面涂上凡士林或黄油可防止氧化。

2）经常检查蓄电池的表面是否清洁，应及时清除灰尘、油污、电解液等污物。

3）经常检查蓄电池的放电程度，超过规定时立即充电；冬季蓄电池应经常保持充足电的状态，以防电解液密度降低而结冰，引起外壳破裂、极板弯曲和活性物质脱落等故障。

4）定期对蓄电池进行补充充电，不考虑蓄电池的放电程度强制性进行补充充电，以保证蓄电池始终处于充足电的状态，避免极板硫化。定期补充充电一般为每月一次，城市公交车定期补充充电周期可短些，而长途运输车定期补充充电周期可长些。

5）断开蓄电池时，要先拆负极（搭铁）电缆；连接蓄电池时，应查明极性，先正后负，不要接错。千万不要把工具放在蓄电池上。它们可能会同时触及两个极柱，使蓄电池短路而引起事故。

六、其他类型蓄电池

1.镍镉蓄电池

镍镉（NiCd）蓄电池直至今日还在使用。它与铅酸蓄电池的主要区别是在充电和放电期间电解液保持不变。已充电情况下镍镉电池槽的正极板为镉，负极板则为氢氧化镍。使用氢氧化钾作为电解液。这种组合方式可提供1.2V的电压。其能量密度与铅酸蓄电池基本相同。

通过使用新型蓄电池系统替代NiCd蓄电池的主要原因是NiCd蓄电池使用了会污染环境的重金属镉和所谓的记忆效应。对镍镉蓄电池进行经常性的部分放电时会出现容量损失，这种情况称为记忆效应。蓄电池似乎会对以前放电过程时的能量需求产生"记忆"。此时蓄电池仅能提供较小的能量而不是原来正常的能量，且电压也会随之下降。

2. 镍氢混合动力蓄电池

如图 2-20 所示，镍氢混合动力蓄电池（NiMH蓄电池）通常被视为 NiCd 蓄电池的下一代产品。NiMH 蓄电池可以提供 1.2V 的电压。NiMH 蓄电池的能量密度约为 $80W \cdot h/kg$，几乎是 NiCd 蓄电池能量密度的两倍。在 NiMH 蓄电池中几乎不会出现前面所说的记忆效应。这种蓄电池可以在短时间内以几乎恒定的电压释放存储的电能。

NiMH 蓄电池对过度充放电、过热和电极错误的反应较为敏感，对温度也比较敏感，当达到冰点附近的温度时会出现明显的容量损失。

图 2-20　ActiveHybrid X6 中的镍氢混合动力蓄电池

阳极由能够可逆存储氢的金属合金制成，氢以晶格形式存储在该合金内，这样就形成了一个氢金属电池。由氢氧化镍制成的阴极位于含有 20% 的电解液中。放电时氢被氧化，同时在两个电极处产生 1.32V 的电压。为了在放电结束时防止替代氢而氧化金属，负极的尺寸比正极大得多。

3. 锂离子蓄电池

如图 2-21 所示，常见锂离子蓄电池的正极由多层锂金属氧化物制成（例如 $LiCoO_2$ 或 $LiNiO_2$）。负极则由多层石墨制成。两个电极都位于无水电解液中。隔板安装在两个电极之间。

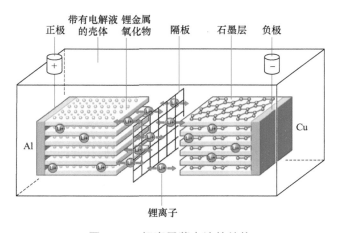

图 2-21　锂离子蓄电池的结构

通过推移锂离子在锂离子蓄电池上可以产生一个源电压。在电池充电过程中带有正电荷的锂离子通过电解液由正极移动至负极的石墨层。锂离子与石墨（碳）进行化合，同时不破坏石墨的分子结构。放电时，锂离子重新返回至金属氧化物中，电子可以通过外部电路流至正极。锂离子和石墨层反应后在负极上可以产生一个保护层，该保护层可以让较小的锂离子通过，而电解液中的分子则无法通过。

锂离子蓄电池的自放电较小，且因为锂离子的移动力较高所以其效率可达96%。该效率的大小取决于温度，在低温下将会大幅下降。

4. 双层电容器

如图2-22所示，双层电容器是一种功率密度高达10kW/kg的电能静电蓄能器。双层电容器的优点是效率较高（可达100%）、自放电小和使用寿命较长。此外，它不会出现记忆效应。因为双层电容器的能量密度较小，所以不适合作为独立的蓄能器用于车辆驱动，但是与化学蓄能器组合使用时，可以显著减小质量并延长化学蓄能器的使用寿命。

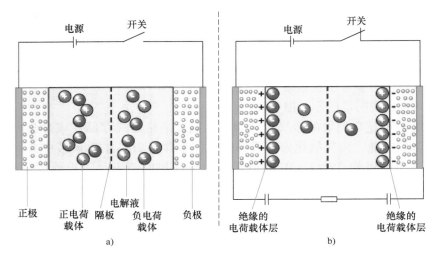

图 2-22 双层电容器的结构

a）已放电的双层电容器 b）已充电的双层电容器

双层电容器由两个通过电解液湿润处理的电极制成。当在电极上施加电压时，电解液中极性相反的离子会在电极处聚集。它们和不可移动的电荷载体共同构成一个层厚度比分子略小的区域。此处没有真正的电介质。在电极和电解液边缘上形成的两个电荷载体层可以起到电介质的作用。这两个电荷载体层也被称为双电层，并根据它为双层电容器命名。

第二节　交流发电机及电压调节器

一、交流发电机

1. 功能

汽车中有许多电器设备，例如起动机、车灯、收音机等。这些设备依靠来自蓄电池和发电机的电能工作。发电机由发动机传动带驱动。发电机产生功率的大小随发动机转速而不同。当相对于负载产生的功率较小时，蓄电池开始放电起到电源的作用；当产生的功率较大时，则发电机就作为一个电源，同时向蓄电池充电。充电系统在汽车上的位置如图2-23所示。在充电系统中，发电机起主要作用，其功能有发电、整流和调节电压（图 2-24）。

　　充电系统主要由交流发电机和电压调节器组成，交流发电机向蓄电池充电，并向电子元件供电，调节器用来调节充电量。

大众捷达交流发电机的接线情况

图 2-23　充电系统在汽车上的位置

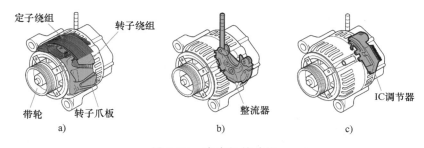

图 2-24　发电机的功能

a）发电　b）整流　c）调节电压

2. 结构功能

交流发电机组成部件见表 2-1，其结构及各部件作用如图 2-25～图 2-27 所示。

表 2-1　交流发电机组成部件

部件	功能
转子（磁场绕组）	当电流流过转子绕组时，转子就产生磁场。转子旋转时，就在定子绕组中产生感应电流
定子（电枢绕组）	定子绕组保持静止，由于转子转动，通过定子绕组的磁场大小和方向不断变化，这种变化导致有感应电流流过定子绕组
二极管组件	二极管就是用来对定子绕组中产生的交流电（AC）进行整流，从而获得直流电（DC）
电刷和集电环	通过电刷和集电环，向旋转的转子绕组提供电能
风扇	因为二极管和绕组在工作时会产生热量，所以，用风扇来冷却交流发电机中的二极管和绕组。风扇也可以冷却带有内置式 IC 调节器的交流发电机
带轮	发动机的输入功率是通过带轮以及带轮上的 V 带传递给转子的

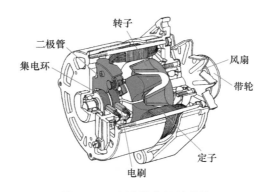

图 2-25　交流发电机的结构

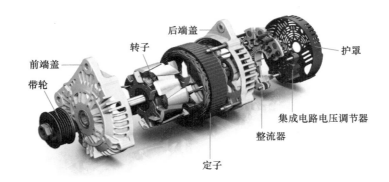

图 2-26　整体式交流发电机的分解

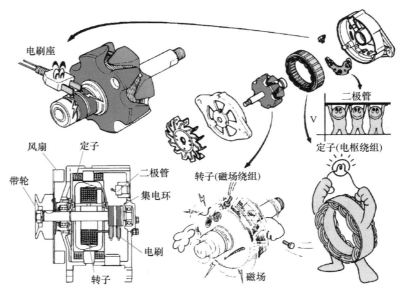

图 2-27　交流发电机各部件作用

内置式风扇的交流发电机如图 2-28 所示。为了产生更大的功率，在转子的前面和后面都装有风扇进行冷却。这样，定子绕组就可以得到充分冷却，因为定子绕组在工作中温度上升很明显，并会对输出特性产生不利影响。

另外，交流发电机壳体上开有很多通风孔，能提高冷却效率。交流发电机也采取以下措施来防止灰尘、水以及生锈。电刷和集电环部分采用防水结构。二极管单元、转子和定子都涂有环氧树脂漆，以防止生锈。"B"接线柱和"L"接线柱都采取了防水措施。

图 2-28　内置式风扇的交流发电机

3. 电磁感应原理

可以在图 2-29 所示的情形中观察到电的存在，也可以通过对导体如线圈、磁铁来产生电。如图 2-30 所示，将磁铁快速地靠近线圈，然后突然移走，那么就有电流从线圈流出。如图 2-31 所示，一个导体可在磁铁 N 极和 S 极之间自由运动，把电流表连接在导体上，形成一个闭合电路。以上种种现象都称为电磁感应。产生的感应电流将因为磁铁磁性增强、线圈匝数的增加或磁铁旋转速度的增大而增大。

但是，这种磁铁和线圈产生的电流无法把一盏灯点亮，这是因为产生的电流太小。电流方向会随磁铁移动的方向而变化。

有时在接触车门时，我们可能会感受到电击　　　　雷电

图 2-29　电的存在

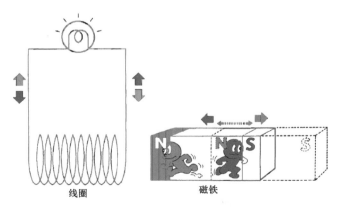

图 2-30　运动的磁铁在线圈中产生电流

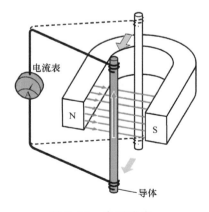

图 2-31　电磁感应

如图 2-32 所示，如果磁铁旋转起来，将会在线圈中产生电流，点亮灯泡。

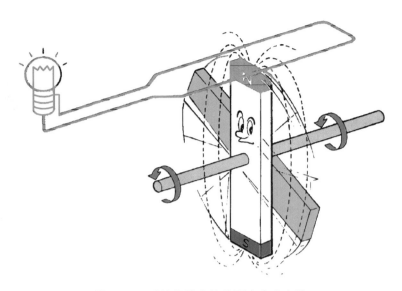

图 2-32　磁铁旋转会使线圈中产生电流

4. 感应电流的方向的判定

感应电流的方向可以用右手定则（图 2-33）来判定，如果导体在磁场中移动，那么在导体中就会产生感应电动势，若该导体通过外电路形成闭合回路，则在此回路中就会产生感应电流。食指（所指的方向）：磁场方向；拇指（所指的方向）：导体运动方向；中指（所指的方向）：感应电动势方向，也是电流方向。

如图 2-34 所示，如果不是导体运动而是磁铁运动，也可以得到同样的结论。在这种情形中，导体运动的方向与磁铁运动的方向相反。因此我们也可以利用右手定则判断感应电流的方向。磁铁旋转的优点如下：

1）通过一个简单的结构就可以实现磁铁连续旋转。

2）磁铁可以高速旋转，这样将产生很大的感应电动势和感应电流。

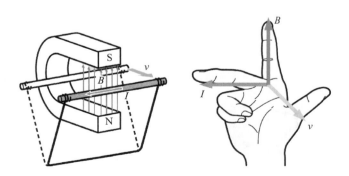

图 2-33　电磁感应和右手定则

B—磁力线方向（食指）　*I*—电流方向（中指）　*v*—导体运动方向（拇指）

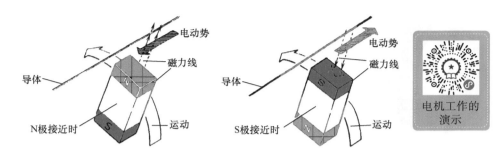

图 2-34　磁铁的运动也可以产生感应电流

5. 转子（励磁绕组）

转子的作用如图 2-35 所示，当电流流过转子绕组时，转子就成了电磁铁。转子的特点如下：

1）绕组和铁制片盘装在转子轴上，两个片盘有很多交错排列的爪。

2）连接转子绕组的两个滑环使转子成为一个总成。两个电刷搭接在集电环上。

3）如果铁制片盘没有爪子，那么，将会在转轴末端产生磁极。这样，定子绕组中不会产生电流。

4）交错爪：由于这些爪形结构，磁极从转子轴的端部移到交错的爪形结构上。

6. 定子（电枢绕组）

尽管定子的外观很复杂，但是从本质上说，它由三相绕组组成。如图 2-36 所示，每相绕组用 4～8 个线圈缠绕而成，这几个线圈是相互连接在一起的。

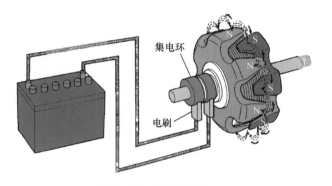

图 2-35　转子的作用

图 2-36　一相定子绕组的结构

一相定子绕组中线圈的数目与转子的爪的个数是相同的。三相绕组有一个公共端，这种连接方式称为星形（Y）联结（图 2-37、图 2-38）。

7. 电刷

电刷组件由两套电刷、弹簧和电刷架组成（图 2-39）。电刷装在电刷架的孔内，由弹簧的压力使电刷与集电环保持紧密接触（集电环有光滑表面），用于给转子绕组提供磁场电流。电刷所使用的材料是石墨。两个电刷的引线分别与后端盖上的磁场接线柱和搭铁接线柱相连接。

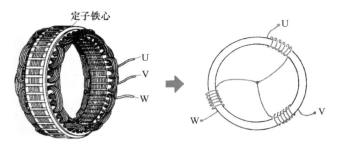

图 2-37 星形（Y）联结

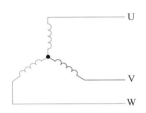

图 2-38 星形（Y）联结电路图

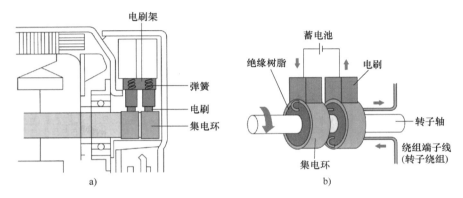

图 2-39 电刷组件

a）集电环和电刷　b）电刷和集电环原理

8. 发电机工作原理

如图 2-40a 所示，当一个导体在磁场间旋转并切割磁场的磁力线时，由于电磁感应，将会在导体内产生感应电动势；如图 2-40b 所示，当这个导体弯成框形在磁场中旋转时，就会产生双倍的感应电动势；图 2-40c 所示，把这个导体做成一个多匝的线圈，将会产生更大的感应电动势，线圈的匝数越多，产生的感应电动势就越大。

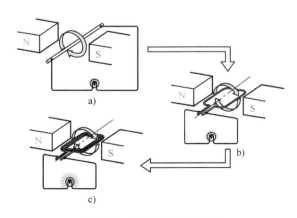

图 2-40 发电机工作原理

9. 交流发电机

旋转线圈产生的感应电动势的方向和大小，是随着线圈的位置而变化的。如图 2-41 中（1）所示，电流从电刷 A 流向灯泡，在（2）中电流停止流动，在（3）中电流是从电刷 B 流向灯泡。

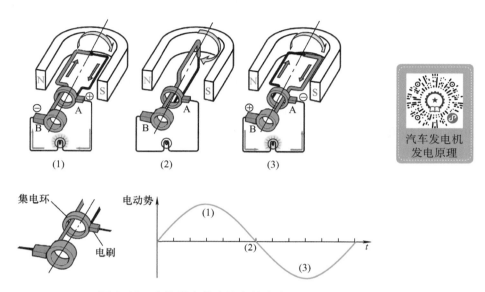

图 2-41　交流发电机交流电的产生

10. 三相交流电压

图 2-42 为转子在定子内旋转时，定子中产生的电压波形图。定子中产生了不断变化的交流电压。在相同的周期和波形内，每相绕组间测得电压是变化的。这三相电压相互之间相差 120° 相位，这就是所谓的三相交流电压。

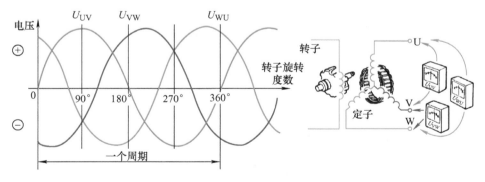

图 2-42　三相交流电压的产生

定子中产生的电压为交流电，为了给蓄电池充电，交流电就必须变为直流电。如图 2-43 所示，二极管就是用来将交流电转变为直流电。

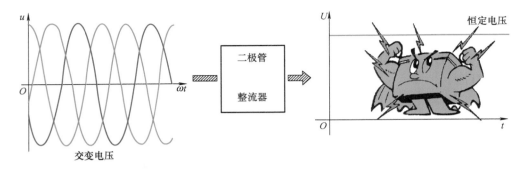

图 2-43　交流电转变为直流电

如图 2-44 所示，交流发电机的整流器多数都有两块整流板。安装 3 只正极管的整流板称为正整流板；安装 3 只负极管的整流板称为负整流板，负整流板的外壳直接搭铁，有的交流发电机直接将负极管焊接在后端盖上。在正整流板上制有一个螺孔，称为"输出"端子安装孔，螺栓由此从后端盖引出，作为交流发电机的"输出"端子，该端子为交流发电机的正极，标记为"B""B+""A"或"+"。整流器总成的形状各异，有长方形、马蹄形、半圆形和圆形等。

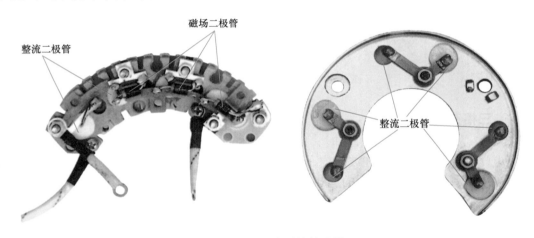

图 2-44　不同类型的整流器

二、电压调节器

1. 功能

如图 2-45 所示，当励磁电流保持恒定的时候，随着转子转速的增加，输出电压也会相应地增加。

如果图 2-45 所示的情况，将会导致蓄电池时而充电不足，时而充电过多，导致蓄电池损坏（图 2-46）。

为了使得这个变化的电压保持在一个适于发动机工作范围的常数值，电路中采用了一个电压调节器（图 2-47）。随着技术的发展，现代车型多采用集成电路调节器（图 2-48）。

图 2-45　励磁电流恒定时交流发电机的输出电压

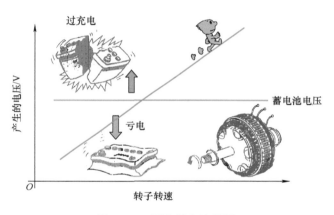

图 2-46　导致蓄电池损坏

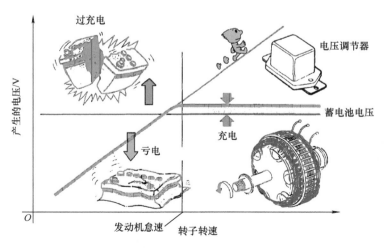

图 2-47　电压调节器的作用

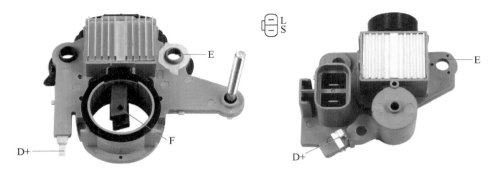

图 2-48　不同车型的集成电路调节器

2. 转子激磁

交流发电机电流输出路径如图 2-49 所示。

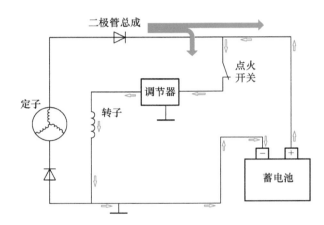

图 2-49　交流发电机电流输出路径

1）当点火开关打开时，电流沿下面的路径流动：蓄电池→点火开关→调节器→转子→接地。结果，转子被激磁。

2）当发动机起动以后，转子开始旋转，电流沿下面的路径流动，结果，使得定子产生了电压。①定子→二极管总成→蓄电池；②定子→二极管总成→点火开关→调节器→转子→搭铁。

从上面的电流路径可以看出，转子并非由蓄电池提供的电压激励，而是由定子提供的电压激励。这时蓄电池始终都处于充电状态。

3）当发动机的转速达到非常高时，电流将直接流至接地端，而不是流向转子。此时，定子上将不会产生电压。这样，电压的增量是有限的。

3. 充电电路

（1）点火开关 ON 发动机 OFF　交流发电机的励磁路线如图 2-50 所示，当点火开关打开（ON）时，电流沿下面的路径流动：蓄电池→点火开关→充电指示灯→交流发电机接线柱 L →转子绕组→接线柱 F → VTr1 →搭铁。结果励磁绕组产生磁场，充电指示灯开始发亮。

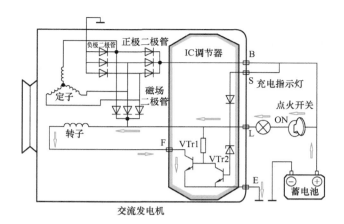

图 2-50　交流发电机的励磁路线

（2）发动机起动和运转　如图 2-51 所示，发动机起动后，充电指示灯会熄灭。

发动机转动时，b 点和 c 点产生相同的电压。
因此没有电流流过指示灯。由于有一个 100Ω 的电阻与指示灯并联，
因此即使灯泡烧断，电流也能继续流动。

图 2-51　发动机起动后，充电指示灯会熄灭

其他电流路径如图 2-52 所示：

1）二极管总成→ IC 调节器→接线柱 B →蓄电池。结果，蓄电池被充电。

2）二极管总成→转子→接线柱 F → VTr1 →接地。发动机运转时，转子上将具有电动势。

磁场二极管原理：线圈有 6 种组合方法来产生电流 S1-S2，S2-S3，S3-S1，S2-S1，S1-S3 和 S3-S2。假设 S1-S2 组合，电流流动如下：S1 → S2 → VD1 → B →蓄电池正极→蓄电池负极→ VD5 →回到 S1。假设 S2-S1 组合电流流动方式为 S2 → S1 → VD2 → B →蓄电池正极→蓄电池负极→ VD4 →回到 S2。其他组合的电流流动按相同的方式进行。

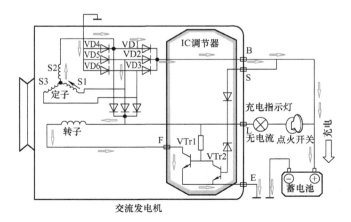

图 2-52　交流发电机电流流动路径

（3）发动机以高速运转　发动机以高速运转时电流流动路径（图 2-53）：二极管总成→IC 调节器→接线柱 B →接线柱 S →稳压二极管→ VTr2 →搭铁。

发动机高速旋转时，交流发电机的输出电压会增大到超过稳压电压的程度，然后它引导通过的电流进入晶体管 VTr2 的基极，晶体管 VTr2 接通，因为晶体管 VTr1 的基极搭铁，晶体管 VTr1 关闭，所以它就切断了流经定子的电流，从而控制了充电电压。

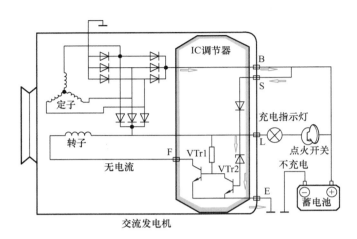

图 2-53　发动机以高速运转时电流流动路径

4. 充电系统处理注意事项

1）如图 2-54 所示，在连接蓄电池时，尤其要注意蓄电池的极性。不正确的连接将导致强电流冲击，引起二极管、导线等的损坏。

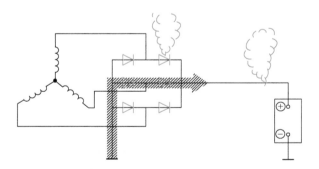

图 2-54　蓄电池极性接反导致二极管、导线损坏

2）如图 2-55 所示，当交流发电机在工作时，不能将它与蓄电池断开。否则，将发生高压波动，损坏电子元件。

3）如图 2-56 所示，不论点火开关位置怎样，切记蓄电池的电压一定要加在交流发电机的 B 接线柱上，造成不要使交流发电机的 B 接线柱与交流发电机外壳连接。

4）当外部电源对蓄电池充电时，譬如用一个快速充电器，一定要将蓄电池的负极接线与蓄电池负极断开。否则，大的电流将流过其他电子元件，可能引起损坏。

图 2-55　交流发电机工作时，
不能断开蓄电池导线

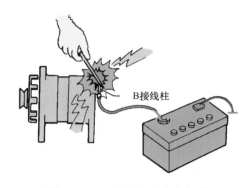

图 2-56　不要使交流发电机的
B 接线柱与外壳连接

三、交流发电机的拆装检查

1. 交流发电机的分解

1）拆卸前，检测交流发电机和稳压器。

2）拆下交流发电机。

3）拆下四个贯穿螺栓（图 2-57）。

4）如图 2-58 所示，使用 1kW 电吹风机，将后轴承座加热约 5min（50 ～ 60℃）。

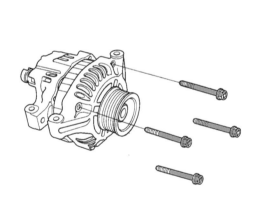

图 2-57　贯穿螺栓的拆卸

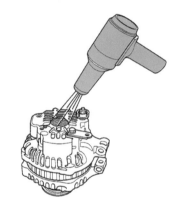

图 2-58　后轴承座加热

5）如图 2-59 所示，将一字口螺钉旋具插入后盖与驱动端盖之间的缝隙，通过撬动使之分离。

注意： 小心螺丝刀的端头不要损坏定子。

6）如图 2-60 所示，在定子连接在后盖上的情况下，将后盖与驱动端盖分离。

2. 前后轴承的更换

1）如图 2-61 所示，使用带软料钳口的台钳将转子夹紧，然后卸下带轮锁紧螺母。

2）如图 2-62 所示，使用拉拔器拆出转子。

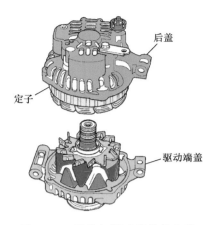

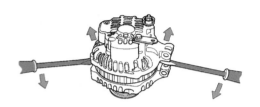

图 2-59 撬动后盖与驱动端盖

图 2-60 后盖与驱动端盖的分离

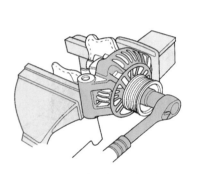

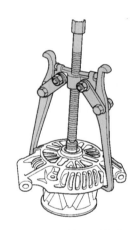

图 2-61 锁紧螺母的拆卸

图 2-62 转子的拆卸

3）检查转子轴是否有划痕，并检查驱动端盖的支撑轴颈面是否有卡滞迹象。若转子或驱动端盖损坏，则更换转子或端盖。

4）如图 2-63 所示，使用拔具拆下后轴承。

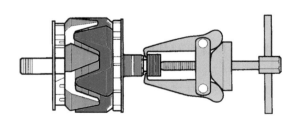

图 2-63 后轴承的拆卸

5）如图 2-64 所示，使用手动压力机，安装新后轴承。只在轴承的内圈上施加压力，以免损坏轴承。

6）拆下前轴承定位片（图 2-65）。

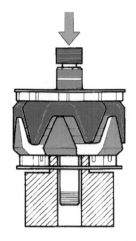

图 2-64 后轴承的安装

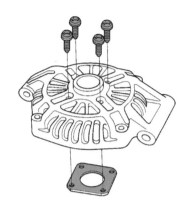

图 2-65 前轴承定位片的拆卸

7）将驱动端盖固定在台钳上，使用铜冲头和锤子将前轴承冲出（图 2-66）。

8）使用锤子和专用工具，将新前轴承装入驱动端盖（图 2-67）。

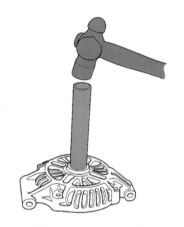

图 2-66 冲出前轴承

图 2-67 新前轴承的安装

3. 交流发电机电刷检查

如图 2-68 所示，使用游标卡尺测量电刷的长度。如果长度小于维修极限，则更换成新电刷。交流发电机电刷的长度：标准值（新）为 19.0mm；维修极限为 5.0mm。

4. 转子集电环检测

1）如图 2-69 所示，检查集电环与转子绕组之间是否导通。如果不导通，则更换转子总成。

2）检查各集电环之间以及和转子轴之间是否导通。如果不导通，则更换后盖总成。如果导通，则更换转子总成。

3）如果带轮已拆下，则将转子放置在驱动端盖中，然后以 111N·m 的扭矩紧固其锁紧螺母。

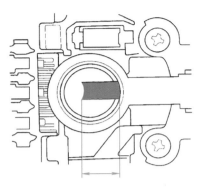

图 2-68　交流发电机电刷检查

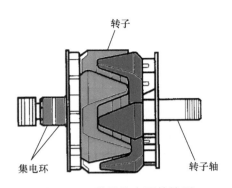

图 2-69　转子集电环的检测

4）除去集电环上的油脂或机油。

5）如图 2-70 所示，推入电刷，然后插入一根钢针以固定其位置。

6）使用 1kW 电吹风机，将后轴承座加热约 5min。

7）如图 2-71 所示，将后盖总成和驱动端盖／转子总成装配在一起，拧紧 4 个贯穿螺栓并拔出钢针。

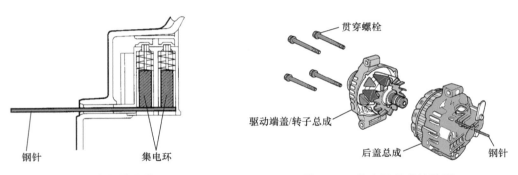

图 2-70　电刷的安装　　　　　　　　图 2-71　发电机总成的装配

8）发电机组装完毕后，用手转动带轮，以确认转子旋转顺畅、无杂音。

9）安装交流发电机和驱动带。

第三章

起动和点火系统

第一节　起动系统

一、起动机的组成

1. 起动系统的功能

起动系统具有下列功能。

1）静止的发动机不能产生起动转矩，也不能自身运转起来。因此，起动系统的作用就是起动发动机。起动机在发动机上的安装位置如图 3-1 所示。

2）起动系统通常使用靠蓄电池电源工作的直流电动机。当点火开关接通（ST 位置）后，电动机就转动起来。起动电动机的旋转力通过其小齿轮传递给连接在曲轴上的飞轮齿圈，带动发动机，从而使发动机起动起来。

3）发动机起动时，需要很大的转矩来压缩发动机气缸内的空气燃油混合物，克服机油的黏滞阻力，同时产生起动转矩驱动油泵等。这样，起动机电动机必须通过很大的电流（150 ~ 200A）。因此，蓄电池必须有足够的电力。

2. 起动机的组成

起动机是起动系统的核心，主要由直流电动机、传动机构和控制装置三部分组成。起动机与发动机飞轮的啮合关系如图 3-2 所示。

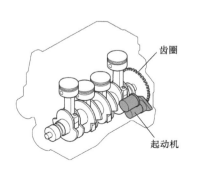

图 3-1　起动机在发动机上的安装位置

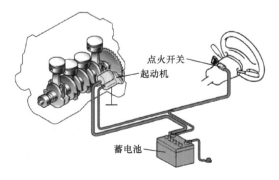

图 3-2　起动机与发动机飞轮的啮合关系

直流电动机产生电磁转矩；传动机构的作用是将转矩传给发动机；控制装置（电磁开关）负责控制电动机工作。功能见表 3-1。

表 3-1　起动机各机构作用

组成机构	作用	图示
直流电动机	在直流电压作用下产生旋转力矩即电磁转矩 ① 磁极：建立磁场 ② 电枢：导线通电后与定子磁场相互作用产生电磁转矩 ③ 换向器：连接励磁绕组与电枢绕组的电路	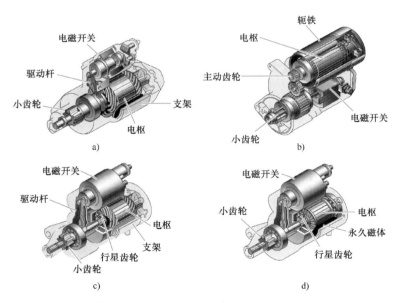
传动机构	在起动时保证起动机的动力能通过飞轮传递给曲轴；起动完毕发动机开始工作时，立即切断动力传递路线，使发动机不可能反过来通过飞轮驱动起动机高速旋转	
控制装置（电磁开关）	控制电路的通、断和驱动齿轮的移出和退回	

3. 起动机的类型

起动机有 4 种类型，如图 3-3 所示。

图 3-3　常见起动机的类型

a）常规型　b）减速型　c）行星型　d）行星减速部分导体电机型

（1）常规型　一种电枢和小齿轮按同种方式旋转的起动机。

（2）减速型　一种为了降低电枢转速并传送给小齿轮而在驱动器和驱动齿轮之间使

用惰轮的起动机。

（3）行星型 一种使用行星齿轮来降低电枢转速的起动机。它比减速型紧凑且质量小。

（4）行星减速部分导体电机型 电枢线圈做得较紧凑，因而整体长度较短。

4. 直流电动机的工作原理

如图 3-4 所示，电流流过导体时，在导体四周会产生磁力线。电流方向和产生的磁力线方向之间的关系可以用右手螺旋定则来形容。也就是说，如果沿螺旋前进的方向是电流流向，那么，就可以在螺旋旋转方向观察到磁力线。

如图 3-5 所示，电流流过磁场中的导体时，在导体周围就会产生磁力线。在导体下方，磁力线的方向与磁场的方向一致，这样就可以通过叠加，使得磁力线增加。在导体上方，导体外部的磁力线由于相互之间中和，使得磁力线减少。这个差别会产生一个力，这个力使导体向上移动。

在这种情况下，磁力线方向、电流方向以及导体移动方向之间存在一个确定的关系。这就是 Fleming 左手定则（图 3-6）。即如果左手大拇指、食指和中指两两相互垂直，那么，大拇指指向即是导体受力的方向，食指指向就是磁力线的方向，中指的指向就是电流的方向。

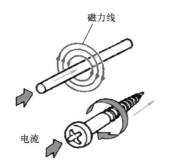

图 3-4 电流方向和磁力线方向的关系

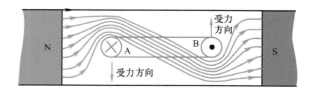

图 3-5 电动机转矩产生原理

如图 3-7 所示，根据左手定则，导体右部向上移动，而左部向下移动。这样就产生了一个绕电枢中心的旋转力矩，这个力矩使得电枢绕组、铁心和换向器作为一个整体旋转起来。当电动机按照图 3-7a 所示旋转时，换向器就改变流经导体的电流方向。这就使得磁力作用在一个方向上，电动机间歇地旋转。

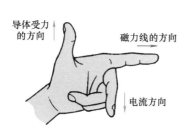

图 3-6 左手定则

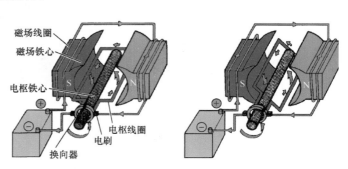

图 3-7 直流电动机的工作原理

二、起动机的结构和工作过程

1.起动机的结构

如图 3-8 所示，减速型起动机的组成部件包括电磁开关、电枢、换向器定子（磁场）、电刷和电刷架、减速齿轮、超越离合器、小齿轮和螺旋花键。

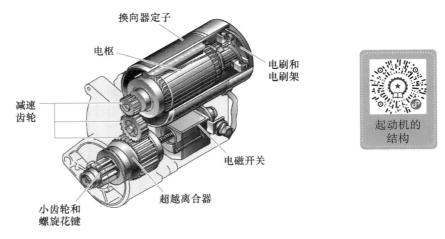

图 3-8 减速型起动机的组成部件

2.起动系统简单的工作示意

从蓄电池正极接线柱出发的一根导线经过点火线圈，接在磁力开关的 S 端，这个导线是用来操纵磁力开关的，点火开关接通和切断电路并控制磁力开关的动作。

另一根导线直接连接在磁力开关的 B 端。导线具有优良的导电性能，因为将有强电流流过以便使电动机转起来，另一根导电性良好的导线连接在电动机磁力开关的 M 端。电动机内部换向器的触点接通 B 端和 M 端以后，电流就从蓄电池流向电动机，电动机开始转动。起动机的起动示意图如图 3-9 所示。

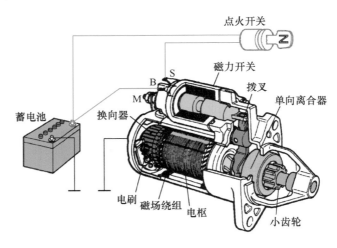

图 3-9 起动机的起动示意图

3. 电枢和磁场绕组间实际布线方式

电枢线圈和激励绕组之所以采用不同的连接方式，所考虑的是电机所需的性能。在汽车起动机电动机里，通常采用一种被称为串绕型的布线方式。在这种特殊的布线电路中，激励绕组和电枢绕组是串接在一起的，如图 3-10 所示。

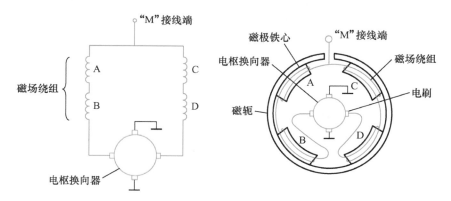

图 3-10 电枢和磁场绕组间的连接形式

4. 起动机动力的传递

在常规型起动机中，小齿轮安装在起动机电动机的电枢轴上。在减速型起动机中，小齿轮装在减速轴上。电动机的旋转运动通过这个小齿轮与齿圈的啮合转换成发动机飞轮的圆周运动（图 3-11、表 3-2）。

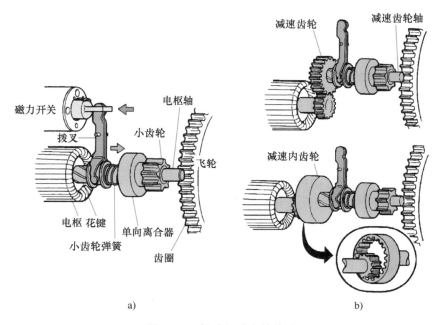

图 3-11 起动机动力的传递

a）非减速型 b）减速型

表 3-2　小齿轮与齿圈的啮合过程

传递顺序	传动说明	示意图
第一步（吸拉）	小齿轮按照下面的方式与齿圈啮合。当点火开关接通时（ST 位置），在磁力开关电磁铁的作用下柱塞沿箭头所示的方向被吸入。这个移动通过拨叉引起小齿轮向齿圈移动。当小齿轮轮齿末端与齿圈轮齿末端对齐的时候，小齿轮将不再继续移动	
第二步（保持）	柱塞仍受到拉力，因为小齿轮不能前移，所以小齿轮旁边的弹簧受压变形。当柱塞一直拉下去，直到触点闭合这样强电流就可以从电动机流过。然后，电动机开始转动，小齿轮沿着旋转方向移动其位置	
第三步（复位）	然后，小齿轮弹簧压力和电枢轴上的花键一起作用，使得小齿轮靠在齿圈上，这样，它们就相互啮合 　　如螺栓转动前进的方式一样，花键使得小齿轮进入齿圈，啮合在一起。如右图所示，如果螺栓拧到一个固定的不能旋转的螺母中，那么，螺栓将沿箭头的方向移动。螺栓好比电枢转轴，而螺母好比小齿轮 　　当点火开关回到 ON 位置上，那么，磁力开关的电磁铁就失去了磁性，柱塞在回位弹簧作用下将回到初始位置。这样，小齿轮与齿圈分开，也回到初始位置	

　　一些起动电动机在小齿轮和电动机之间装有减速齿轮装置，目的是增大起动转矩。

　　柴油机采用这种起动电动机，因为柴油机起动需要相当大的转矩，也可以用于那些指定在寒冷天气中使用的发动机。有两种类型的减速齿轮传动，一种是使用外齿轮，另一种是使用内齿轮，即行星齿轮。行星齿轮减速传动有一个优点，那就是结构尺寸很紧凑，因为电动机和小齿轮轴之间的偏心率很小。

5. 单向离合器

　　发动机起动时，小齿轮是与齿圈啮合在一起的。然而，发动机起动以后，齿圈开始带动小齿轮旋转了。如果发动机通过小齿轮带动电动机旋转的话，也即小齿轮仍与齿圈啮合在一起，那么电动机将以惊人的速度旋转而损坏，这是因为传动比较大[（10～15）：1]。

　　为了防止这类现象发生，需要采用一个单向离合器来切断发动机把旋转传递给电动机，即使在小齿轮仍与齿圈啮合在一起的情况下。

如图 3-12 所示，单向离合器包括一个外座圈、内座圈、滚子以及支撑滚子的弹簧。外座圈在内侧开有楔形沟槽，内部装有靠弹簧支撑的滚子。

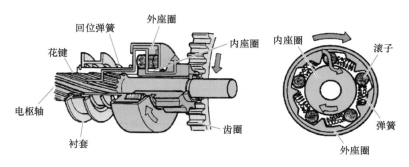

图 3-12　单向离合器的结构

外座圈与轴套结合在一起，而轴套可以在电枢轴上的花键上来回滑动，这样，外座圈就可以和电枢轴一起旋转。内座圈是与小齿轮结合在一起的。当发动机起动时，和电动机旋转方向相同的外座圈的回转力以及弹簧的压力迫使滚子向沟槽的狭小部位移动，当这个部位的空间足够紧的时候，内外座圈就合在一起了。结果，电动机的旋转运动沿下面路径传给了齿圈。电枢轴→外座圈→滚子→内座圈→小齿轮→齿圈。

发动机起动以后，如果小齿轮仍由齿圈驱动，而内座圈比外座圈转的要快，那么内座圈旋转的回转力使得滚子向空隙大的地方移动，来抵抗弹簧力，则内外座圈就相互分离开来。因而，小齿轮自由转动，发动机不再向电枢传递旋转运动。

6. 起动电路中要装置继电器

简单地说，就是起动电动机工作时，需要有很大的电流。而钥匙是用来控制起动电动机的，当钥匙接通时，如果大电流从钥匙流向起动机，那么，钥匙必须做得很大且笨重，能够耐大电流的频繁通过而不烧毁，而且要用很粗的电线把蓄电池、钥匙和起动电动机连接起来，很不划算，使用也不可靠，维修也不方便。采用起动继电器（图 3-13），让起动电流从蓄电池通过继电器直接到达起动电动机，同时，必须接受钥匙的控制。通过钥匙的控制电流很小，线也很细，增加了钥匙的寿命。

起动继电器的工作受钥匙的控制，钥匙接通时，起动继电器内吸力线圈通电，产生吸力，把起动电路触点吸合，于是电流通过起动继电器到达起动电动机，起动电动机工作；当钥匙断开时，起动继电器内吸力线圈断电，吸力消失，起动电路触点在弹簧作用下断开，通往起动电动机的电流切断，电动机停止工作。起动继电器做得比较结实，允许大电流频繁通过，提高了电路的可靠性。

图 3-13　不同类型的起动继电器

三、起动机的起动过程

（1）点火开关：OFF 位置　如图 3-14 所示，当点火开关处于 OFF 位置，在回位弹簧的作用下，触点是分开的，也就切断了电流流过线圈的电路。

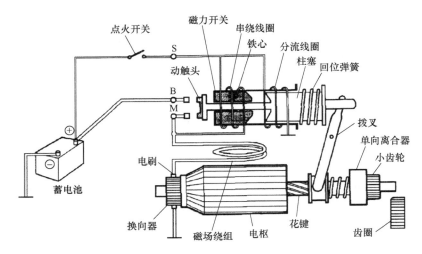

图 3-14　点火开关处于 OFF 位置，起动机未起动时

（2）点火开关：ST 位置　如图 3-15 所示，当点火开关回到 ST 位置的瞬间，电流就从蓄电池经过 S 接线端流向分流线圈和串绕线圈。铁心也就被磁化，成为一个电磁铁，把柱塞拉向左侧。柱塞的运动通过拨叉传递给了小齿轮。所以，小齿轮向右移动开始与齿圈啮合。在触点闭合之前，流过串绕线圈的电流流入电动机。这样，电动机开始缓慢转动。

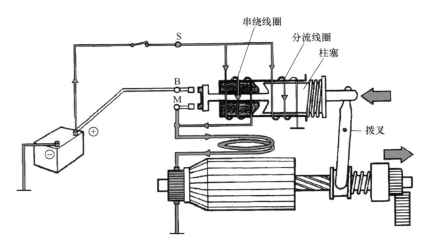

图 3-15　点火开关转到 ST 位置瞬间

（3）点火开关：ST 位置　如图 3-16 所示，当起动机开始起动时，因为柱塞一直被拉着，所以触点一直压在一起。这就使得接线端 B 和 M 之间的电路闭合，大电流（通常是150 ～ 200A）开始流入电动机。然后，电动机就迅速旋转起来。

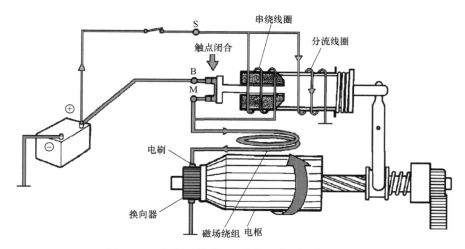

图 3-16 点火开关在 ST 位置，起动机起动过程

同时，小齿轮完全与齿圈啮合在一起，然后，用大的起动功率起动发动机。当触点闭合时，电流将不会流过串绕线圈。触点仅仅在分流线圈的电磁力作用下闭合在一起。

注意：当接线端 B 和 M 连接在一起时，由于它们之间没有电阻因此电流从两个接线端之间，而不是从有一定电阻的串绕线圈中通过。

（4）点火开关：从 ST 位置到 ON 位置　如图 3-17 所示，点火开关从 ST 位置到 ON 位置的瞬间，发动机起动以后，流过串绕线圈的电流将反向流动，当点火开关合上时，产生一个反向的电磁力抵消分流线圈的电磁力。结果，柱塞在回位弹簧的作用下回到了初始位置。柱塞回到初始位置，导致小齿轮与齿圈分离，同时，触点分开，流向电动机的电流被断开，电动机的回转力消失。

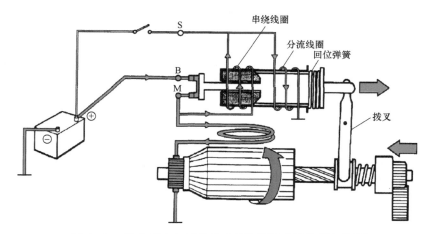

图 3-17　起动后点火开关从 ST 位置到 ON 位置的瞬间

四、起动机的简易试验

修复后的起动机，可用简易方法进行电磁开关和空载性能试验；新生产的起动机应在专用试验台上进行空载性能和制动性能试验。每项试验应在 3 ～ 5s 内完成，以防烧坏线圈。起动机的试验见表 3-3。

表 3-3　起动机的试验

测试项目		电工技能 / 测试步骤	图示 / 示意图
电磁开关简易试验	吸拉动作试验	将起动机固定在台虎钳上，拆下起动机端子"C"上的磁场绕组电缆引线端子，用带夹电缆将起动机"C"端子和电磁开关壳体与蓄电池负极连接，如图所示。用带夹电缆将起动机"50"端子与蓄电池正极连接，此时驱动齿轮应向外移动。如驱动齿轮不动，说明电磁开关有故障，应予以修理或更换	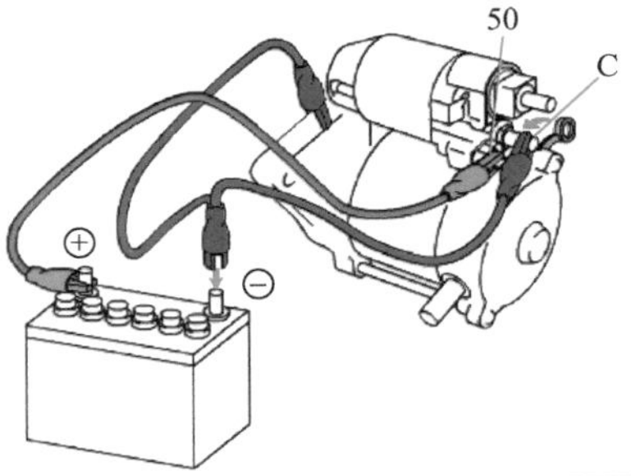
	保持动作试验	在吸拉动作基础上，当驱动齿轮保持在伸出位置时，拆下电磁开关"C"端子上的电缆夹。此时驱动齿轮应保持在伸出位置不动，如驱动齿轮回位，说明保持线圈断路，应予以修理	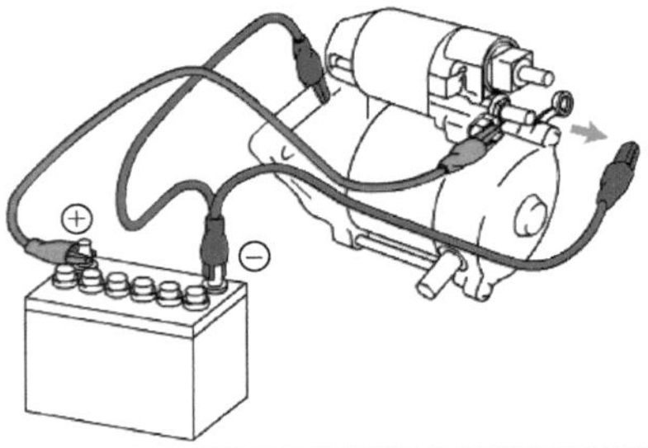
	回位动作试验	在保持动作的基础上，再拆下起动机壳体上的电缆夹。此时驱动齿轮应迅速回位，如驱动齿轮不能回位，说明回位弹簧失效，应更换弹簧或电磁开关总成	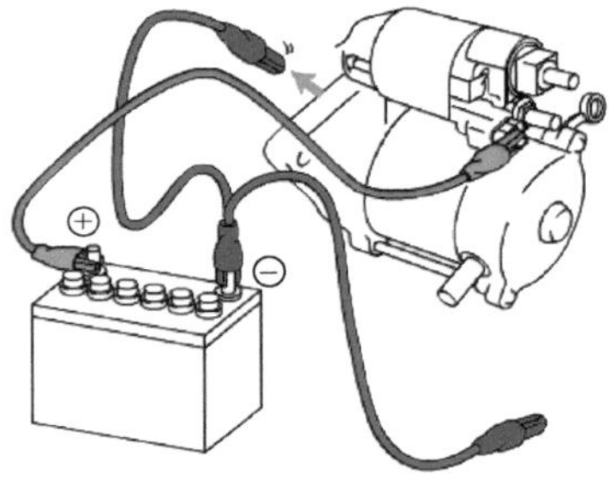
空载性能简易试验		测试起动机的空载性能时，先将蓄电池充足电，然后按下述方法和程序进行： 　1）将磁场绕组引线（永磁式起动机为正电刷引线）电缆连接到电磁开关"C"端子上 　2）用带夹电缆将蓄电池负极与电磁开关壳体连接，将量程为 0～100A 以上的直流电流表连接在蓄电池正极与电磁开关的"30"端子之间，如图 a 所示 　3）当将"50"端子与"30"端子连接时，如图 b 所示，驱动齿轮应向外伸出稳运转。测量电流、电压和转速等各项指标应符合空载性能指标规定 　一般来说，当蓄电池电压大于或等于 11.5V 时，消耗电流应不超过 90A，转速不低于 5000r/min	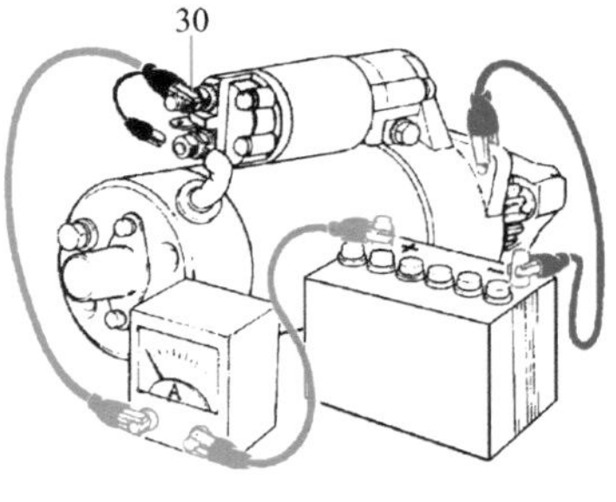 a) 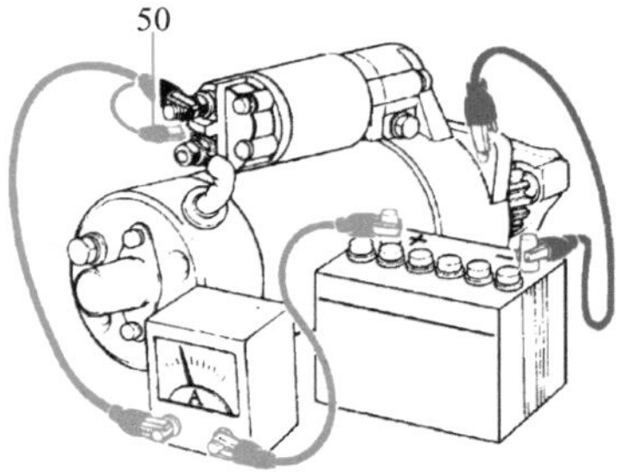 b)

五、起动机部件的拆解及维修

1. 起动机部件的拆解

起动机部件的拆解如图 3-18 所示。

（1）电枢 电枢是直流电动机的转子部分，作用是产生电磁转矩。

（2）磁极 磁极是直流电动机的定子部分，其作用是产生电枢转动时所需要的磁场，它由磁极铁心和磁场绕组组成。

（3）换向器 换向器的作用是保证电枢绕组产生的电磁转矩的方向保持不变，即把通入电刷的直流电流转换为电枢绕组中导体所需要的交变电流。

（4）电刷与电刷架 电刷与电刷架的作用是将电流引入电枢，使电枢产生连续转动。

（5）单向离合器 接通或切断与发动机旋转运动间的联系，保护电动机，避免由于发动机的高速运转而造成电动机的损坏。

（6）行星齿轮 将电动机的旋转运动传递给发动机飞轮齿圈。

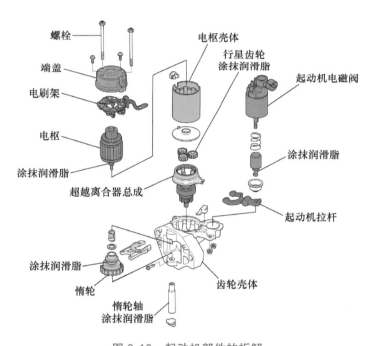

图 3-18 起动机部件的拆解

2. 起动机的检修

起动机的检修见表 3-4。

六、起动机的安装

起动机的组装过程见表 3-5。

表 3-4 起动机的检修

检修项目		电工技能 / 检修要领	图示 / 示意图
电刷架拆卸		拆下起动机，将电动机电缆从 M 端子上断开，并拆下端盖，在电枢上放置一个外径为 29.4mm 的塑料管，固定塑料管，将电刷架（A）移到塑料管（B）上，使电刷不从电刷架脱落	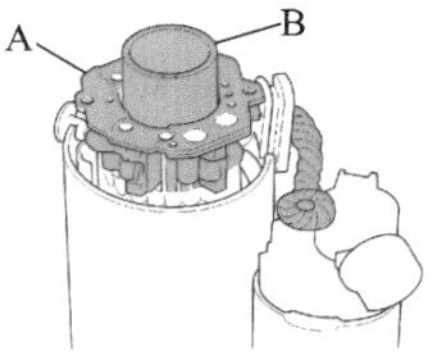
电枢的检修	电枢绕组搭铁的检修	用万用表，测量换向器的每个换向片与电枢轴之间的电阻，应为∞，否则，表示换向器或电枢绕组与转轴有短路故障，应更换电枢	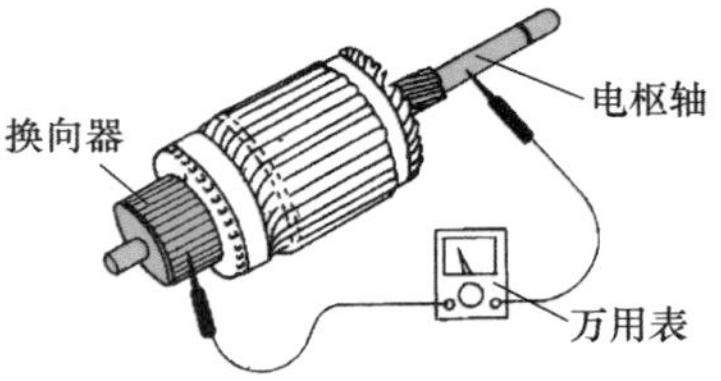
	检查换向器表面	换向器表面若粗糙，用砂纸轻轻打磨	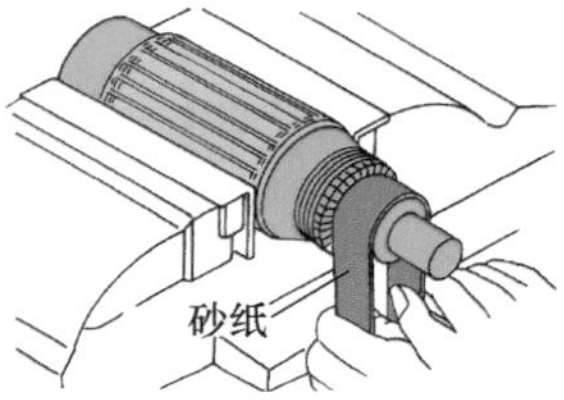
换向器的检修	换向器最小直径的检查	用外径千分尺或游标卡尺检查换向器外径，不得小于使用极限值（QD1225 为 33.5mm）。超过极限值时，更换换向器或整套转子	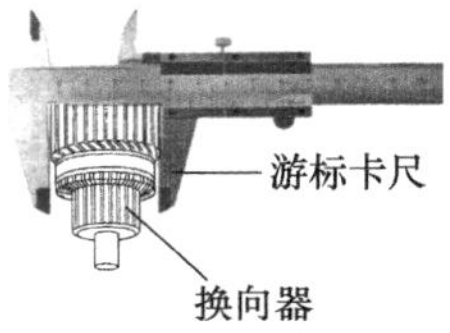
	换向器磨损的检修	检查换向器的绝缘云母片的深度，标准值为 0.5 ～ 0.8mm，使用极限值为 0.2mm。超过极限值时，应用锉刀或钢锯条进行修理，修整时锉刀要与换向器外圆母线平行	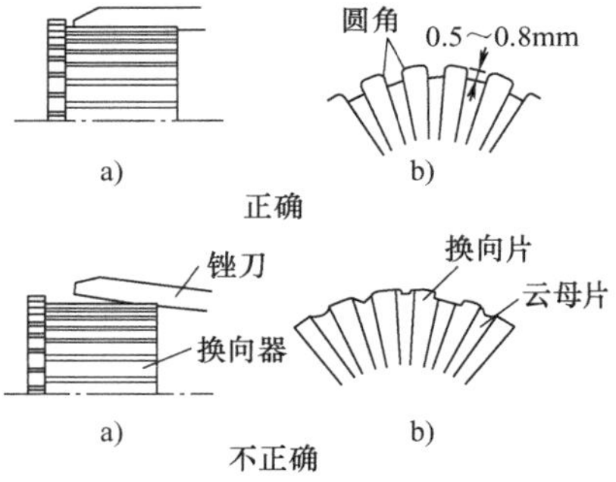 a）检查和修整　b）修整后的形状
电刷的检修	电刷长度的检查	用游标卡尺检查电刷长度，应不小于新电刷的 2/3（QD1225 最小长度为 11.5mm）。如果小于极限值，应予以更换。电刷与换向器的接触面积应大于 75%。电刷在电刷架内应活动自如无卡滞现象	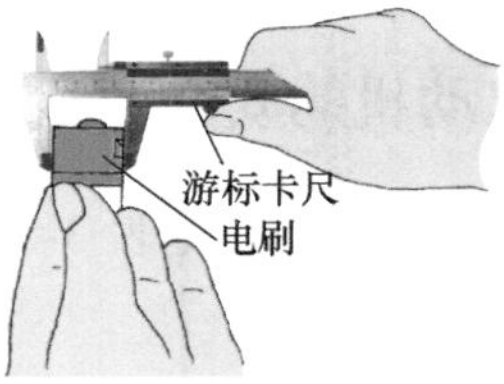

（续）

检修项目		电工技能 / 检修要领	图示 / 示意图
电刷的检修	电刷弹簧拉力的检查	用弹簧秤测量弹簧拉力，应在 18～22N 之间。如果达不到规定值，应更换新的弹簧	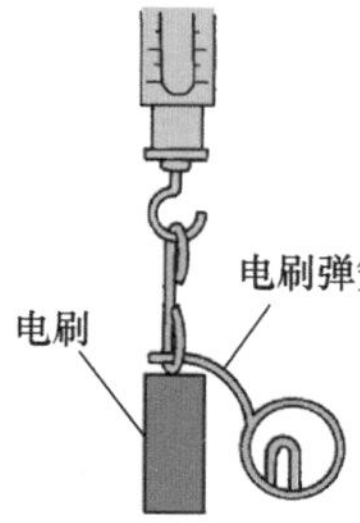
磁场绕组的检修	磁场绕组断路的检修	用万用表测量磁场绕组的正极端与电刷之间的电阻，应为 0Ω。否则，说明磁场绕组有接触不良或断路故障，应更换	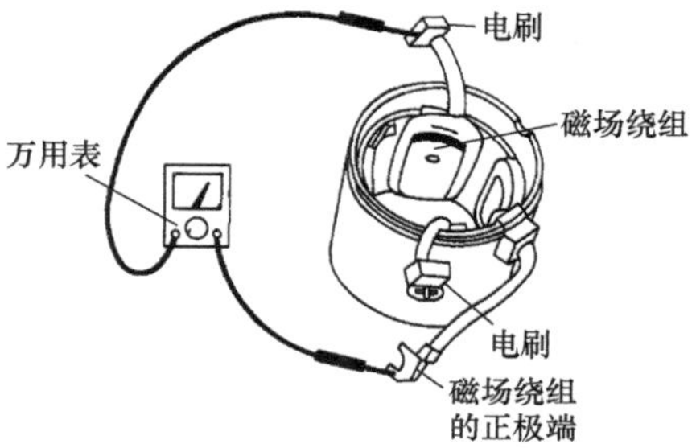
	磁场绕组对壳体短路的检修	用绝缘电阻表检查磁场绕组的正极端与定子壳体之间的绝缘电阻，应大于 0.5MΩ。否则，表示磁场绕组与壳体之间绝缘不良，应处理或更换	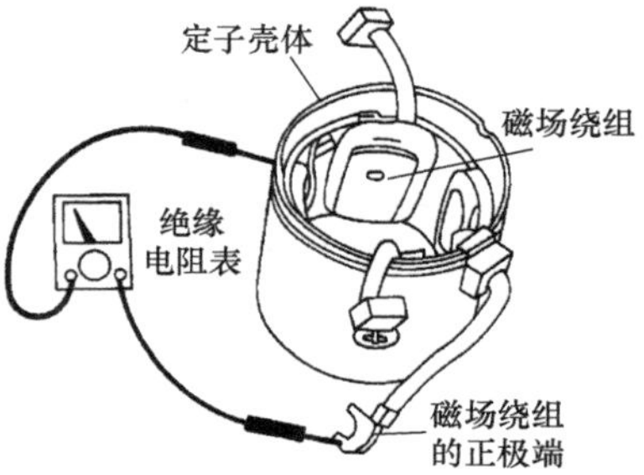
电磁开关检修	弹簧复位功能检查	用手先将挂钩及活动铁心压入电磁开关，然后放松，活动铁心应能迅速复位。如铁心不能复位或出现卡滞现象，则应更换复位弹簧或电磁开关总成	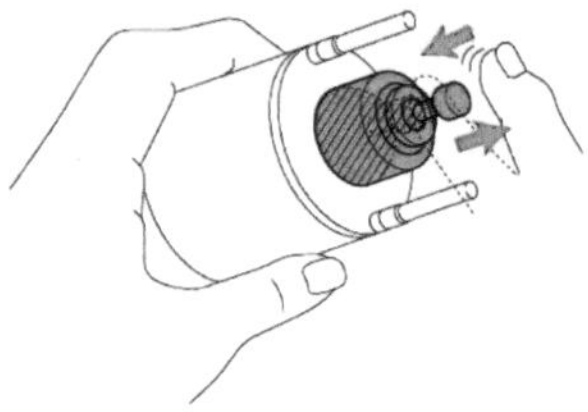
	保持线圈的检修	从磁场绕组接线柱上拆下磁场绕组正极端后，用万用表检查电磁开关接线柱（"50"端子）与电磁开关壳体之间的电阻，应为 0.6Ω 左右。否则，表示保持线圈连结点接触不良或断路，应更换电磁开关	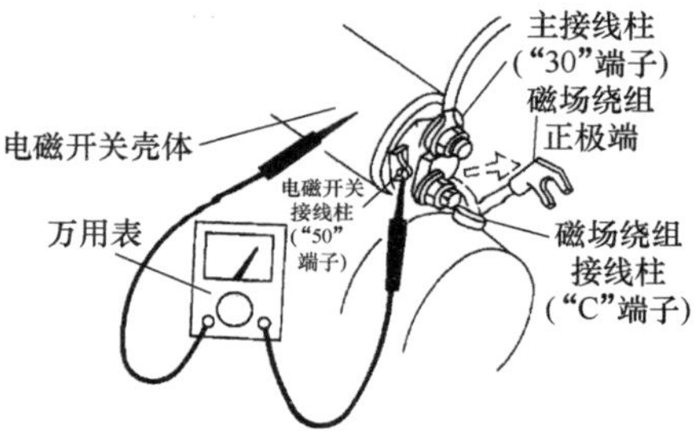

（续）

检修项目		电工技能／检修要领	图示／示意图
电磁开关检修	吸拉线圈的检查	从磁场绕组接线柱上拆下磁场绕组正极端，用万用表（R×1档）检查电磁开关与磁场绕组接线柱之间的电阻，应为0.6Ω左右。否则，表示吸引线圈连结点接触不良或断路，应更换电磁开关。一般来说，同一起动机的保持线圈电阻较吸引线圈电阻大一些	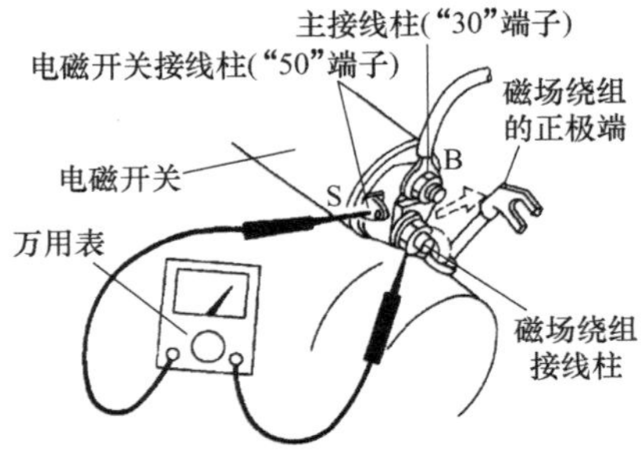
检查单向离合器		将单向离合器夹在台虎钳上，用扭力扳手转动，应能承受制动试验时的最大转矩而不打滑。如2201型起动机，其单向离合器能承受25.5N·m的转矩而不打滑，否则应拆开进行修理。摩擦片式单向离合器在承受大于117N·m转矩时不应打滑，而在承受大于176.4N·m的转矩时应能打滑。若不符合规定，可在压环与摩擦片之间增减垫片予以调整	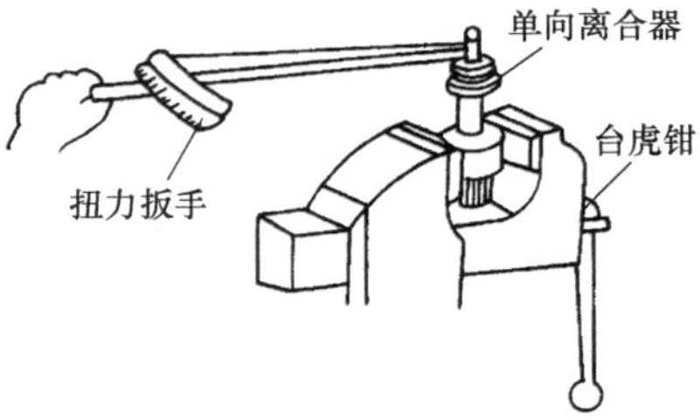

表 3-5　起动机的组装过程

组装项目	电工技能／组装要领	图示／示意图
安装起动机电磁离合器总成	在起动机离合器花键上涂一些润滑脂	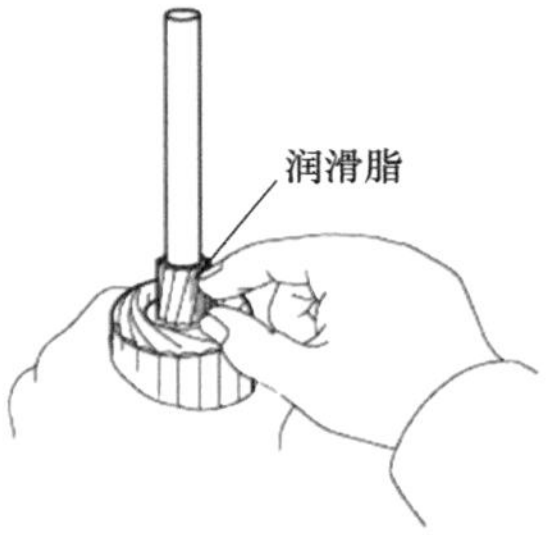
	将起动机离合器安装到电枢轴上	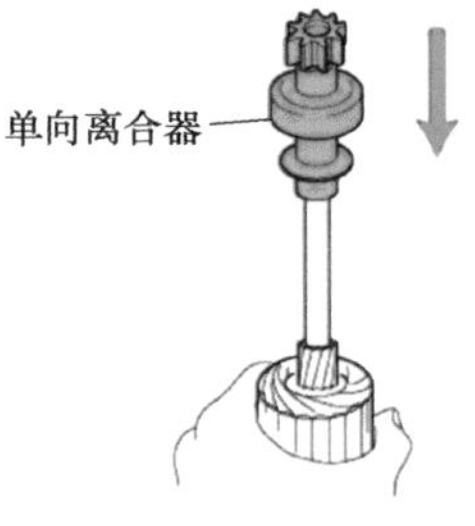

（续）

组装项目	电工技能/组装要领	图示/示意图
安装起动机电磁离合器总成	抬起起动机单向离合器，将其保持在该位置，然后用塑料锤敲打电枢轴，将卡环装入止动环中	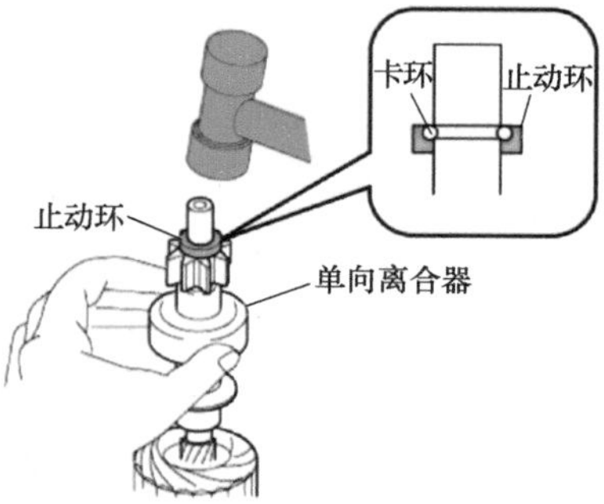
安装起动机电刷弹簧	1）将起动机电枢总成安装在起动机定子总成上 　2）用台虎钳固定住夹在两块铝板或者布之间的电枢轴，安装电刷座绝缘体。将弹簧安装在电刷座绝缘体上 　3）如右图所示，压住弹簧，同时将电刷装到电刷座绝缘体上	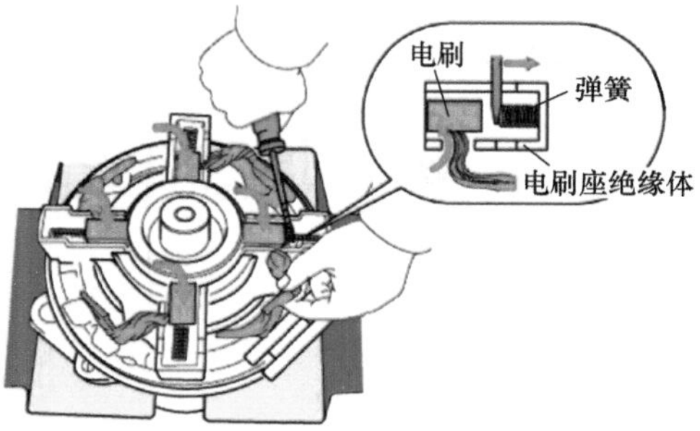
	注意：安装时不要让弹簧弹出来，用螺钉旋具可以比较方便地压住。用手指按住卡销，安装卡销板	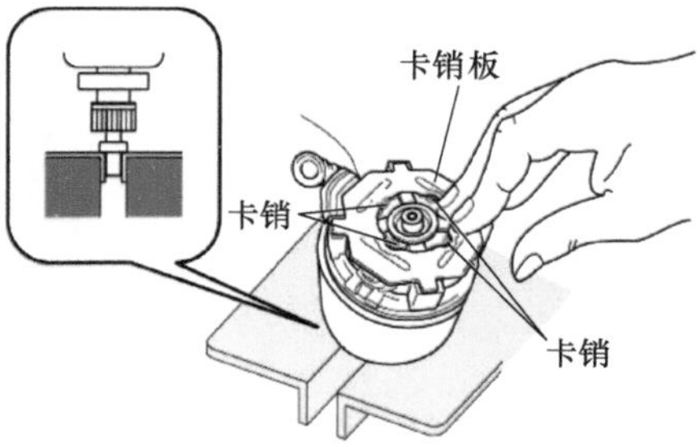
安装起动机定子总成	在拨叉和起动机单向离合器互相接触的部位涂一些润滑脂。将拨叉放到电枢轴的相应部位，并注意拨叉的正反位置。将换向器端盖和定子总成安装到起动机的驱动端端盖上，并注意定子总成的安装位置，拧紧两个长螺栓	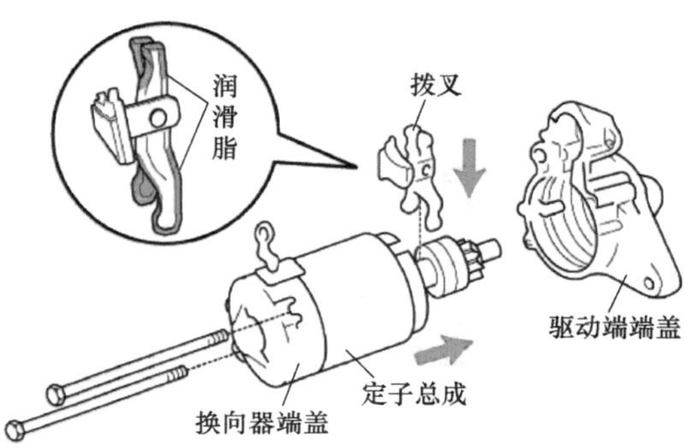

第二节　点火系统

在汽油发动机中，气缸中的混合气是由高压电火花点燃的（图 3-19），而产生高压电火花的任务是由点火系统来完成的。因此，点火系统的功用是保证在各种工况和使用条件下，可靠、准确地点燃气缸中的可燃混合气。点火系统在车上的布置如图 3-20 所示。

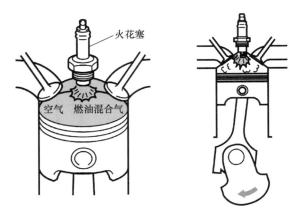

图 3-19　点火系统的作用

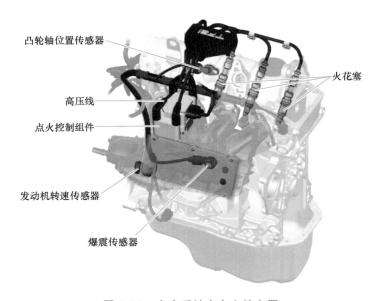

图 3-20　点火系统在车上的布置

如图 3-21 所示，点火系统用点火线圈产生的高压来产生电火花，点燃已经被压缩的空气 - 燃油混合气。空气 - 燃油混合气在气缸内被压缩和点燃。燃烧产生发动机的推动力。由于自感和互感，点火线圈产生点火所必需的高压。初级绕组产生几百伏的电压，次级绕组产生几万伏的电压。

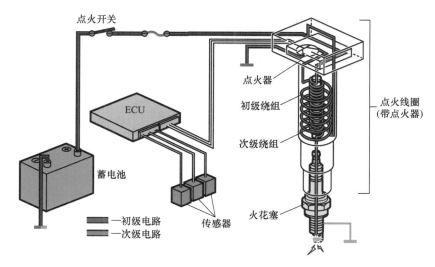

图 3-21 点火系统

一、点火系统的类型

1. 断电器触点式点火系统

如图 3-22 所示，这种类型的点火系统具有最基本的构造，通过机械控制来控制初级电流和点火正时。点火线圈的初级电流受断电器触点的周期性控制，离心式点火提前装置和真空式点火提前装置用来控制点火正时，附加电阻用于减少初级绕组的匝数，防止初级电流过度增加。

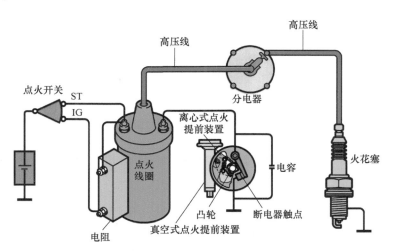

图 3-22 断电器触点式点火系统

2. 晶体管式点火系统

如图 3-23 所示，晶体管式点火系统的晶体管根据信号发生器产生的电信号周期性地控制初级电流的工作。

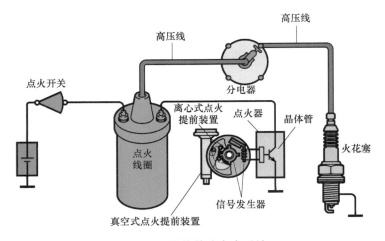

图 3-23　晶体管式点火系统

3. 带电子控制点火提前的晶体管式点火系统

如图 3-24 所示，在这种点火系统中，离心式点火提前装置和真空式点火提前装置已不再使用。采用发动机电子控制单元（ECU）中的电子点火提前功能来控制点火正时。

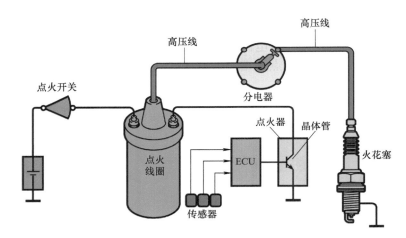

图 3-24　带电子控制点火提前的晶体管式点火系统

4. 直接电子点火系统

如图 3-25 所示，这种点火系统取消了分电器，使用多个点火线圈直接向火花塞提供高压电。点火正时由发动机 ECU 中的电子点火提前功能控制。这种点火系统在目前的汽油机中占主导地位。直接电子点火系统（Direct Electronic Ignition System，DIS）分为分组同时点火控制和独立点火控制。分组同时点火控制（图 3-25b）是双缸共用一个点火线圈，比如四缸发动机就有两个点火线圈；而独立点火控制是点火线圈直接安装在火花塞上，即每个气缸都有一个独立的点火线圈直接安装在各个火花塞上（图 3-25a、图 3-26）。

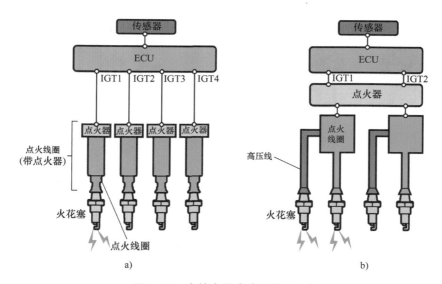

图 3-25　直接电子点火系统（一）

a）独立点火控制　b）分组同时点火控制

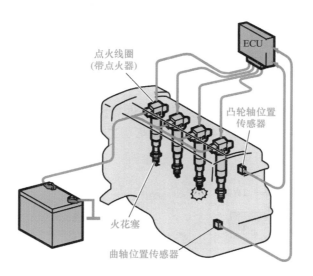

带点火线圈的分电器的点火系统

双缸同时点火系统

独立点火系统的结构

图 3-26　直接电子点火系统（二）

二、点火系统的部件构造

1. 点火线圈

点火线圈是将电源的低压电转变为点火所需的高压电的基本元件，点火线圈按铁心结构型式可分为开磁路式（图 3-27）和闭磁路式两种形式。与传统的开磁路点火线圈相比，闭磁路点火线圈（图 3-28、图 3-29）其铁心不是条形的，而是带有气隙的"曰"字形状或"口"字形状。在"曰"字形铁心内绕有初级绕组，在初级绕组外面绕有次级绕组。磁力线由铁心构成闭合磁路，因而漏磁少、能量损失小。闭磁路点火线圈的安装位置及结构如图 3-30、图 3-31 所示。

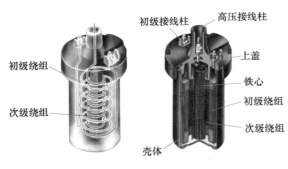

初级接线柱　　高压接线柱

初级绕组

次级绕组

上盖

铁心

初级绕组

次级绕组

壳体

图 3-27　开磁路式点火线圈

图 3-28　闭磁路点火线圈

图 3-29　单独点火闭磁路点火线圈

图 3-30　闭磁路点火线圈安装位置

2. 火花塞

（1）火花塞结构　汽油发动机点火系统中将高压电流引入气缸产生电火花，以点燃可燃混合气体。如图 3-32 ～图 3-34 所示，火花塞主要由中心电极、侧电极、壳体、导电体、连接插头等组成。

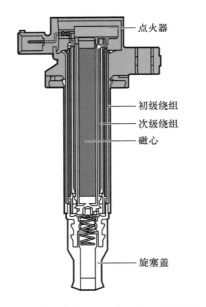

点火器

初级绕组

次级绕组

磁心

旋塞盖

图 3-31　带点火器的闭磁路点火线圈结构

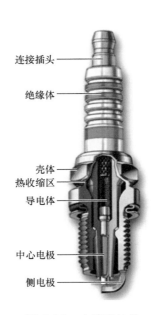

连接插头

绝缘体

壳体

热收缩区

导电体

中心电极

侧电极

图 3-32　火花塞结构

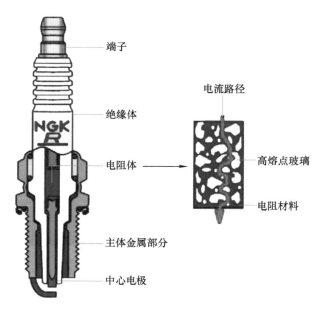

图 3-33　带电阻的火花塞结构

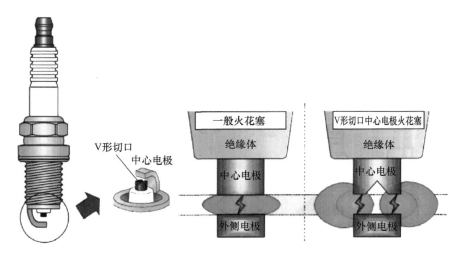

图 3-34　V 形切口中心电极的火花塞结构

（2）火花塞的热值　同一种火花塞，在一种发动机上使用时，火花塞工作温度可能很高，而在另一种发动机上使用时，火花塞的工作温度可能会很低。由火花塞散出的热量因其形状和材料的不同而不同。火花塞的散热量称为热值。

如图 3-35 所示，火花塞打印（刻上）有数字和字母的组合代码，用来说明其构造和性能。代码因生产厂家的不同而稍有不同。通常，热值越大，火花塞越冷，因为它散热好。热值越小，火花塞越热，因为它不容易散热。火花塞在最小中心电极温度——自洁温度 450℃和自燃温度 950℃之间性能最佳。

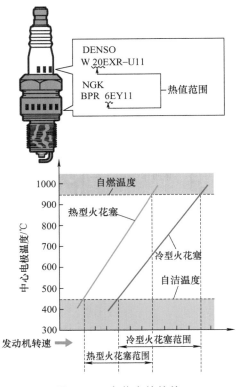

图 3-35　火花塞的热值

　　1）冷型火花塞。能够大量散热的火花塞称为冷型火花塞，就是高热值火花塞，绝缘体裙部相对较短，由于散热途径比较短，散热相对较多，所以不易造成中心电极温度的上升（图 3-36）。

　　2）热型火花塞。热型火花塞（低热值）的绝缘体裙部较长，当气缸内温度布置均匀时，裙部越长，受热面积就越大，传导热量的距离就越长，所以散热少，中心电极温度上升较高（图 3-37）。

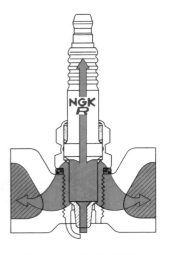

图 3-36　冷型火花塞

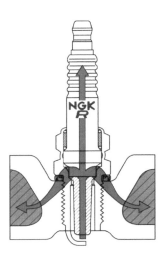

图 3-37　热型火花塞

（3）自洁温度和自燃温度

1）自洁温度。当火花塞达到一定温度后，它能烧掉聚集在点火区域内的积炭，以保持点火区域的清洁，此温度称为自洁温度。如图 3-38 所示，火花塞的自洁作用发生在电极温度 450℃以上时。如果尚未达到自洁温度，意味着电极温度低于 450℃，积炭会聚集在点火区域。这将导致火花塞缺火。

2）自燃温度。如图 3-39 所示，如果火花塞自身成为热源，不用火花就点燃了空气 - 燃油混合气，此时的温度称为自燃温度。当火花塞电极温度达到 950℃时会发生自燃。如果发生这种现象，由于不正确的点火正时，会导致发动机功率下降，同时火花塞电极或活塞可能会熔化。

正常　　　　　　　　　　　　不正常

图 3-38　电极温度不同的火花塞

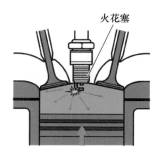

火花塞

图 3-39　自燃温度

3. 点火器

（1）点火器工作过程　如图 3-40 所示，发动机的 ECU 接收多个传感器发送来的信号，计算出最佳点火正时（还能实现正时提前控制），之后向整体式点火线圈发送 IGT 信号。IGT 信号将按点火顺序（1-3-4-2）送往各个点火器。流向点火线圈的初级电流被快速切断。在点火线圈内产生高压电流。当初级电流超过预定值时，IGF 信号被反馈回发动机 ECU。在次级绕组中产生的高压电流流往火花塞，完成点火。

如图 3-41 所示，点火器按发动机电子控制单元（ECU）输出的点火正时（IGT）信号精确地中断流往点火线圈的初级电流。

（2）点火正时（Ignition Timing，IGT）信号　当 IGT 信号从断转换至导通时，点火器起动初级电流。

1）恒电流控制。当初级电流到达规定值时，点火器将调节电流以限定最大电流值。

2）凸轮闭合角控制器。当发动机转速升高时，为保证渐趋降低初级电流有正确持续时间，此控制器调节电流持续的时间长度（凸轮闭合角），通过 IGT 信号来操作。当 IGT 信号从通转换至断时，点火器关断初级电流。初级电流被关断的瞬间，在初级绕组中产生上百伏的电压，而在次级绕组中产生上千伏的电压，足以使火花塞产生火花。

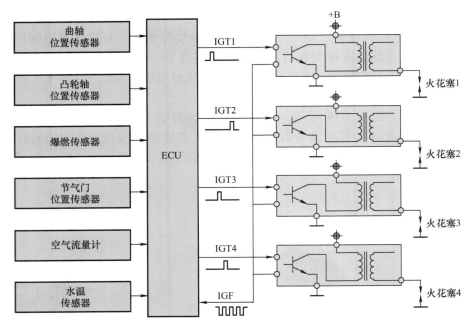

图 3-40　点火器工作过程

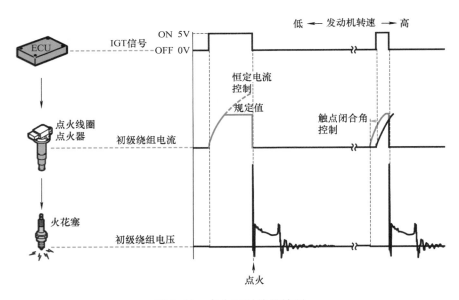

图 3-41　点火正时信号控制

（3）点火确认（Ignition Confirmation，IGF）信号　如图 3-42 所示，点火器按发动机 ECU 的 IGT 信号，精确地中断点火线圈中的初级电流。然后，点火器又按初级电流的电流值，向发动机的 ECU 输送 1 个点火确认（IGF）信号。当来自点火器的初级电流达到预定值 IF1 时，IGF 信号即被输出。当初级电流超过预定值 IF2 时，此系统就判定所许的电流量已流过，因而允许 IGF 信号回至其原来的电压。（IGF 信号的波形随发动机型号而不同。）如果发动机 ECU 未收到 IGF 信号，则可认定点火系统内存在故障。为防止过热造成不良影响，发动机 ECU 停止燃料供应。

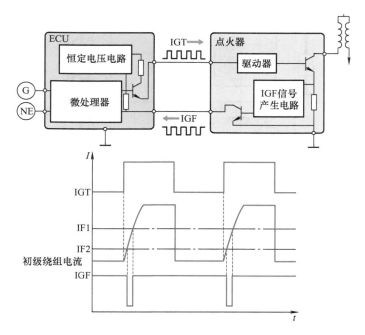

图 3-42　点火确认（IGF）信号

三、点火系统的工作原理

汽油发动机正常工作的三要素：良好的可燃混合气、很高的压缩压力、正确的点火正时和强烈的火花。点火系统中所产生的强烈的火花在最佳点火正时点燃可燃混合气。点火系统通过点火线圈产生的高压来产生火花，点燃已经被压缩的可燃混合气。可燃混合气在气缸内被压缩、点燃并燃烧，从而产生发动机的推动力。

点火线圈可产生足以在火花塞电极间引燃火花的高压。初级和次级绕组都环绕在铁心上，次级绕组的匝数大约是初级绕组的 100 倍。如图 3-43 所示，初级绕组的一端连接在点火器上，次级绕组的一端连接在火花塞上，两个绕组的另一端则连接在蓄电池上。

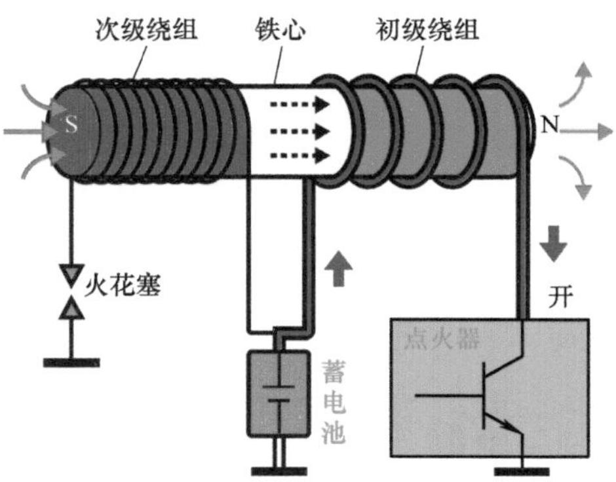

图 3-43　点火绕组的结构

1. 流往初级绕组的电流

如图 3-44 所示，当发动机运转时，根据发动机 ECU 输出的点火正时（IGT）信号，蓄电池的电流通过点火器流到初级绕组。结果，在绕组周围产生磁力线，此绕组中心包含一个磁心。

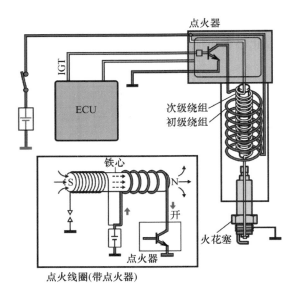

图 3-44　初级绕组通电

2. 电流停止流往初级绕组

如图 3-45 所示，当发动机继续运转时，点火器按发动机电子控制单元（ECU）输出的点火正时（IGT）信号快速地停止流往初级绕组的电流。其结果是初级绕组的磁通量开始减小。因此，通过初级绕组的自感和次级绕组的互感，在阻止现存磁通量衰减的方向上产生的电动势（EMF）。自感效应产生约为 500V 的电动势，而与其相伴的次级绕组互感效应产生约为 30kV 高压电电动势。这样火花塞就产生火花放电。初级电流切断越迅速，初级电流值越大，则相应的次级电压也越高。

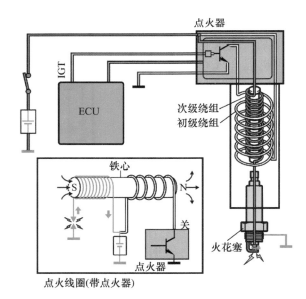

图 3-45　次级绕组产生高压电

四、点火系统的点火性能与点火试验

1. 电火花产生机理

点火线圈次级绕组产生的高压在火花塞的中心电极和接地电极之间产生火花，点燃气缸中的已压缩的可燃混合气。火花塞上产生的火花点燃空气－燃油混合气，汽车维修工作中通常将这一过程称为燃烧。

火花穿过可燃混合气从中心电极到搭铁电极。结果，可燃混合气沿着火花的路径被触发，产生化学反应（氧化作用），同时产生热量，形成火焰中心。

火焰中心触发周围的可燃混合气，这样，火焰中心的热量向外扩展（称为火焰传播），点燃可燃混合气，如图 3-46 所示。如果火花塞电极的温度太低或电极的间隙太小，电极将吸收火花产生的热量。结果，火焰中心将被熄灭，导致缺火，这种现象称为"电极碎熄"。如果电极碎熄作用比较明显，则火焰中心将被熄灭。电极越小，碎熄作用越小；电极形状越接近方形，越容易放电。

为了改善点火性能，有些火花塞在接地电极上有一个 U 形槽，或在中心电极上有 V 形槽，如图 3-47 所示。电极上带槽的火花塞相比不带槽的火花塞具有较小的碎熄作用，以形成较大的火焰中心。同样，还有些火花塞通过较细的电极减小碎熄作用。

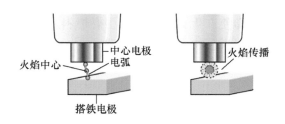
图 3-46　火花塞产生火花的机理

图 3-47　V.形槽电极火花塞

2. 点火性能

以下因素影响火花塞的点火性能：

（1）电极形状和放电性能　如图 3-48 所示，圆形电极使放电困难，方形或尖形的电极使放电较容易。火花塞经过长时间的使用，电极成了圆形之后，使放电困难。因此，火花塞应定期更换。火花塞的电极越细越尖，越容易产生火花。但是，那样的火花塞耗损较快，使用寿命较短。因此，有些火花塞电极上带白金或铱金，耐耗损。通常称之为白金或铱金电极火花塞。

注意：普通火花塞的更换间隔里程在 1 万～ 6 万 km；白金或铱金电极火花塞的更换间隔里程在 10 万～ 24 万 km。

（2）火花塞间隙和击穿电压　当火花塞耗损后，电极间隙变大，发动机可能会缺火。中心电极和接地电极间隙增大后，使得火花跳过电极就更困难。因此需要更高的电压来产生火花。所以每隔一定的里程必须调整火花塞电极间隙或更换火花塞。

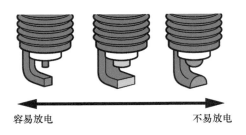

容易放电　　　　　　　　　不易放电

图 3-48　火花塞放电难易程度

3. 火花试验

当发动机难以起动或需要多次起动才能着车时，可以进行火花试验（图 3-49）来判断火花塞性能的好坏，具体步骤如下：

1）断开全部喷油器接头，使其不能喷射燃料。

2）拆下带点火器的点火线圈和火花塞。

3）重新将火花塞装入点火线圈内。

4）将接头和其连接，将火花塞接地。在此状态下转动曲轴，检查火花塞是否产生火花。这个试验可查明哪个气缸不产生火花。

注意： 进行火花试验时，转动曲轴不得超过 5 ～ 10s。

如图 3-50 所示，当火花塞存在裂纹、电极受污、间隙磨损或过大时，就不会产生火花。当火花塞间隙过小时，会发生熄弧效应。此时即使产生火花也不能引燃燃料。

注意： 如果使用的火花塞热型不合适，会造成火花塞电极积炭或熔化。

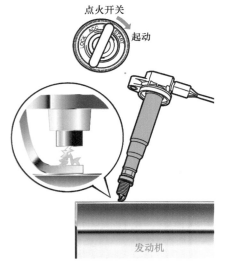

图 3-49　火花试验

正常　　　　　　积炭污染

机油污染　　　　　过热

图 3-50　火花塞的常见问题

第四章

照明和信息显示系统

第一节 照明系统

一、照明系统的组成

汽车灯具按安装位置可分为外部灯具和内部灯具。外部灯具有前照灯、雾灯、转向灯、示宽灯、倒车灯等。卤素前照灯如图 4-1 所示。双氙气前照灯具有一个 42V、35W 的 D3S 氙气燃烧器，集成前照灯中具有静态弯道灯以及 P21W/5W 的组合日间行车灯和驻车灯，如图 4-2 所示。氙气燃烧器周围的 U 形镶边和日间行车灯 / 驻车灯组合灯具均已镀铬。卤素前照灯配置中，静态弯道照明功能由前雾灯（图 4-3）完成。后尾灯（图 4-4）采用传统白炽灯或 LED 技术。高位制动灯采用 LED 技术，由 16 个 LED 组成。打开行李舱时，行李舱上的灯光将关闭，而高位制动灯继续工作。

常见的内部灯具有仪表灯、阅读灯、行李舱灯、驾驶人脚部照明灯和迎宾灯等。宝马 E70 内部灯具网络如图 4-5 所示。

图 4-1 卤素前照灯

图 4-2 双氙气前照灯

图4-3　带有静态弯道照明功能的前雾灯

图4-4　采用 LED 技术的后尾灯

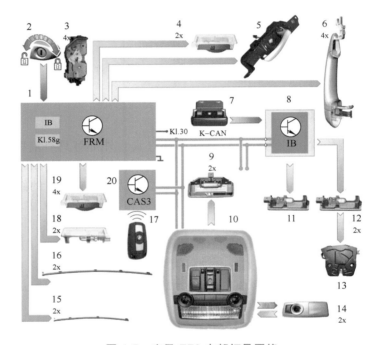

图 4-5　宝马 E70 内部灯具网络

1—脚部空间模块 FRM　2—驾驶人车门锁芯　3—带有车门触点的车门锁　4—前部脚部空间照明灯（2 个）
5—车门内侧拉手外壳照明装置　6—车门外侧拉手进出车门照明装置（4 个）　7—手套箱按钮　8—接线盒控制单元 JB
9—化妆镜照明灯（2 个）　10—车顶功能中心　11—手套箱照明灯　12—行李舱照明装置　13—行李舱盖中控锁
14—后部车内照明灯 / 阅读灯（2 个）　15—后部车门杂物箱照明装置　16—前部车门杂物箱照明装置　17—识别发射器
18—脚部空间照明灯（2 个）　19—下车照明灯（4 个）　20—便捷登车及起动系统 3（CAS3）
K-CAN—车身 CAN　Kl.30—总线端 30　Kl.58g—总线端 58g　IB—车内照明控制

二、照明系统的类型

1. 卤素前照灯

充有溴碘等卤族元素或卤化物的钨灯称为卤素灯或卤钨灯，它是新一代白炽灯。为提高白炽灯的发光效率，必须提高钨丝的温度，相应会造成钨的升华，并凝华在玻璃壳上使之发黑。在白炽灯中充入卤族元素或卤化物，利用卤钨

远近光及超车灯的变换

循环的原理可以消除白炽灯的玻璃壳发黑现象。这就是卤素灯的来由。卤素灯的效果如图 4-6、图 4-7 所示。

卤素灯的结构如图 4-8 所示，但为确保卤钨循环的正常进行，必须大大缩小玻璃壳尺寸，以提高玻璃壳温度（一般要求碘钨灯的玻璃壳温度为 250 ~ 600℃，溴钨灯的玻璃壳温度为 200 ~ 1100℃），使灯内卤化钨处于气态。因此，卤素灯的玻璃壳必须使用耐高温和机械强度高的石英玻璃。其结构有双端直管形、单端圆柱形和反射形。由于使用石英玻璃作玻璃壳，卤素灯又常称石英灯（图 4-9、图 4-10）。

图 4-6 雪铁龙 C4L 卤素前照灯

图 4-7 加透镜的名爵卤素前照灯

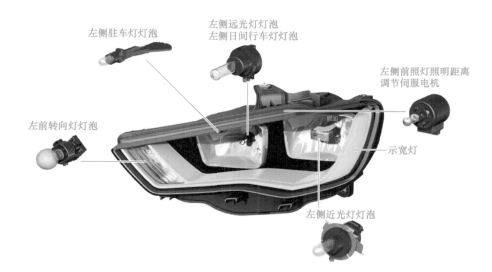

图 4-8 奥迪 A3 卤素前照灯的结构

图 4-9 汽车卤素灯泡（单丝、远光）

图 4-10 汽车卤素灯泡（双丝、远近光）

2. 氙气灯

氙气灯（High Intensity Discharge Lamp，HID），是一种含有氙气的新型前照灯，又称高强度放电式气体灯。通过在抗紫外线水晶石英玻璃管内填充多种化学气体，利用高压使之分离，在电源两极之间产生光源，提供稳定的汽车前照灯照明系统。氙气前照灯的效果如图 4-11、图 4-12 所示。

图 4-11　帕萨特飞翼式熏黑氙气前照灯

图 4-12　高尔夫 6 氙气前照灯

氙气前照灯凭借着节能、高亮度、安全、舒适和使用寿命长等诸多优点，而深受汽车行业和驾车者喜爱，发展极为迅速。现在有很多人把氙气大灯同 ABS、安全气囊等设备列为行车的必备设备。

奥迪 A3 双氙气前照灯的结构如图 4-13 所示，途锐氙气前照灯的结构如图 4-14 所示。汽车氙气灯与传统卤素灯不同，这是一种高压放电灯（图 4-15），它的发光原理是利用正负电刺激氙气与稀有金属化学反应发光，因此灯管内有一颗小小的玻璃球，其中灌满了氙气及少许稀有金属，只要用电流去刺激它们进行化学反应，两者就会发出高色温的光芒。它采用一个特制的镇流器，利用汽车电池的 12V 电压产生 23000V 以上的触发电压使灯启动。启动时 0.8s 的亮度是额定亮度的 20%（此时便以达到卤素灯的亮度），并使前照灯 4s 以内达到额定亮度的 80% 以上。在灯稳定后镇流器向灯提供约 85V 供电电压保持灯以恒定功率运转。氙气灯的组成部件如图 4-16 所示。

图 4-13　奥迪 A3 双氙气前照灯的结构

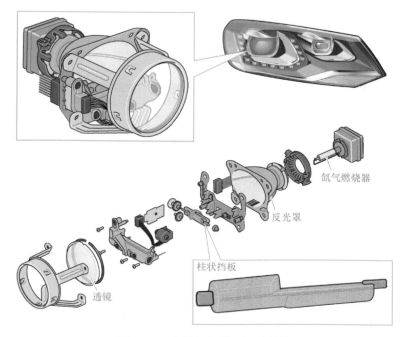

图 4-14　途锐氙气前照灯的结构

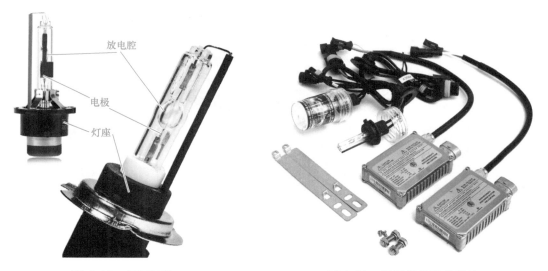

图 4-15　氙气灯泡　　　　　　　　　　图 4-16　氙气灯的组成部件

3. LED 前照灯

LED 前照灯指的就是前照灯所有的光源均采用发光二极管（Light Emitting Diode，LED）（图 4-17、图 4-18）。现在大多数车型仍然在使用普通的卤素前照灯，好一点的车型会使用氙气前照灯。最多是在灯组的构造上做一些创新，利用透镜、反射灯光学原理来提高灯光的效率，但是灯组本身技术创新不足。

LED 前照灯点亮效果更接近普通日光，照明效果看起来更自然。同时耗能要比普通氙气灯要低，使用寿命能够达到终身免更换。LED 前照灯几乎所有的特性都超越了现有的氙气前照灯，而且成本更低。奥迪 A3 LED 前照灯的结构如图 4-19 所示。

LED 灯比普通的灯省电、耐久、高亮、美观，但价格较贵。全 LED 前照灯没有理由不取代传统的前照灯，这只是时间问题，相信不会太久。

图 4-17　奥迪 A8 轿车 LED 前照灯

图 4-18　奥迪 R8 LED 前照灯

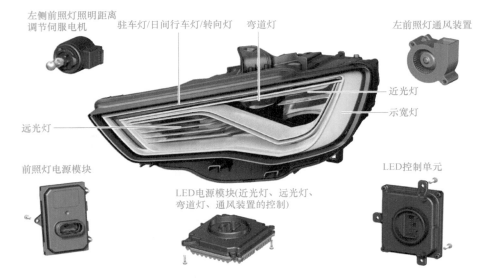

图 4-19　奥迪 A3 LED 前照灯的结构

4. OLED 前照灯

有机发光二极管（Organic Light Emitting Diode，OLED）中，每个 OLED 单元含有两个电极，并且其中至少有一个是透明材料。这些电极单元由数层厚度不足千分之一毫米的有机半导体材料组成，低至 3～4V 的直流电源就可使其发光，而发光的颜色则取决于不同的分子组合。奥迪 OLED 前照灯的效果如图 4-20 所示。

不同于 LED 半导晶体结构的光源，OLED 是平面光源，其优点是发出的光更加均匀，变光的调节过程也持续可变，光源不仅可以静态显示，更可以动态呈现。同时，该技术无需反射器、导光板等光学组件，因此轻量化也是其一大优势。此外，OLED 光源几乎无需任何冷却，并且在灯组内部的造型布置也更具灵活性，这是 LED 光源无法比拟的。宝马 OLED 前照灯的效果如图 4-21 所示。宝马 OLED 尾灯效果如图 4-22 所示。

图 4-20　奥迪 OLED 前照灯

图 4-21　宝马 OLED 前照灯

图 4-22　宝马 OLED 尾灯

先进的 OLED 照明技术在发光效率上优于普通照明技术和 LED 照明技术，具有极低的发热损耗。即使在不发光的情况下，这种 OLED 照明技术也能形成一个反射面，同时有着类似手机屏幕照明的开启和关闭时的弹性缓冲适应区。

5. 矩阵式 OLED 前照灯

奥迪矩阵式 OLED 前照灯的外观及分布如图 4-23、图 4-24 所示。奥迪矩阵式 OLED 前照灯凭借安装在车头的摄像头的光线检测功能，当车辆时速达到 30km/h 时，感应式自动头灯与矩阵式 OLED 头灯便会自行启动，此时，由 25 颗 OLED 单体组成的车灯灯组可以让驾驶人在夜间拥有清晰的行车视野。同时，作为主动承担社会责任的奥迪品牌，这款 OLED 前照灯的智能设计还能防止高亮度的灯光影响到对面来车或前方车辆，这种出色的人性化设计是奥迪品牌追求完美、突破进取的结果。

图 4-23 奥迪矩阵式 OLED 前照灯的外观

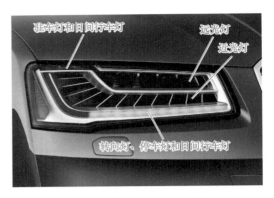
图 4-24 奥迪矩阵式 OLED 前照灯的分布

如图 4-25 所示，新奥迪 A8L 的转向灯由 18 个 OLED 灯组组成，它们可以依次亮起（点亮间隔 0.15s 内），能营造一种引人注目的动态效果。动态灯组的顺序以预期转弯的方向从内侧向外侧延伸，在点亮方式上非常独特。传统转向灯的一亮一熄式的转向预警方式被新奥迪 A8L 转向灯逐级点亮的转向预警方式所替代，在增强美感的同时也提高了警示效果。

图 4-25 奥迪的动态转向灯

如图 4-26 所示，新奥迪 A8L 的夜视标记灯在夜视辅助摄像头检测到前方有行人时，可以有针对性地辅助照亮行人，发出三次光线频闪以警示驾驶人和行人潜在的危险，降低夜间发生意外的可能。不过，当夜视辅助系统判断道路前方有动物时，矩阵式 LED 前照灯就不会"发射"光束，以避免惊吓动物造成无法预料的后果。在夜间行车时，矩阵式 LED 前照灯会全程使用远光灯照明，一旦系统光源传感器侦测到前方有行驶车辆时，便会自动调整或关闭灯组内的数个 LED 单体，让前方车辆不会受到强光的干扰，如图 4-27 所示。

图 4-26 奥迪矩阵式前照灯的频闪功能　　　　图 4-27 让开有车的区域

6. 日间行车灯

日间行车灯是一种新型的信号灯具，是指使车辆在白天行驶时更容易被识别的灯具，装在车身前部（图 4-28、图 4-29）。也就是说这个灯具不是照明灯，不是为了使驾驶人能看清路面，而是为了让其他人知道有一辆车开过来了，属于信号灯。轿车、货车以及公共汽车等车辆在安装了日间行车灯后，可见性得到明显提升，从而提升了行车安全性，提升了道路安全性，减少了交通事故的发生。奥迪（图 4-30）、雷克萨斯、荣威、奔驰等品牌的不少车型都已经配备了日间行车灯。

图 4-28 长安轿车的 LED 日间行车灯

图 4-29 "恶魔眼"日间行车灯　　　　图 4-30 奥迪 A5 日间行车灯

7. 高位制动灯

高位制动灯是制动灯的辅助灯，一般安装在车辆后端的中心线上（图 4-31），也有的安装在车辆后端的上端（图 4-32）。高位制动灯在行车中的作用有：

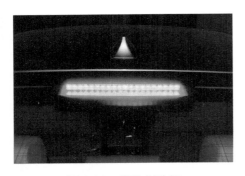

图 4-31　高位制动灯

图 4-32　奥迪 S5 高位制动灯

1）对于接近车距后续车辆的驾驶人，即使未看见前方车辆的制动灯，也能看见高位制动灯的信号。

2）当前方车辆是乘用车时，即使在更前方的行驶车辆制动灯看不见的情况下，由于看见高位制动灯的信号，也可以迅速地获知有关车辆的运行信息。

3）对于后续车的驾驶人来说，高位制动灯的信号可以给他们以警示，预防超车事故的发生。

如图 4-33 所示，因为高位制动灯安装在制动灯的上方，而且高位制动灯在制作时，其发光带都做得比较宽，大都占后窗的二分之一左右，易被后方车辆的驾驶人发现，对后方车辆的警告效果好，能大大提高后方车辆驾驶人的反应能力，从而保证后方车辆的行车安全。

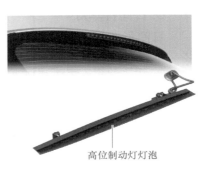

高位制动灯灯泡

图 4-33　奥迪 A3 高位制动灯

三、照明系统的功能

1. 自适应前照灯

自适应前照灯（Adaptive Front-lighting System，AFS）也被称为随动转向前照灯，它能够不断对前照灯进行动态调节，保持照明方向与汽车的当前行驶方向一致，以确保驾驶人在任何时刻都拥有最佳的可见度，而普通前照灯具有固定的照射范围，当夜间汽车在弯道上转弯时，由于无法调节照明角度，常常会在弯道内侧出现"盲区"，极大地威胁了驾驶人夜间的驾车安全，有无 AFS 时照明方向的对比如图 4-34 所示。自适应前照灯具有两种以上的自动调节功能，可在汽车行驶工况和环境改变时，自动调整前照灯的照射角度和范围，极大地改善了车辆在夜间弯道、城区交叉路口、高速公路行驶时对道路的辨识度，减小会车时对迎面车辆的眩光影响，从而提高了夜间行车的安全性。自适应前照灯的构造如图 4-35 所示。

自适应前照灯能够根据行车速度、转向角度等自动调节前照灯的偏转，以便能够提前照亮"未到达"的区域，提供全方位的安全照明，以确保驾驶人在任何时刻都拥有最佳的可见度。自适应前照灯的偏转角度和照明范围如图 4-36、图 4-37 所示。

无AFS时　　　　有AFS时

图 4-34　有无 AFS 时照明方向的对比

气体放电灯

转弯灯光动态调节电机　　回转模块位置传感器

前照灯灯光调节电磁铁

图 4-35　自适应前照灯的构造

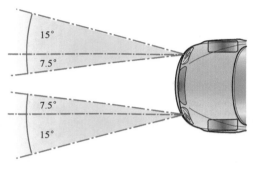

图 4-36　自适应前照灯的偏转角度

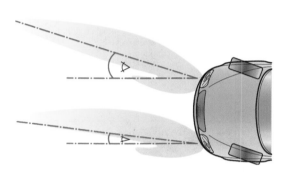

图 4-37　自适应前照灯的照明范围

2. 智能照明系统（ILS）

智能化照明系统（Intelligent Lighting System，ILS）以大功率复式氙气前照灯为基础，根据道路及天气状况进行灯光分配。ILS 包括五种照明模式。

（1）乡村照明　如图 4-38 所示，能够更加宽阔的照亮驾驶人一侧的路面，驾驶人在黑暗中更容易判断前方路况，并能够在其他车辆或人员穿越其行车路径时，更快做出反应。

（2）高速公路照明　如图 4-39 所示，夜间在高速公路上行驶时，车速达到预设的速度时，复式氙气前照灯的亮度会显著增加。此功能可有效扩大夜间高速公路行车的远距离视野。

（3）增强型雾灯　如图 4-40 所示，增强型雾灯模式在速度 70km/h 以下且后雾灯打开时激活，驾驶人一侧的复式氙气前照灯向外转动，以便更好地照亮近侧路面，并且减轻在雾天的反射灯眩光。

（4）主动照明　如图 4-41 所示，根据不同的车速和转向角，主动转弯照明会自动开启。主动大灯可迅速向转弯方向转动，增强转角方向的照明效果。

（5）弯道照明　如图 4-42 所示，当以低于 40km/h 的速度行驶时，转动转向盘或是使用转弯信号灯时，弯道照明功能会被自动激活。车辆正前方和转弯方向的照明范围会大幅扩展，能够更早地发现横穿道路的行人。

图 4-38　乡村照明模式

图 4-39　高速公路照明模式

图 4-40　雾天的增强型雾灯模式

图 4-41　主动照明模式

图 4-42　弯道照明模式

3. 侧向辅助照明灯

侧向辅助照明灯的开发目的是为了照亮夜间弯道盲区，其原理是在组合前照灯里面设有一个特殊角度的灯泡，只有转向盘转动到一个特定的角度范围时这个灯泡才会点亮，当灯泡点亮时便能提供弯道盲区的照明。侧向辅助照明灯灯泡的安装位置如图 4-43 所示。侧向辅助照明灯的结构如图 4-44 所示。

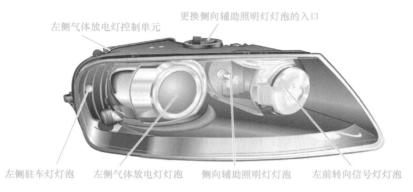

左侧气体放电灯控制单元 更换侧向辅助照明灯灯泡的入口

左侧驻车灯灯泡 左侧气体放电灯灯泡 侧向辅助照明灯灯泡 左前转向信号灯灯泡

图 4-43 侧向辅助照明灯灯泡安装位置

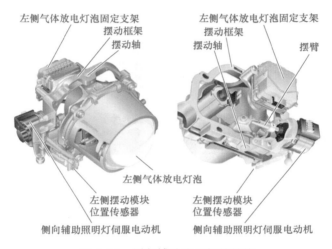

左侧气体放电灯泡固定支架 左侧气体放电灯泡固定支架
摆动框架 摆动框架
摆动轴 摆动轴 摆臂

左侧气体放电灯泡

左侧摆动模块 左侧摆动模块
位置传感器 位置传感器
侧向辅助照明灯伺服电动机 侧向辅助照明灯伺服电动机

图 4-44 侧向辅助照明灯的结构

即使车辆未处于行驶状态，但只要转动转向盘，侧向辅助照明灯依然会点亮。安装普通前照灯和侧向辅助照明灯的汽车转弯时的路面照明情况分别如图 4-45、图 4-46所示。

图 4-45 安装普通前照灯的汽车转弯时的
路面照明情况

图 4-46 安装侧向辅助照明灯的汽车转弯时的
路面照明情况

与 AFS 相比，侧向辅助照明灯的独特之处是不会影响前照灯原本的照明范围，也就是相对 AFS 而言能照亮更远的地方。

4. 前照灯清洗装置

汽车在夜晚或光线较暗的行驶过程中，雨水和灰尘会将前照灯的照明度减少 90%，使驾驶人的视线受到严重影响，对行驶安全来说，存在较大的隐患。这种情况下，保障前照灯的足够照明并给予驾驶人清晰的视线成为亟待解决的重要课题。前照灯清洗装置则为解决这一问题提供了简单而有效的方法。

前照灯清洗装置可分为两种，一种是在前照灯的下方利用高压水喷嘴随时清洗前照灯的灰尘及污垢，保持灯罩清洁，改善照明状况和夜间视线，如图 4-47 所示；另一种是应用在玻璃配光镜下的前照灯擦／洗装置（图 4-48），前照灯擦／洗装置的开关如图 4-49 所示。前照灯清洗装置能大大提高夜间行车，尤其是夜间高速公路行车的行驶安全性。

图 4-47　前照灯喷水清洗装置

图 4-48　前照灯擦／洗装置

图 4-49　前照灯擦／洗装置开关

第二节　电子组合仪表

一、组合仪表的结构及展示信息

多功能仪表显示屏像组合仪表一样用两个夹子卡止在仪表板内同样也使用一个黑色仪表板，因此处于关闭状态时显示屏显示为黑色。圆形仪表的装饰环位于显示屏上方，带有可通过不同颜色照亮装饰环的光导纤维。多功能组合仪表的结构如图 4-50 所示。

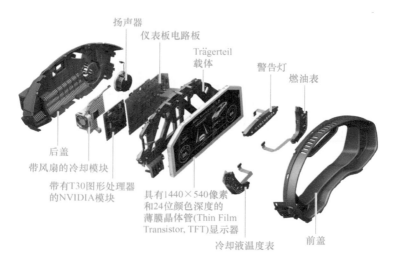

图 4-50　多功能组合仪表的结构

车用组合仪表由仪表、警告灯、指示灯和行车电脑信息显示屏组成，它会显示提醒驾驶人安全驾驶所需的信息，如图 4-51 所示。

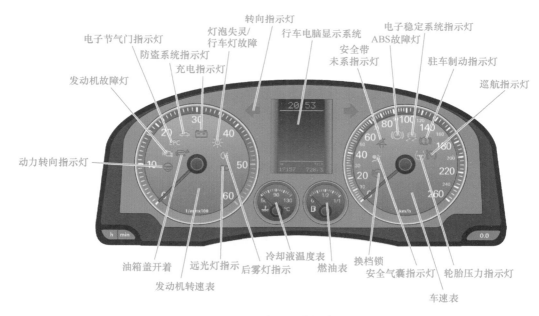

图 4-51　车用组合仪表

二、电子组合仪表的总体结构

汽车电子仪表系统以微处理器为核心，利用来自不同传感器的模拟信号或数字信号通过中央处理器的运算处理，最终由电子仪表显示器显示所有信息。汽车电子仪表系统能准确、迅速地处理各种复杂信息，并将信息以数字、文字或图形的形式显示出来，从而向驾驶人发出汽车各种工作状态的信号和故障信息。电子仪表系统的基本组成有传感器与开关、电子控制器及显示装置，其工作原理如图 4-52 所示。

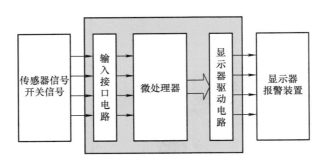

图 4-52　电子仪表系统的工作原理

（1）传感器与开关　在电子仪表系统中，传感器的作用是将发动机转速、发动机温度、车速及机油压力等参数转变为电信号并输送给电控单元。常见的有发动机冷却液温度传感器、发动机转速传感器、机油压力传感器、燃油传感器及车速传感器等。

（2）电子控制单元　电子控制单元主要由微处理器、输入接口电路和显示器驱动电路组成。微处理器对信号进行分析与计算后，输出控制信号，控制相关的显示器或警告装置工作。

（3）显示装置　显示装置用于显示发动机转速、冷却液温度、燃油量、车速等信息，同时具有发动机温度过高警告、机油压力过低警告、制动液液面过低警告等功能。警告方式有警告灯亮起或闪烁、蜂鸣器响等。

蜂鸣器工作
的演示

三、电子组合仪表的功能

仪表中的转速表、车速表、水温表和燃油表都是由步进电动机驱动的，由仪表的微控制器（Microcontroller Unit，MCU）控制步进电动机。电子仪表内部结构如图 4-53 所示。

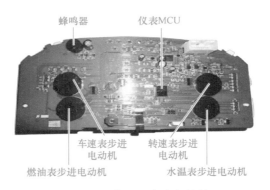

图 4-53　电子仪表内部结构

配合单片机使用的电子组合仪表系统采用步进电动机驱动的仪表指针显示，这种步进电动机式电子组合仪表由 ECU 完成各种被测物理量的采集，经过换算后直接控制步进电动机，再由步进电动机驱动指针，在刻度盘上显示被测物理量，同时在液晶显示屏（Liquid Crystal Display，LCD）中辅以被测物理量的数字显示。

如图 4-54 所示，电子组合仪表系统采用精度极高的步进电动机机心，步进电动机驱动模拟显示表，集成化芯片驱动所有步进电动机。更为创新的是采用精度极高的步进机心，它通过两只激励线圈以及 3D 结构中金属磁轭和定子上的一块永久性两极磁铁来接收电信号，并通过步进电动机内部的传动机构驱动指针。此步进电动机转矩大，精度高，可实现电子仪表的稳定、平滑指示。步进电动机驱动的仪表指针显示原理如图 4-55 所示。

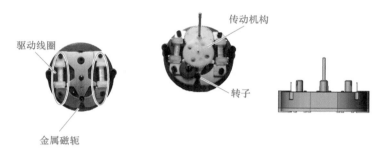

图 4-54　步进电动机机心

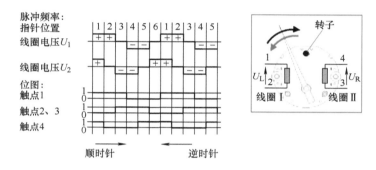

图 4-55　步进电动机驱动的仪表指针显示原理

1. 仪表指针指示功能

（1）电子式发动机转速表　电子式发动机转速表具有较高的精度、灵敏度，并能自动发出警告，能在高低温、潮湿、振动等各种恶劣条件下可靠工作，因此得到较多应用。很多发动机转速表还采用真空荧光显示、液晶显示等，能以图形显示发动机速度。电子式发动机转速表的工作原理如图 4-56 所示，正对着飞轮齿圈的转速传感器通过电磁感应将齿圈的转速转化成正弦电压信号。ECU 接收到正弦电压信号，并将其转化成规整的矩形波传给仪表。仪表接收到脉冲信号，驱动步进电动机，指针偏转。

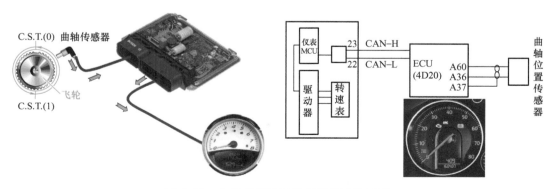

图 4-56　电子式发动机转速表的工作原理

（2）电子式车速里程表　图4-57所示为车速传感器的工作原理。车速信号取自防抱制动系统（Anti Lock Braking System，ABS）/电子稳定程序（Electronic Stability Program，ESP）的控制器局域网络（Controller Area Network，CAN）通信信号，以此累计里程，如图4-58所示。

1）变速器迈速轮将转矩传递给车速传感器。

2）传感器内部的霍尔元件将转速转化成脉冲信号传递给仪表。

3）仪表电路将脉冲信号转化成执行器能够识别的正弦波，驱动执行器动作。

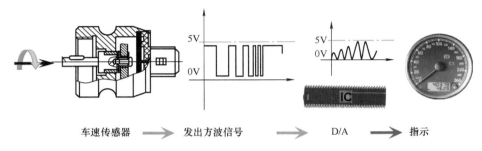

图4-57　车速传感器的工作原理

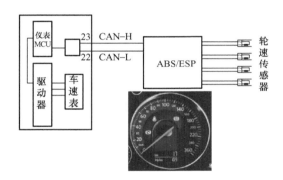

图4-58　电子式车速里程表电路

（3）冷却液温度表　冷却液温度传感器图通过ECU发送过滤后的CAN通信信号给仪表，经过仪表MCU的处理，由仪表进行冷却液温度指示，如图4-59所示。冷却液温度表的量程为50～120℃，红区起始线对应温度108℃，冷却液温度警告点为108℃，解除警告点为103℃。冷却液温度表参数见表4-1。

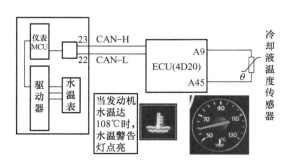

图4-59　冷却液温度表电路

表 4-1 冷却液温度表参数

冷却液温度 /℃	输入电阻 /Ω	指针偏转角度（°）	指示误差（°）	冷却液温度表指示
50	304	0	±3	C
80	114.6	50	±3	1/2
105	52.8		±3	
108	39	90	±3	警告起始

冷却液温度传感器一般采用热敏电阻式，其工作原理为负温度系数 $R-T$ 关系，即冷却液温度越低，电阻值越高；冷却液温度越高，电阻值越低。冷却液温度传感器一般安装在缸体上，向发动机控制单元提供冷却液温度信息，供发动机管理系统作为燃油修正的依据，同时经由 CAN 总线送到组合仪表 MCU 微控制器处理，经冷却液温度表向驾驶人传递冷却液温度信息或发出警告，以防因冷却液温度过高而使发动机过热。

（4）燃油表 燃油表除液位指示外。还有燃油警告功能。燃油警告灯的控制方式为：由仪表内的 MCU 接收到燃油液位传感器的警告电阻值时，控制燃油警告灯点亮，如图 4-60 所示。

低燃油警告开点（警告点）对应电阻值 73Ω（8L）；低燃油警告关点（解除警告点）对应电阻值 68Ω。燃油表参数见表 4-2。

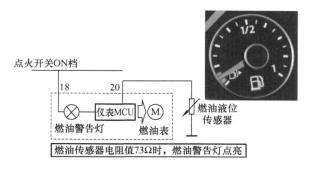

图 4-60 燃油表电路

表 4-2 燃油表参数

油位	输入电阻 /Ω	指针偏转角度（°）	指示误差（°）
E	95	0	±3
1/9	73	10（警告）	±2
1/8	68	（解除报警）	±2
1/2	32.5	50	±3
F	7	100	±3

2. 液晶显示功能

如图 4-61 所示，仪表的液晶显示区，可以显示车辆的累计里程、车门状态、轮胎气压、平均油耗、自动档档位、仪表代码等。

（1）车门状态显示 如图 4-62 所示，当车门中的一门或几门打开后（不包括后尾门），且钥匙在 ON 档时，车身控制模块（Body Control Module，BCM）将车门状态信息通过 CAN 发送给仪表，仪表点亮相应门的指示灯。开后尾门时车身标识闪烁。

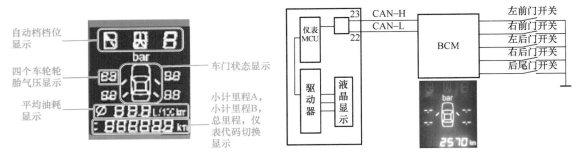

图 4-61　液晶显示区显示内容　　　　　　　　图 4-62　车门状态显示

（2）轮胎气压显示　如图 4-63 所示，正常状态下，在显示屏上显示四个轮胎的气压。如有轮胎气压过低则发出警告，BCM 发送信息给仪表进行指示，相应轮胎的气压值将以 1Hz 的频率闪烁。

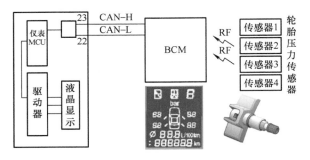

图 4-63　轮胎气压显示

（3）自动档档位及平均油耗显示　如图 4-64 所示，在 A、B 小计里程同时显示时，按住复位杆超过 2s 发动机平均油耗会隐藏。如需显示再按超过 2s 即可。平均油耗显示接收发动机 ECU 的 CAN 通信信号。自动档档位显示接收自动变速器（Automatic Transmission，AT）的 CAN 通信信号。

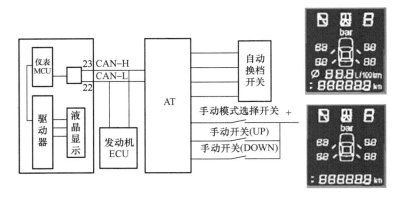

图 4-64　自动档档位及平均油耗显示

（4）仪表代码显示　仪表代码是仪表厂家内部零部件编码，每种仪表对应一个五位数字的仪表代码（图 4-65），该代码和总里程显示（ODO）共用一个位置，通过仪表复位杆进行切换显示。如哈弗 H6 仪表代码有两种：27001-柴油车装配仪表；27003-汽油车装配仪表。显示方法：点火开关在 OFF 档，按下复位杆之后打到 ON 档，5s 后显示仪表代码（27001 或 27003）。

图 4-65　仪表代码显示

3. 警告灯指示功能

仪表的警告指示灯的四种控制方式：

1）普通导线直接控制（图 4-66），如蓄电池充电指示灯、机油压力警告灯、防盗指示灯、发动机故障指示灯、维修指示灯、主驾驶安全带未系指示灯等。

2）CAN/ 局域互联网络（Local Interconnect Network，LIN）线控制（图 4-67），如灯光指示、ABS、ESP、安全气囊指示、前照灯自动点亮系统指示、胎压警告指示、四驱指示、定速巡航控制指示等指示灯。

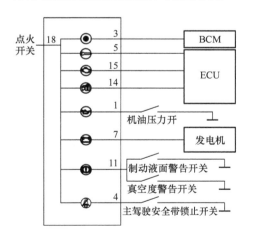

图 4-66　普通导线直接控制的指示灯

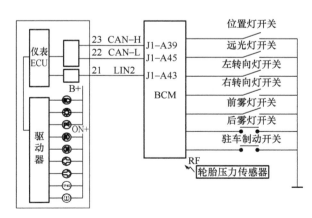

图 4-67　CAN/LIN 线控制的指示灯

3）软件控制，如燃油警告指示灯、120km/h 警告指示灯（国外配置）、冷却液温度警告指示灯。

4）制动故障指示灯中驻车制动指示是 LIN 线通信，真空度、制动液面警告是普通导线，EBD 故障指示是 CAN 线通信。

如图 4-68 所示，仪表接收相关控制器的 CAN 通信信号，以控制相应的指示灯点亮或熄灭。

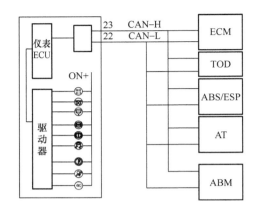

图 4-68　仪表接收相关控制器的 CAN 通信信号，以控制相应的指示灯点亮或熄灭

4.蜂鸣警告功能

点火开关打到 ON 档时，如驾驶人或前排乘员未系安全带，仪表连续发出 6 声提示音（间隔时间为 0.5s），且驾驶人或前排乘员安全带指示灯常亮（前排乘员安全带指示灯由仪表控制实现），安全带系好后，指示灯熄灭，警告声停止；车速达到 20km/h 及以上时，如驾驶人或前排乘员未系安全带，仪表再次发出提示音，持续进行警告（蜂鸣器鸣叫 6 声间隔 23s），且驾驶人或前排乘员安全带指示灯常亮；安全带系好后，指示灯熄灭，警告声停止；

如图 4-69 所示，驾驶人安全带开关信号直接给仪表，乘员安全带开关信号是直接给异步平衡模块（Asynchronous Balanced Module，ABM）之后再通过 CAN 线通信传递给仪表。

钥匙在点火锁内但不在 ON 档，左前门打开时，有钥匙未拔提示音发出，警告持续 20min 后停止，拔下钥匙或关上门提示音立即停止；钥匙不在点火锁上，有灯光系统（位置灯）开着，左前门打开时，有灯光未关提示音发出，警告持续 1min 后停止，关上灯光开关或者关上门提示音立即停止。

如图 4-70 所示，钥匙未拔警告、灯光未关警告，依据是 BCM 接收钥匙检测开关、灯光开关、左前门门灯开关信号然后通过 LIN 线传递给仪表。

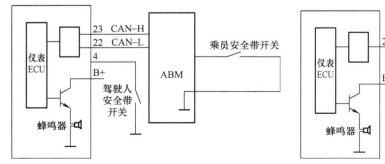

图 4-69　安全带开关的信号传输

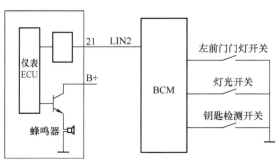

图 4-70　开关信号的传输

<h1 style="text-align:center">第三节　平视显示系统</h1>

　　车辆在高速行驶时，特别是夜间高速行车时，驾驶人可能会低头观看仪表显示或观看中控台的音响等显示，此时如果前方发生紧急情况，就有可能因来不及采取有效措施而造成事故。为避免这种情况发生，有些高档车辆上装配了平视显示系统（图4-71、图4-72），它可以将有关信息显示在前风窗玻璃的驾驶人平视范围上，且显示位置、显示亮度可调，这样可以避免低头看仪表，从而缩短眼球对前方的视觉盲区时间。对减少因低头走神引起的交通事故有着重要的价值。HUD是英文Head Up Display的缩写，意为"抬头显示"或者"平视显示屏"。

图4-71　平视显示系统效果

图4-72　全彩平视显示系统效果

　　宝马新7系的平视显示屏可提供多种有助于提高交通安全性和驾驶舒适性的功能。平视显示屏可显示定速巡航控制（DCC）系统、导航系统、检查控制信息以及车速等方面的信息。在驾驶人的直接视野范围内显示相关信息可提高驾驶安全性，因为驾驶人可始终关注前方路况，宝马新7系F01/F02平视显示屏如图4-73所示。

图4-73　宝马新7系F01/F02平视显示屏

一、平视显示屏（HUD）的功能

　　宝马新7系平视显示屏的电路如图4-74所示，各输入信息的功能见表4-3。

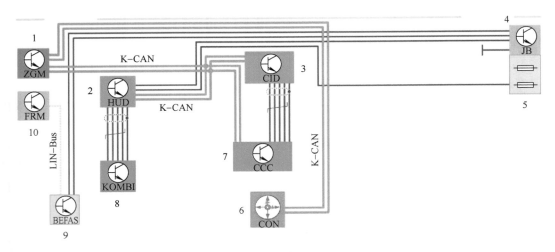

图4-74　宝马新7系平视显示屏（HUD）电路

1—中央网关模块（ZGM）　2—平视显示屏（HUD）　3—中央信息显示屏（CID）　4—接线盒（JB）
5—前部配电盒　6—控制器　7—车辆信息计算机（CIC）　8—组合仪表（KOMBI）
9—驾驶人辅助系统操作单元（BEFAS）　10—脚部空间模块（FRM）
K-CAN—车身控制器区域网络　LIN-Bus—局域互联网总线

表4-3　HUD电路中各输入信息的功能

信息	来源/汇集点	功能
车速	组合仪表	HUD显示
检查控制信息	组合仪表	HUD显示
调光/亮度	晴雨传感器（RLS）信号通过车顶功能中心（FZD）传输	调节亮度
调节高度	CIC	校准高度
亮度偏差	CIC	调节亮度
DCC	EHB3	HUD显示
功能选择	CIC	HUD显示内容
打开/关闭按钮	BEFAS	打开/关闭HUD
导航	CIC	HUD显示

1. 平视显示屏的工作原理

平视显示屏相当于一部投影装置，其工作原理如图4-75所示。需要一个光源来投射HUD信息。使用红色和绿色两个LED灯组作为光源。通过TFT投影显示屏产生图像内容。TFT投影显示屏相当于一个滤波器，允许或阻止光线通过。由一个图像光学元件确定HUD显示图像的形状、距离和尺寸。图像看起来就好像自由漂浮在道路上方，风窗玻璃的作用相当于偏光镜。平视显示屏HUD投射图像内容距离观察者的眼睛大约2.7m，如图4-76所示。

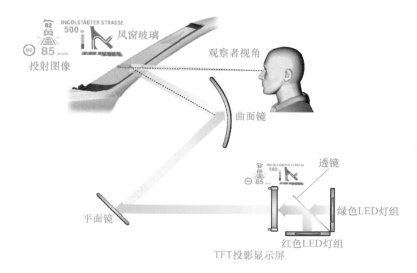

图 4-75　平视显示屏的工作原理

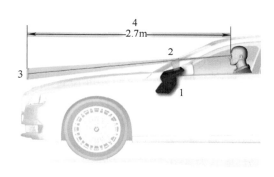

图 4-76　平视显示屏的投影距离

1—平视显示屏　2—风窗玻璃　3—投射图像　4—投影距离

2.接通条件

当平视显示屏的总线端 15 接通并且按压驾驶人辅助系统操作单元（BEFAS）上的按钮（HUD）时（图 4-77），平视显示屏才会接通，允许有光线通过。

（1）接通状态　HUD 通过 K-CAN 接收总线端 30 接通状态信号。总线端 R 接通后，HUD 在一定程度上处于准备就绪状态。即 HUD 可通过 K-CAN 与车载网络的其他连接设备进行通信；TFT 投影显示屏进行初始化并变为黑屏；LED 熄灭。

HUD 通过 K-CAN 接收总线端 15 接通状态信号。总线端 15 接通后，HUD 进入准备就绪状态。此时可以通过 BEFAS 上的按钮接通背景照明装置，调节 HUD 高度和亮度，通过 HUD 显示信息。

车辆起动时，车辆处于总线端 50 状态。在总线端 50 状态期间，即车灯关闭时，HUD 进入保持状态。这种保持状态会一直延续到总线端 50 状态结束后。

（2）关闭条件　当总线端 R 关闭时，按压 BEFAS 上的按钮就会关闭 HUD。

（3）亮度偏差　亮度偏差是一项个性化配置功能。驾驶人可通过"亮度偏差"功能自行调节并存储 HUD 亮度设置，如图 4-78 所示。每次接通 HUD 时都会执行 HUD 亮度偏差设置。通过控制器在 CID 内进行亮度设置。可选择 -10 ～ 10 之间的设置值，中间值为 0。设置值通过 K-CAN 发送至 HUD。

图 4-77　驾驶人辅助系统操作单元上的
打开 / 关闭按钮

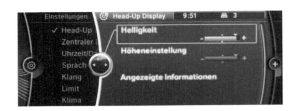

图 4-78　平视显示屏的亮度设置

为了针对不同光线效果进行补偿，自动进行亮度调节。根据晴雨传感器的信号进行调节。自动调节亮度时，不会出现 HUD 亮度跃变情况。HUD 产生不同光线效果的原因有：

① 环境条件，例如白天、夜晚、阳光、乌云、雨、雪、雾等。

② 建筑情况，例如隧道、地下车库等。

③ 驾驶人可通过滚花轮调节仪表照明的亮度。

④ 自总线端 58g 车灯亮起后，根据仪表照明亮度设置确定 HUD 亮度。

平视显示屏 HUD 的亮度大小取决于调光轮设置，亮度偏差以及晴雨传感器。HUD 内集成了一个用于 HUD 和 LED 灯组的运行计时器。

（4）平视显示屏的显示范围　HUD 尺寸大约为 200mm×100mm，显示屏分辨率为 480 像素 ×240 像素。HUD 分为两个显示区域，如图 4-79 所示。为了便于区分，下图明确划分了两个区域。上部区域以符号、显示条和文字形式显示导航信息和定速巡航信息。下部区域以单位、当前车速和定速巡航控制形式显示与车速有关的内容。

（5）HUD 的颜色选择　由不同的控制单元规定相应的显示符号，例如警告符号方面。组合仪表针对 HUD 显示内容执行相关颜色规定。为了达到最佳的符号可视效果，使用 2D "平面符号"，橙色为标准色，红色或黄色用于警告信息，绿色用于定速巡航控制系统，HUD 背景为透明色。

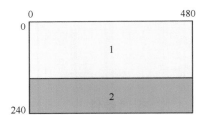

图 4-79　HUD 的显示区域
1—导航 / 定速巡航显示区域
2—车速 / 定速巡航控制系统显示区域

二、平视显示屏部件的安装位置及结构

平视显示屏安装在转向柱上方，紧靠在组合仪表后部。通过三个六角头螺栓将其固定在前围板支承结构上，如图 4-80 所示。平视显示屏由玻璃盖板、反射镜、两个 LED 灯组、TFT 投影显示屏、主印刷电路板及壳体等部件构成，同时还包括风窗玻璃、车灯模块和 BEFAS、晴雨传感器、车顶功能中心和接线盒、HUD 挡板等附属部件。同时，HUD 系统通过 BEFAS 上的打开 / 关闭按钮，车灯开关中心内的车灯开关，仪表照明调光器以及控制器等部件进行操作。

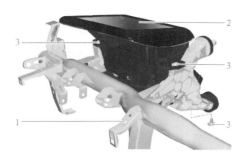

图 4-80　平视显示屏的安装位置

1—支承结构　2—平视显示屏　3—六角头螺栓

1. 组成部件

（1）玻璃盖板　玻璃盖板由防划涂层聚碳酸酯（PC）材料制成（图 4-81），它是 HUD 的上部盖板。玻璃盖板可防止灰尘和无意放到显示屏上的物体进入 HUD 内部。玻璃盖板和 HUD 挡板都采用曲面设计，以免无法将射入的光线反射给驾驶人。此外还通过散光效果等方式确保顺利将显示屏上的信息投到风窗玻璃上。

（2）反射镜　平视显示屏内装有两个反射镜，如图 4-82 所示。反射镜将显示屏上的信息反射到风挡玻璃上。曲面镜负责对风窗玻璃上的图像进行补偿调节，即调节图像尺寸和距离。平面镜是负责确保光线在特定空间内传输的偏光镜。曲面镜由塑料制成，平面镜由玻璃制成。

图 4-81　HUD 玻璃盖板

图 4-82　HUD 内的反射镜

1—曲面镜　2—平面镜

（3）LED 灯组　HUD 使用两个 LED 灯组。每个灯组在一个平面内能布置八个 LED。一个 LED 灯组为 TFT 投影显示屏提供背景照明，负责产生达到 HUD 亮度所需的灯光。另一个 LED 灯组内安装红色和绿色 LED，根据主印制电路板的控制情况达到所需 HUD 亮度。

（4）主印制电路板　主印制电路板（图 4-83）上安装了 K-CAN 接口、处理器（CPU）、LVDS 控制器、EEPROM 存储器以及供电装置等组件。组合仪表通过 LVDS 导线将图像信号发送到显示屏上。

（5）壳体　壳体（图 4-84）由铝合金制成，包括下端部件和塑料盖板。散热装置（铝合金散热片）和供电装置固定在下端部件上。玻璃盖板集成在盖板内。

图 4-83　主印制电路板　　　　　　　　　图 4-84　壳体

2. 风窗玻璃

所用风窗玻璃是一种特殊玻璃（图 4-85），它是反射显示内容的重要部件。与批量生产风窗玻璃一样，外层和内层风窗玻璃也粘有一层塑料膜。但与批量生产风窗玻璃不同的是，该塑料膜并非以平行分布方式而是以楔形分布方式覆盖在整个风窗玻璃上。这种楔形分布方式可防止 HUD 显示内容重影。楔形尖端向下，从距离风窗玻璃下边缘大约 10cm 处开始向上加厚。楔形末端位于风窗玻璃高度 2/3 处。在风窗玻璃上部 1/3 区域内，外层和内层风窗玻璃间的塑料膜平行分布。楔形尖端的厚度为 0.8mm。楔形末端的厚度为 1mm。风窗玻璃下边缘的总厚度为 4.5mm。风窗玻璃上边缘的总厚度为 4.7mm。

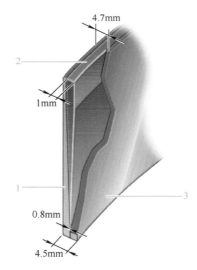

图 4-85　风窗玻璃

1—外层风窗玻璃　2—塑料膜　3—内层风窗玻璃

（1）未安装正确风窗玻璃　正常风窗玻璃的成像，反射到 HUD 风窗玻璃上的两个图像会在楔角作用下相互重叠，因此驾驶人只会看到一个图像，其机理如图 4-86 所示。HUD 图像始终反射到风窗玻璃的内侧和外侧。由于批量生产风窗玻璃存在倾斜角度，因此两个反射图像会彼此错开而形成重影的图像，如图 4-87 所示。

图 4-86　风窗玻璃的成像机理

1—显示屏　2—风窗玻璃外侧　3—风窗玻璃内侧　4—风窗玻璃外侧的反射内容
5—风窗玻璃内侧的反射内容　6—驾驶人的眼睛

图 4-87　HUD 显示重影

（2）有效视线范围　有效视线范围是指驾驶人可以自由移动而且不会影响 HUD 图像可视效果的移动空间。在有效视线范围内的自由移动空间大致为：130mm 水平移动距离（图 4-88）；70mm 垂直移动距离 ±30mm 调节范围（图 4-89）。超出有效视线范围时将无法看到完整的 HUD 显示内容。

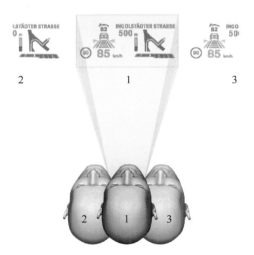

图 4-88　HUD 的有效视线范围（向左 / 向右偏移）

1—位于有效视线范围内，图像获得最佳照明效果　2—向左偏移，图像左侧截断
3—向右偏移，图像右侧截断

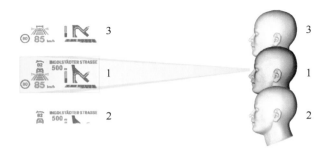

图 4-89　HUD 的有效视线范围（向上 / 向下偏移）

1—位于有效视线范围内，图像获得最佳照明效果　2—向下偏移，图像下部截断　3—向上偏移，图像上部截断

3. 组合仪表

为了选择车速进行显示，分为加速、制动和滑行阶段。车辆处于滑行阶段时，取 3 个连续数值的平均值并更新车速读数。所有定速巡航信息也都显示在 HUD 内。组合仪表针对这些信息执行主控功能。符号和相关文字由组合仪表传输。定速巡航信息先于其他显示内容显示，例如导航信息等。一条定速巡航信息显示 8s。同时显示多条定速巡航信息时，每条定速巡航信息显示 3s。

4. 操作元件

HUD 通过 BEFAS 内的打开 / 关闭按钮，车灯开关中心内的调光轮以及控制器进行操作控制。

（1）驾驶人辅助系统操作单元（BEFAS）　HUD 打开 / 关闭按钮位于 BEFAS 内。该按钮以电阻方式设码，直接连接至 HUD。HUD 可根据电阻设码识别出按钮信号或按钮故障。

（2）仪表照明调光器　启用行车灯时会针对 HUD 执行调光器设置，如图 4-90 所示。由车灯模块发出调光器信号。

（3）控制器　可在 CID 内使用控制器调节 HUD 的亮度和高度。亮度调节又称为亮度偏差。也可以使用控制器在"功能选择"菜单内设置导航等功能。因此这些设置会间接影响到 HUD 的显示效果。

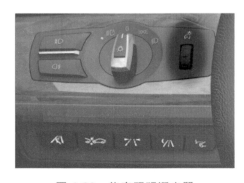

图 4-90　仪表照明调光器

三、维修信息

1. 调节 HUD 亮度

可单独调节 HUD 的亮度。CID 是亮度调节的显示仪表，控制器是亮度调节的操作元件。按照以下步骤调节亮度：

1）通过按压菜单按钮调出主菜单。

2）按压控制器，调出"设置"菜单选项。

3）转动控制器直至选中菜单栏内的"平视显示屏"，随后按压控制器进行确认。

4）转动控制器直至选中"亮度"，随即进行确认。

5）通过转动控制器设置所需亮度并按压控制器进行确认。

2. 调节 HUD 水平高度

新宝马 7 系 F01/F02 的驾驶人可根据需要使用控制器调节图像位置和有效视线范围。有效视线范围最多可上下偏移 ±30mm。HUD 的高度调节操作界面如图 4-91 所示，步骤如下。

1）通过按压菜单按钮调出主菜单。

2）按压控制器，调出"设置"菜单选项。

3）转动控制器直至选中"平视显示屏"，随后按压控制器进行确认。

4）转动控制器直至选中"调节高度"，随后按压控制器进行确认。

5）转动控制器设置所需高度并按压控制器进行确认。

图 4-91 HUD 的高度调节操作界面

3. 使 HUD 垂直旋转

HUD 出厂时使用规定的基本设置。维修人员可在进行更换风窗玻璃等工作时通过垂直旋转功能使 HUD 图像水平转动。可通过电机在 ±3° 范围内调节显示屏。

4. 调出 / 退出测试功能

某些测试功能可按照以下方式直接通过 HUD 调出，无须使用诊断系统，步骤如下：

1）按住 BEFAS 上的按钮约 20s 再放开。

2）通过再次按压按钮调出其他测试功能。

3）需要结束这项功能时，按住 BEFAS 上的按钮 20s 以上。

第五章

空调系统

第一节　空调系统分类原理

　　所谓空气调节（简称为空调），是指根据人的舒适性方面的要求，对空气的温度、湿度、洁净度及流动速度等进行必要的调节，使之符合人的需要，如图 5-1 所示。空调系统使驾驶车辆时的感觉更加舒适。空调系统能向车厢内吹入凉爽、干燥的空气，使车厢内部保持适宜的温度。

一、汽车空调的功能与组成

1. 汽车空调系统的功能

　　汽车空气调节的内容（图 5-2）主要包括温度调节、湿度调节、空气洁净度调节、气流速度调节四方面。

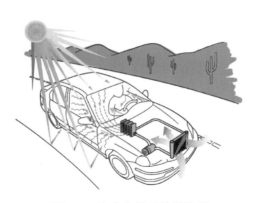

图 5-1　汽车空调系统的作用

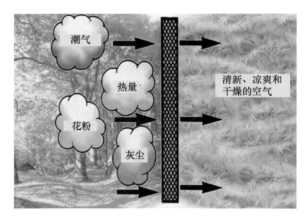

图 5-2　汽车空气调节的内容

2. 汽车空调系统的组成

　　汽车空调系统的功用是调节车内温度（即提供冷气与暖气）和通风净化空气，其总体结构布局如图 5-3 所示。汽车空调系统是由制冷系统（图 5-4），采暖系统（图 5-5），通风、配气系统（图 5-6），控制系统（图 5-7）和空气净化系统（图 5-8）五个子系统组成。

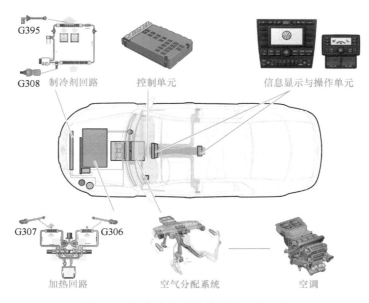

图 5-3 汽车空调系统的总体结构布局

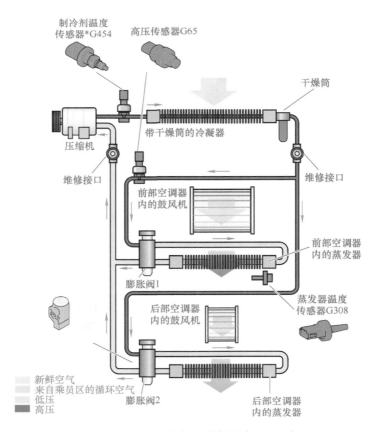

图 5-4 制冷系统部件的布置（四温区）

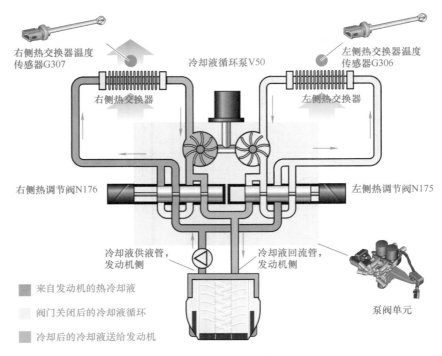

图 5-5 采暖系统的布置

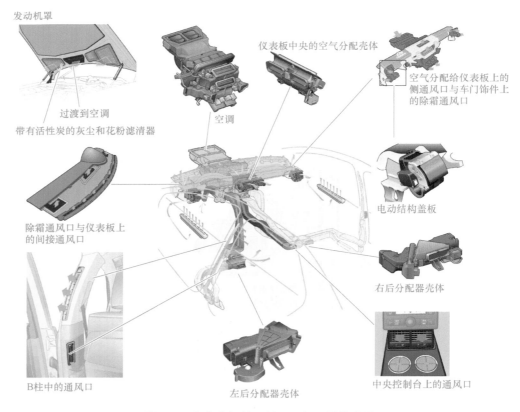

图 5-6 汽车空调的通风、配气系统的布置

图 5-7　控制系统的布置

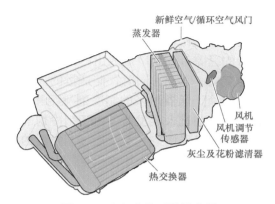

图 5-8　空气净化系统的布置

二、汽车空调系统的类型

1. 采用节流装置和系统结构不同

制冷系统根据采用节流装置和系统结构的不同可分为膨胀阀制冷系统和膨胀管制冷系统两大类。区别表现在，所用的节流膨胀装置的结构不同及储液干燥器的安装位置不同。在膨胀阀制冷系统中，储液干燥器安装在高压一侧的冷凝器之后、膨胀阀之前，用以保证无气体制冷剂供给节流装置。在膨胀管制冷系统中，集液器安装在低压一侧的蒸发器之后、压缩机之前，用以保证无液体制冷剂供给压缩机。

（1）膨胀阀式制冷循环系统　图 5-9 所示为膨胀阀式的制冷循环系统。循环系统主要包括压缩机、冷凝器、储液干燥器、膨胀阀、蒸发器和管路等主要部件。

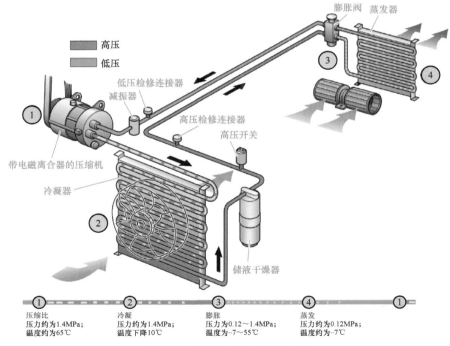

图 5-9　膨胀阀式制冷循环系统

这种制冷循环的工作原理是压缩机将气体的制冷剂提高压力（同时温度也提高），目的是使制冷剂比较容易液化放热。高压的气体制冷剂进入冷凝器，冷凝器风扇使空气通过冷凝器的缝隙带走制冷剂放出的热量并使其液化。液化后的制冷剂进入储液干燥器，滤掉其中的杂质、水分，同时存储适量的液态的制冷剂以备制冷负荷发生变化时制冷剂不会断流，从储液干燥器出来的制冷剂流至膨胀阀，从膨胀阀中的节流孔喷出形成雾状制冷剂，雾状的制冷剂进入蒸发器。由于制冷剂的压力急剧下降，便很快蒸发汽化，吸收热量，蒸发器外部的风扇使空气不断通过蒸发器的缝隙，使其温度下降，车内温度降低，蒸发器出来的气态制冷剂再进入压缩机重复上述过程。这种循环系统中的膨胀阀可以根据制冷负荷的大小调节制冷剂的流量。

（2）膨胀管式制冷循环系统　膨胀管式的制冷循环系统从制冷的工作原理来看，与膨胀阀式的制冷循环系统无本质的差别，只不过将可调节流量的膨胀阀换成不可调节流量的膨胀管，使其结构更加简单，如图5-10所示。为了防止液态的制冷剂进入压缩机造成压缩机的损坏，这种循环系统将储液干燥器安装在蒸发器的出口，并按照它所起的作用更名为集液器，同时进行气液分离，液体留在罐内，气体进入压缩机。

膨胀阀式制冷循环系统的特征是：只要驾驶人打开空调，电磁离合器就处于啮合状态，从不断开，压缩机始终处于运行状态，靠吸气节流阀或靠绝对压力阀把蒸发器温度控制在0℃左右。膨胀管式制冷循环系统的特征是：电磁离合器时而啮合，时而断开，压缩机根据汽车内、外温度时而运行，时而停止运行，因此也称为循环离合器系统。循环离合器系统也有使用膨胀阀的，但只是作为一种节流装置而已。膨胀阀系统也称为传统空调系统。

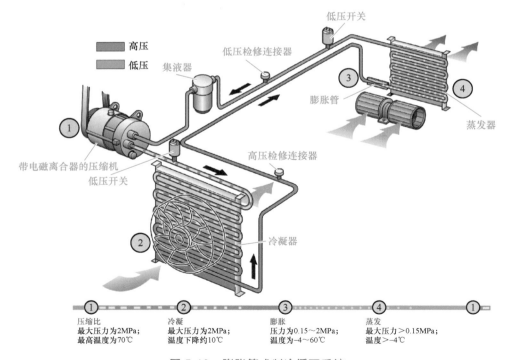

图 5-10　膨胀管式制冷循环系统

2. 控制方式不同

汽车空调按控制方式可分为手动空调、半自动空调、全自动空调。

（1）手动空调　手动空调的风机转速、出风口温度及送风方式等功能是由驾驶人操纵和调节的。车内通风的温度控制是通过仪表板上空气控制按钮、温度控制按钮、进气按钮和风扇开关等来操纵通风管道上的各种活门来实现的。如图 5-11 所示为手动空调控制面板。

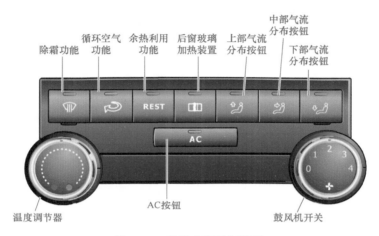

图 5-11　手动空调控制面板

（2）半自动空调　半自动空调系统与手动空调系统的差别不大，主要区别是半自动空调系统采用程序装置、伺服电动机或控制模块等操纵机构，可以设定温度值，电脑自动保持恒温，但是风速是手动调节的。半自动空调一般装配在中档轿车上。图 5-12 所示为半自动空调控制面板。

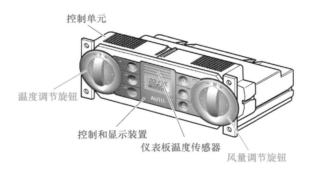

图 5-12　半自动空调控制面板

（3）全自动空调　全自动空调是利用传感器随时检测汽车内、外温度的变化，并把检测到的信号传递给空调的 ECU。ECU 则按预先编制的程序对信号进行处理，并通过执行元件，不断地对风机转速、出风温度、送风方式及压缩机工作状况等进行调节，从而使车内温度、空气湿度及流动状况始终保持在驾驶人设定的水平上。全自动空调系统具有自诊断功能，可以及早发现故障隐患。全自动空调一般装配在中高档车上。图 5-13 所示为自动空调控制面板。

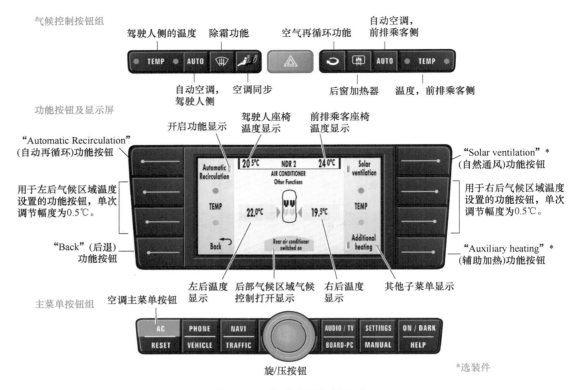

图 5-13　自动空调控制面板

3. 压缩机的排量是否可变

按压缩机的排量是否可变分类，可分为定排量空调和变排量空调。

（1）定排量空调系统　定排量压缩机的结构如图 5-14、图 5-15 所示。定排量空调系统也称循环离合器系统。该系统当蒸发器温度下降到一定水平时需截断离合器电路，使压缩机停转，即停止制冷。当蒸发器温度上升到一定值时再接通离合器，让压缩机运转，开始制冷，如此往复循环。也就是说，定排量空调系统通过离合器的循环工作来调节温度。定排量空调系统中因为压缩机排量是固定的，所以在制冷系统中加了许多保护装置，尤其是减压安全阀和易熔塞。

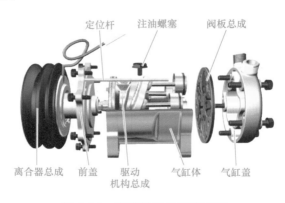

图 5-14　定排量压缩机的结构

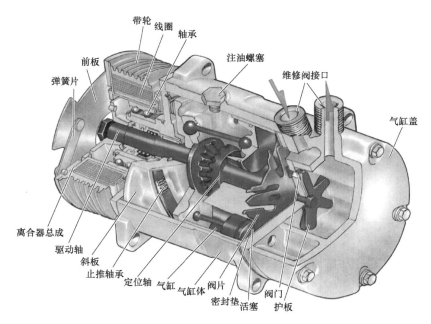

图 5-15　定排量斜板压缩机的结构

（2）变排量空调系统　变排量压缩机的结构如图 5-16、图 5-17 所示。变排量空调系统也称非循环离合器系统，该系统采用的是可变排量压缩机，它依靠可变排量压缩机的自身调节来控制温度。当系统的环境温度（蒸发器温度）高时，压缩机增加活塞冲程来增加制冷剂量，以达到增加吸热和降温的作用。反之，当蒸发器温度低时，压缩机则减小活塞冲程，从而减少通过蒸发器的制冷剂量，由于制冷剂量少，吸收的热量也少，使蒸发器的温度得到回升。离合器的唯一目的就是当不需要空调时脱离压缩机，当需要空调时联上压缩机。

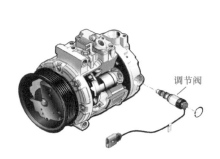

图 5-16　辉腾变排量压缩机的结构

图 5-17　玛莎拉蒂变排量压缩机的结构

1—气缸盖　2—吸入室（中心）　3—排放室（环形）
4—排放口　5—电子排量控制阀　6—阀板和垫片
7—簧片阀（吸入和排出）　8—气缸体　9—活塞　10—斜盘
11—斜盘 – 活塞旋转接头　12—底板和轴向推力轴承
13—底板和斜盘之间的联动装置　14—轴
15—轴封　16—曲轴箱

三、制冷原理

1.制冷的基本思路

制冷是指空调系统获得冷气而制造和维持必要的冷源的过程，冷源是指温度低于环境温度的物体或场所。

如图 5-18 所示，如果出了汗的身体暴露在风中，或手上沾了液态酒精，身体或手就会感觉冷，其原因是汗或液态酒精带走了皮肤上的热量，蒸发成了气体。也就是说，液体在变成气体时，具有冷却周围环境的性质，这也是汽车制冷的原理。这给我们一个启发，利用液体的蒸发可以吸收周围环境的热量。为此制作一个如图 5-19 所示的装置，将一个带有开关的容器装在一个绝热良好的盒子内，容器中装有常温下容易挥发的液体，将开关打开时，容器内的易挥发液体便开始蒸发，同时吸收绝热盒子内的热量，吸收了热量的液体转化为气体，从开关排出。盒内的温度便会低于盒外的温度。如果容器内的易挥发液体能得到不断的补充，冷却的效果便会持续下去。

从制冷装置的运作情况看，制冷过程中热量的转移是靠液体的状态变化实现的，这种液体称为制冷剂。

图 5-18　制冷原理

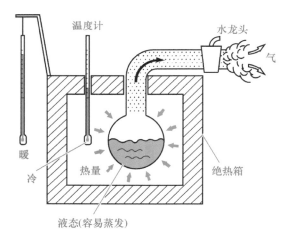

图 5-19　制冷装置

2.制冷循环

为了使前述制冷装置的制冷过程持续下去，就必须不断地向容器中补充制冷剂，从开关放出的制冷剂也应回收反复利用。为此，有必要制作一套装置使制冷剂能够在装置中循环，不断地将热量带走。

降低压强可以使物质的沸点降低，从而更加容易蒸发（吸收热量）；提高压强可以使物质的沸点升高，从而更加容易转化为液体（放出热量）。为此，将制冷装置从开关放出的气体制冷剂回收，加入一台压缩机，提高压强，再通过一个称为冷凝器的装置，经强制冷却放出热量变为液体，并将这种液体制冷剂暂时存放在一个储液罐中以备再次使用，如图 5-20 所示。

高压的液体通过一个小孔后，可以迅速膨胀而压强降低，在这种情况下，液体由于压强的降低而非常容易汽化而吸热。因此，将储液罐中的制冷剂通过一个小孔（膨胀阀）放出，让其进入一个称为蒸发器的容器。由于制冷剂的压强下降，所以很快便会蒸发，吸收蒸发器周围的热量，使蒸发器周围得到冷却，如图 5-21 所示。

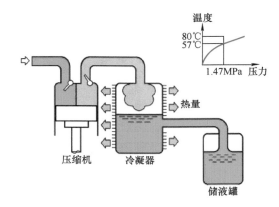

图 5-20　通过压缩使制冷剂转化为
液体并放出热量

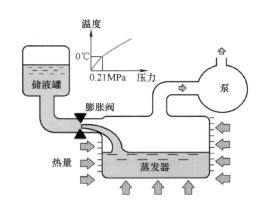

图 5-21　通过膨胀阀使液体制冷剂转化为
气体吸收热量

将上述两个过程组合起来，就可以形成一个制冷循环，储液罐中高压的液态制冷剂从膨胀阀喷出，压强下降，体积迅速膨胀，转化为气体，吸收周围的热量，使周围的温度下降，气态的制冷剂再经压缩机加压形成高压气态的制冷剂，高压气态制冷剂进入冷凝器冷却，从气态转变为液态，同时放出热量，液态制冷剂再进入储液罐，以备再次使用，这就是一个完整的制冷循环。从制冷循环可以看出，所谓制冷就是通过制冷剂的状态变化将一个地方（蒸发器周围）的热量带到另一个地方（冷凝器周围）。制冷循环中的各种装置都是围绕这种热量的转移设置的。

四、汽车空调制冷系统的组成原理

1. 汽车空调制冷系统的组成

制冷系统的主要组成部件有压缩机、冷凝器、储液干燥器（集液器）、膨胀阀（膨胀管）、蒸发器、导管与软管、压力开关等，如图 5-22 所示。各主要部件的名称、功用及实物图对照见表 5-1。

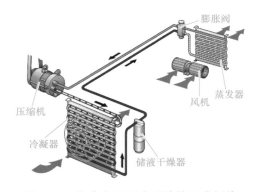

图 5-22　汽车空调制冷系统的组成部件

表 5-1　汽车空调制冷系统主要部件的名称、功用和实物图对照表

元件	功用	实物图
压缩机	压缩制冷剂，使制冷剂在系统中循环	
冷凝器	对从压缩机排出的气态制冷剂散热降温，使其变成液态制冷剂	
储液干燥器（集液器）	储存制冷剂、干燥水分、过滤杂质	
膨胀阀（膨胀管）	节流降压	
蒸发器	使制冷剂膨胀并吸收空气中的热量	

（续）

元件	功用	实物图
压力开关	在制冷系统的压力过高或过低时，使制冷系统停止工作，保护管路或使压缩机停止工作	
空调管路	制冷剂循环通道	

2. 汽车空调制冷循环过程

汽车空调制冷系统各部件之间采用铜管（或铝管）和高压橡胶管连接成一个密闭系统。制冷系统工作时，制冷剂以不同的状态在这个密闭系统内循环流动，每一循环有四个基本过程。其工作原理如图 5-23 所示。汽车空调制冷系统反复地将制冷剂压缩、冷凝、膨胀、蒸发，不断在蒸发器中吸热汽化，使蒸发器始终保持很低的温度，用于车内空气的降温、除湿。在制冷循环系统中，压缩机是动力源。

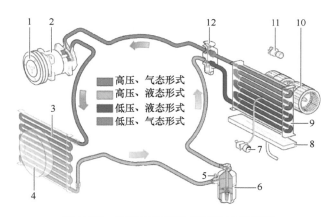

图 5-23　汽车空调制冷系统的工作原理

1—电磁离合器　2—压缩机　3—冷凝器　4—辅助风扇　5—压力传感器　6—储液罐
7—蒸发器温度传感器　8—冷凝水排水槽　9—蒸发器　10—蒸发器风扇　11—风扇开关　12—膨胀阀

汽车空调系统制冷剂循环流程如图 5-24 所示。在汽车空调制冷系统中，压缩机由发动机曲轴上的驱动带驱动旋转，并将蒸发器中因吸收车内热量而汽化的低温低压气态制冷剂经低压软管和低压阀吸入压缩机。低温低压气态制冷剂经压缩机压缩后，变成高温（约 65℃）、高压（约 1300kPa）的气态制冷剂，经高压阀和高压软管送入发动机散热器前面的冷凝器。制冷剂在冷凝器中由车外空气冷却成为高温（约 55℃）、高压（约 1300kPa）的液态制冷剂，并从冷凝器底部流向储液干燥器。经储液干燥器过滤、脱水后，由高压软管送入热力膨胀阀。经热力膨胀阀节流降压后，变成低温（约 −5℃）、低压（约 150kPa）

的液态制冷剂进入蒸发器，并在蒸发器内大量吸收蒸发器管壁及周围空气的热量而蒸发汽化，使蒸发器表面及其周围的车内热空气温度降低（由此产生冷源）。当风机将车内热空气或车外热空气强制吹过蒸发器表面时，热空气便被蒸发器冷却而变成冷空气送回车内空间，从而达到降低车内温度的目的。液态制冷剂在蒸发器内吸热汽化为低温（约为 0℃）、低压（约 150kPa）的气态制冷剂，并经低压软管由压缩机再次吸入，从而完成制冷循环。

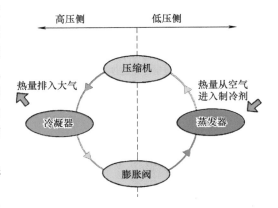

图 5-24　制冷系统制冷剂循环流程

由此可见，制冷循环是由压缩、冷凝、膨胀和蒸发四个过程组成。

（1）压缩过程　压缩机从蒸发器吸入低温低压气态制冷剂，并将它压缩成高温（约65℃）、高压（约 1300kPa）的气态制冷剂送往冷凝器冷却降温。

（2）冷凝过程　高温高压气态制冷剂由发动机散热器前面的冷凝器（散热器）散热，将它冷凝成高温（约 55℃）、高压（约 1300kPa）的液态制冷剂。

（3）膨胀过程　冷凝后的高温高压液态制冷剂经热力膨胀阀节流降压后，将它转变成低温（约零下 5℃）、低压（约 150kPa）的液态制冷剂送入蒸发器。

（4）蒸发过程　低温低压液态制冷剂流经蒸发器时，不断吸收车内空气的热量而汽化成低温（约为 0℃）、低压（约 150kPa）的气态制冷剂。从蒸发器流出的气态制冷剂又被压缩机吸入，进入下一次制冷循环。

当制冷系统工作正常时，低压管路呈低温状态，高压管路呈高温状态。从膨胀阀出口经蒸发器至压缩机入口为低压区，从压缩机出口经冷凝器、储液干燥器至膨胀阀为高压区。检查低压区时，由膨胀阀出口经蒸发器至压缩机入口应当是由凉变冷，但无霜冻。检查高压区时，由压缩机出口经冷凝器、储液干燥器至膨胀阀入口应当是由暖变热（检查时，注意手与被检查部位之间应保持一定的距离，避免烫伤）。如压缩机入口与出口之间无明显的温差，说明制冷剂泄漏。

第二节　制冷系统的部件结构

在汽车空调制冷系统中，压缩机起着压缩和输送制冷剂气体的作用，是整个系统的心脏。膨胀阀起节流降压作用，同时调节进入蒸发器制冷剂液体的流量，是系统高低压的分界线。蒸发器是输出冷气的设备，制冷剂在其中吸收被冷却空气的热量，使空气降温。冷凝器是放出热量的设备，蒸发器中吸收的热量、压缩机消耗功能所转化的热量，一起从冷凝器上散发出去，被冷却空气带走。压缩机所消耗的功起到了补偿作用，只有消耗了外界的功，制冷剂才能把从车内较低温度的空气中吸取的热量不断地传递到车外较高温度的空气中去，从而达到制冷的目的。制冷循环系统中各部件的安装位置如图 5-25 所示。

一、变排量空调压缩机

　　压缩机在制冷系统中的安装位置如图 5-26 所示。压缩机有两个重要功能：一是能使系统内产生低压条件；二是把气态制冷剂从低压压缩至高压，并使其温度升高。

　　采用变排量压缩机，更能满足人们对汽车安全性和舒适性的要求。只需要改变活塞的行程，就可以根据空调的工况需要，使变排量压缩机的排量在一定范围内无级变化。

图 5-25　制冷循环系统中各部件的安装位置

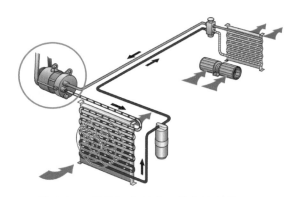

图 5-26　压缩机在制冷系统中的安装位置

1. 压力调节式变排量压缩机的工作原理

　　压力调节式变排量压缩机是大众系列的一种连续变容量空调压缩机，它通过改变单向工作斜盘的倾斜度（活塞的工作行程）来改变排量，调节范围在 5% ～ 100%。斜盘的倾斜度取决于每个活塞两侧的压力差，活塞右侧的压力受压力箱内压力的影响，压力箱内压力由调节阀和节流管道控制，压缩机的调节阀通过波纹管的伸缩具有输出稳压作用。压力调节式变排量压缩机（图 5-27）的旋转运动由输入轴传递给驱动连杆机构，驱动连杆机构通过斜盘将旋转运动转换成 5 个连杆的轴向运动。滑轨保证斜盘沿轴向运动。

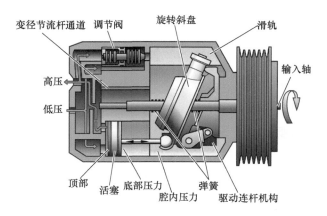

图 5-27　压力调节式变排量压缩机的结构

这种压缩机活塞的工作行程可以根据高、低压压力比率而改变。活塞行程的改变直接影响压缩机的压缩比率，从而调节制冷剂的输出功率，改变制冷效率。在正常工作情况下，压缩机是持续运转的，不发生离合动作。

旋转斜盘的倾斜度决定了活塞的行程。旋转斜盘的倾斜度取决于腔内压力、活塞顶部和底部的压力以及斜盘前后的弹簧力。腔内的压力取决于调节阀两侧的高、低压力和节流管道的大小。

2. 压力调节式变排量压缩机的工作过程

（1）汽车空调接通　刚接通汽车空调时，高、低压及腔内的压力是相等的，旋转斜盘前后弹簧对斜盘的调节范围为40%左右。此时压缩机开始的输出功率为40%，即以较小的输出功率工作，以减小对发动机的冲击负荷。

（2）高制冷率　如图5-28所示，高、低压管的相对压力较高时，调节阀打开，从节流管流入的高压经调节阀流回低压端，腔内的压力下降。活塞顶部的压力与弹簧1压力的和大于活塞底部的压力（腔内压力）与弹簧2压力的和，旋转斜盘的倾斜角度增大，活塞的行程增大，输出功率提高。

（3）低制冷率　如图5-29所示，高、低压管的相对压力较低时，调节阀关闭，从节流管流入的高压无法经调节阀流回低压端，腔内的压力上升。活塞顶部的压力与弹簧1压力的和小于活塞底部的压力（腔内压力）与弹簧2压力的和，旋转斜盘的倾斜角度减小，活塞的行程减小输出功率降低。

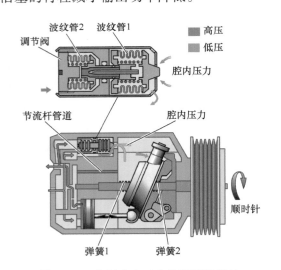

图5-28　高制冷率时变排量压缩机的工作情况

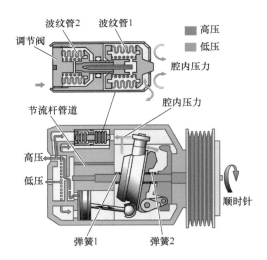

图5-29　低制冷率时变排量压缩机的工作情况

3. 变排量压缩机的驱动

常规空调压缩机通过传动带由发动机输出动力进行驱动（图5-30），有时则通过转向助力泵驱动轴驱动，如某款柴油机车型，采用变排量七活塞摆动盘式压缩机。通过这个摆动盘压缩机可以改变压缩排量，以便使压缩机功率适应空调制冷功率的需求。压缩机通过一个外部的压缩机调节阀N280进行调节。

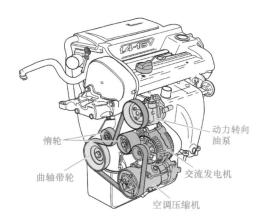

图 5-30　常规空调压缩机驱动

如图 5-31 所示，为防止压缩机的机械机构（价值较高）损坏，转向助力泵与压缩机之间安装了一个具有扭转弹性的联轴节。如图 5-32 所示，具有扭转弹性的联轴节包括两个带齿的金属端部部件，它们通过一个橡胶套以机械方式彼此连接在一起。这种结构缓冲效果好并能提供过载保护功能。所承受的负荷可以通过橡胶套上印制的转矩曲线读出（图 5-33）。负荷越大，橡胶套上的曲线变形越大。

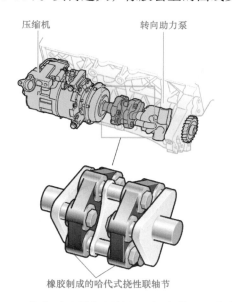

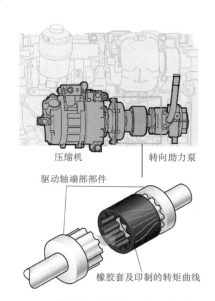

图 5-31　转向助力泵与压缩机之间安装了一个联轴节　　图 5-32　具有扭转弹性的联轴节的结构

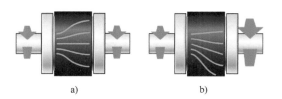

图 5-33　联轴节上的不同负荷

a）两轴上负荷均匀时的曲线　b）单侧过载时的曲线

二、冷凝器

汽车空调中的冷凝器和蒸发器统称为热交换器。热交换器的性能直接影响汽车空调的制冷性能。其金属材料消耗大，体积大，重量占整个汽车空调装置总重量的 50%～70%，它所占据的空间直接影响汽车的有效容积，且布置起来很困难，因此使用高效热交换器是极为重要的。

汽车空调装置中的冷凝器和蒸发器要与压缩机相匹配，还应和节流膨胀机构相适应，其在制冷系统中的安装位置和结构如图 5-34 所示。

制冷系统的
冷凝器

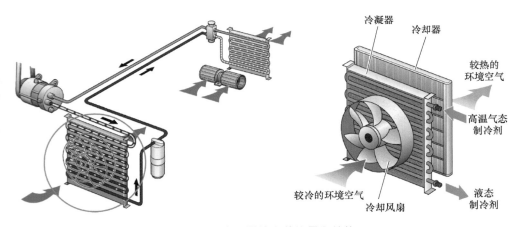

图 5-34　冷凝器的安装位置和结构

三、蒸发器

汽车空调蒸
发箱

蒸发器是制冷循环中获得冷气的直接器件。其外形近似冷凝器，但比冷凝器窄、小、厚。蒸发器安装在驾驶室仪表台的后面，其在制冷系统中的安装位置和结构如图 5-35 所示，主要由管子和散热片组成，在蒸发器的下方还有接水盘和排水管。

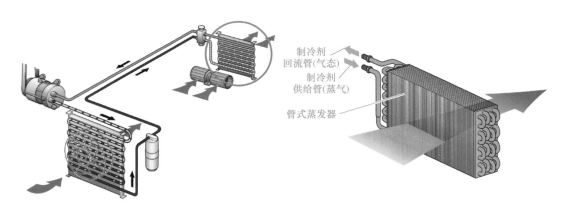

图 5-35　蒸发器的安装位置和结构

四、膨胀阀和节流管

液态制冷剂必须在低压状态下才容易吸热蒸发，而通过冷凝器出来的是高温、高压状态的液体制冷剂，因而它必须通过节流元件减压后才能变成低温、低压的容易蒸发的雾状体。膨胀阀和节流管是现代汽车空调常用的节流装置，主要用来解除液态制冷剂的压力，使制冷剂能在蒸发器中蒸发，是系统高低压的分界点。膨胀阀多用于低中级轿车，节流管则多用于中高级轿车。

膨胀阀是一类可以调节制冷剂流量的节流设备，节流管则是固定流量的节流器件。无论是膨胀阀还是节流管，它们都必须安装在蒸发器的进口前。采用膨胀阀的制冷系统，需要在冷凝器出口和膨胀阀之间配置储液干燥器，采用节流管的制冷系统，则在蒸发器出口和压缩机进口之间配置集液器。

（一）膨胀阀

膨胀阀又称为节流阀，汽车空调系统使用的膨胀阀为温度控制式膨胀阀，故又称为热力膨胀阀，图 5-36 为膨胀阀的外形，图 5-37 所示为膨胀阀的安装位置。

图 5-36　膨胀阀的外形

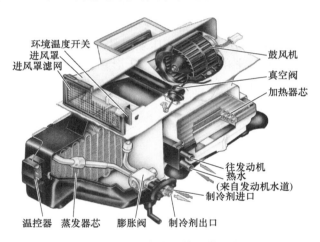

图 5-37　膨胀阀的安装位置

1.膨胀阀的作用

热力膨胀阀是一种膨胀节流装置，它是制冷系统中自动调节制冷剂流量的元件，广泛应用于各种空调制冷系统中。热力膨胀阀以蒸发器出口的过热度为信号，自动调节制冷系统的制冷剂流量。热力膨胀阀一般有 3 个作用。

（1）节流降压　使从冷凝器来的高温、高压液态制冷剂节流降压成为容易蒸发的低温、低压雾状制冷剂进入蒸发器，将制冷剂分成高压侧和低压侧，但工质的液体状态没有改变。

（2）自动调节制冷剂流量　由于制冷负荷的改变以及压缩机转速的改变，要求流量作相应调节，以保持车内温度稳定。膨胀阀能自动调节进入蒸发器的流量，以满足制冷循环要求。

（3）控制制冷剂流量，防止液击和异常过热发生　膨胀时以感温包作为感温元件控制流量大小，保证蒸发器尾部有一定量的过热度，从而保证蒸发器容积的有效利用，避免液态制冷剂进入压缩机而造成液击现象，同时又能控制过热度在一定范围内。

大多数汽车空调制冷系统在运行过程中，其制冷负荷是变化的。如系统刚开始降温时，车内的温度较高，这时就要求蒸发器的制冷剂流量增大，而当车内温度较低时，冷负荷减少，这时要求蒸发器的制冷剂流量减小。因此，热力膨胀阀的作用就是根据系统冷负荷的需要调节制冷剂流量，使制冷系统能正常地工作。

外平衡式膨胀阀的控制

2. H 形膨胀阀

H 形膨胀阀主要由膜片、感温元件、球阀和调节弹簧等组成，如图 5-38 所示。因为其内部结构与字母"H"相似，所以称为 H 形膨胀阀，又称整体式膨胀阀。H 形膨胀阀是把感温包缩到阀体内的回气管路上，从而提高了阀的工作灵敏度。但这种结构加工难度较大，膜片中心开孔也会影响膜片的开阀特性。

（1）结构　如图 5-38b 所示，在 H 形膨胀阀上，设有低压与高压两个通道和四个管路接头。上面一个通道为低压通道，下面一个通道为高压通道。低压通道的入口接头经制冷管路与蒸发器出口连接，出口接头经制冷管路与空调压缩机入口连接。高压通道的入口接头经制冷管路与储液干燥器连接，出口接头经制冷管路与蒸发器入口连接。温度传感器装在制冷剂从蒸发器至压缩机的气流中。制冷剂温度变化，传感器膨胀或收缩，直接推动球阀（钢球和过热弹簧）。H 形膨胀阀的结构保证了低压侧压力直接作用于膜片下侧。任何形式的膨胀阀，作用都是向蒸发器供应能在其内部完全蒸发的足够的制冷剂，蒸发器的温度它并不负责控制。

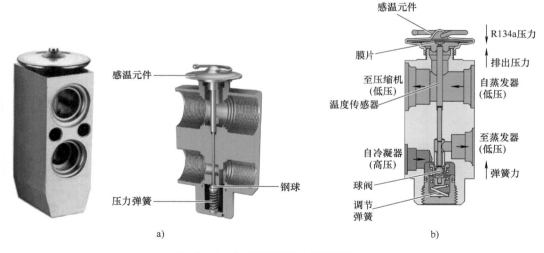

图 5-38　H 形膨胀阀的外形及结构

a）外形　b）结构

（2）工作过程　如图 5-39 所示，在 H 形膨胀阀的高压液体进口和出口之间，设有一个由球阀组成的节流阀，节流阀开度的大小由感温元件和调节弹簧控制。感温元件内部充注有制冷剂，安放在低压通道上直接感受蒸发器出口蒸汽的温度。转动调节螺栓即可调节弹簧的预紧力，从而便可调节节流阀的开度和流入蒸发器的制冷剂流量，最终调节车内空气的温度。

当蒸发器出口蒸汽温度升高时，感温元件内部制冷剂吸热膨胀压力升高，迫使球阀压缩预紧弹簧，使节流阀开度增大，进入蒸发器的制冷剂流量增大，蒸发器制冷量增大，车内空气温度降低。反之，当蒸发器出口蒸汽温度降低时，节流阀开度减小，制冷剂流量减小，蒸发器制冷量减少，车内空气温度将升高。

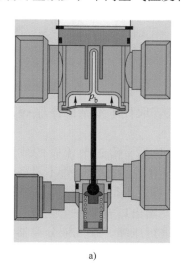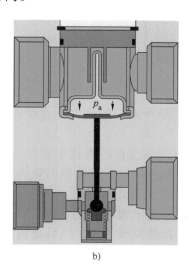

a)　　　　　　　　　　　b)

图 5-39　H 形膨胀阀的工作过程

a）热负荷较小时的开度　b）热负荷较大时的开度

（3）优点　H 形膨胀阀安装在蒸发器的进出管之间，阀上端直接暴露在蒸发器出口介质中，感应温度不受环境温度影响，也不需要通过毛细管，避免造成时间滞后。由于该膨胀阀无感温包、毛细管和外平衡接管，可免除因汽车颠簸、振动而使充注系统断裂外漏以及感温包包扎松动而影响膨胀阀的正常工作，提高了膨胀阀的抗振性能。

（二）膨胀节流管

膨胀节流管是用于许多轿车制冷系统的一种固定孔口的节流装置，有人称它为孔管、固定孔管。膨胀节流管直接安装在冷凝器出口和蒸发器进口之间，如图 5-40 所示，用于将液态制冷剂节流降压。由于不能调节流量，液体制冷剂很可能流出蒸发器而进入压缩机，造成压缩机液击。所以装有膨胀节流管的系统，必须同时在蒸发器出口和压缩机进口之间安装一个集液器，实行气、液分离，避免压缩机发生液击。

膨胀节流管的外形及结构如图 5-41 所示。它是一根细铜管，装在一根塑料套管内。在塑料套管外环形槽内装有密封圈。有的还有两个外环形槽，每槽各装一个密封圈。把塑料套管连同膨胀节流管都插入蒸发器进口管中，密封圈就是密封塑料套管外径和蒸发器进口管内径间的配合间隙用的。膨胀节流管两端都装有滤网，以防止系统堵塞。安装使用后，系统内的污染物集聚在密封圈后面，使堵塞情况恶化，就是这种系统内的污染物堵塞了孔管及其滤网。膨胀节流管不能维修，坏了只能更换。由于膨胀节流管没有运动部件，结构简单，可靠性高，同时节省能耗，因此许多高级轿车采用膨胀管式制冷循环。其缺点是制冷剂流量不能根据工况变化进行调节。

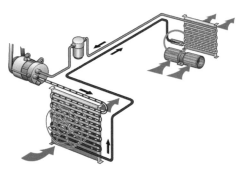

图 5-40　膨胀节流管的安装位置

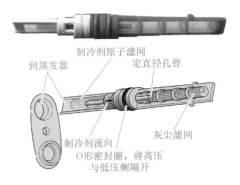

制冷剂原子滤网
到蒸发器
定直径孔管
灰尘滤网
制冷剂流向
O形密封圈，将高压
与低压侧隔开

图 5-41　膨胀节流管的外形及结构

膨胀节流管制冷系统的最大特点是：用节流管取代了复杂的膨胀阀，用集液器替代了储液干燥器。

制冷剂经过压缩，在冷凝器里液化成高压液体后，经过节流管的节流降压作用，又变成低温的低压制冷剂，在蒸发器内吸热蒸发成气体。由于节流管不具备调节液体流量的功能，所以当压缩机高速运转时，蒸发器有可能蒸发不彻底，在其出口易出现液体制冷剂。为了避免压缩机出现液击而受到损坏，在蒸发器出口安装一个气液分离器，使多余的液态制冷剂在此处蒸发成气体，然后送到压缩机进行压缩。在气液分离器出口处，设置了一个溢流孔，目的是把制冷剂中分离出的冷冻润滑油从溢流孔送回压缩机。

五、储液干燥器及积累器

（一）储液干燥器

由于汽车空调正常工作时，制冷剂的供应量大于蒸发器的需要量，所以高压侧液态制冷剂会有一定的储存量。而且随着季节的变化，在系统不运行或检修、更换系统内的零件时，可将系统中的制冷剂收到高压侧进行储存，避免制冷剂泄漏。因此，在汽车空调系统中需设置储液干燥器。

1. 储液干燥器的功用和结构

储液干燥器接收冷凝器排出的制冷剂，并可以暂时储存一部分制冷剂，使气、液分离，它还可作为储存罐使用。储液干燥器能过滤水分和杂质，防止气态制冷剂进入蒸发器。部分储液干燥器上部出口端装有一个玻璃视液镜（图 5-42a），用于观察制冷剂在工作时的流动状态（图 5-42b），由此可判断制冷剂量是否合适。

2. 储液干燥器的安装位置

储液干燥器装在冷凝器周围（图 5-43）或下流处膨胀阀之前，它在冷却系统中的安装位置如图 5-44 所示。

3. 视液镜

视液镜也称观察窗，其功用是在加注制冷剂时，观察制冷剂加注量是否到位，也用来判断空调系统制冷量是否不足，是否由于制冷剂泄漏导致制冷剂减少。

在不少汽车空调系统中，视液镜多安装在储液干燥器上，有的视液镜则安装在高压管路系统上，如图 5-45 所示。

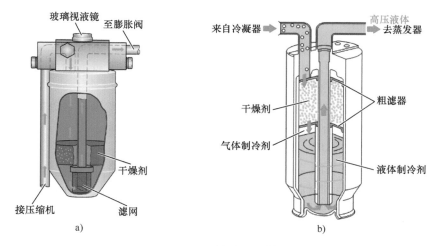

图 5-42　储液干燥器

a）储液干燥器的结构　b）观察储液干燥器中制冷剂的流动状态

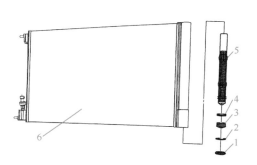

图 5-43　储液干燥器的安装位置

1—储液干燥器盖　2—储液干燥器卡环
3、4—储液干燥器 O 形圈　5—储液干燥器　6—冷凝器

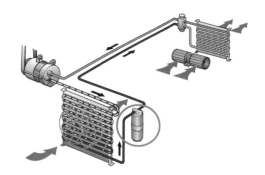

图 5-44　储液干燥器在冷却系统中的安装位置

图 5-45　视液镜的安装位置

（二）集液器（积累器）

集液器也称积累器，用于膨胀管（孔管）式的制冷系统，它安装在蒸发器出口处低压侧的管路中。由于膨胀管无法调节制冷剂的流量，因此蒸发器出来的制冷剂不一定全部是气体，可能有部分液体。

汽车空调的
集液器

为防止液态制冷剂液击压缩机，造成压缩机损坏，在蒸发器出口处安装一个集液器，如图 5-46 所示，一方面将制冷剂进行气液分离，另一方面起到与储液干燥器相同的作用，其结构和外形如图 5-47 所示。制冷剂进入集液器后，液体部分沉在集液器底部，气体部分从上面的管路进入压缩机。在容器底部，出气管弯处装有带小孔的过滤器，允许少量的积存在管弯处的机油返回压缩机。但液体制冷剂不能通过，因此要用特殊过滤材料。

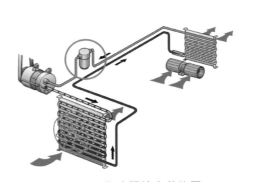

图 5-46　集液器的安装位置

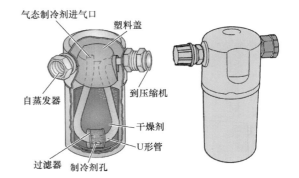

图 5-47　集液器的结构和外形

第三节　制冷系统电气控制

一、制冷剂压力开关

现代汽车空调系统一般都装有各种不同类型的压力开关，它可实现压力控制和系统保护。压力开关安装在空调管路上（图 5-48）或储液干燥器上（图 5-49），用来感测系统的工作压力，一旦压力有异常的高或低，压力开关就会打开或闭合，这时空调系统便自动切断压缩机电路或控制冷却风扇以加强散热效果。常见压力开关主要有以下几种类型：高压开关、低压开关、双重压力开关和三重压力开关。

1. 三重压力开关

三重压力是指制冷系统高压侧压力过高、中压和过低 3 种压力状况，三重压力开关安装在系统高压侧的储液干燥器上，以感受高压侧制冷剂的压力，其功用主要有：①防止因制冷剂泄漏而损坏压缩机；②当系统内制冷剂高压异常时，保护系统不受损坏；③在正常工作状况下，冷凝器风扇低速运转，实现低噪声，节省动力，当系统内高压升高时，风扇高速运转，以改善冷凝器的散热条件，实现风扇的二级变速。

三重压力开关的工作情况示意如图 5-50 所示。常见压力开关的开关形式及作用见表 5-2，其有关技术参数见表 5-3。

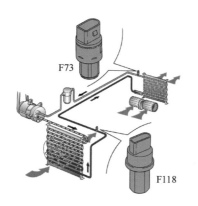

图 5-48　安装在空调管路上的压力开关

F73—低压开关　F118—高压开关

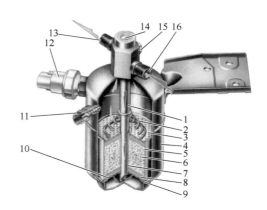

图 5-49　安装在储液干燥器上的压力开关

1—输液管　2—弹簧　3—多孔盖板　4—罐体
5—杯壳（底多孔）　6—干燥剂　7—连接管　8—过滤布
9—胶垫　10—滤网　11—制冷剂充注阀
12—高低压力开关　13—出口　14—观察窗
15—易熔塞　16—进口

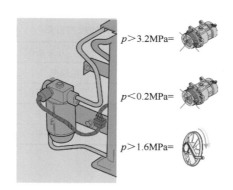

图 5-50　三重压力开关的工作情况示意

表 5-2　常见压力开关的开关形式及作用

序号	种类	开关形式	特性	作用
A	低压开关	ⓒ　Ⓗ₁	常闭	高压回路压力低于规定值时，使压缩机停转
B	高压开关	ⓒ　Ⓗₕ	常闭	高压回路压力高于规定值时，使压缩机停转
C	低压开关	Ⓓ　Ⓛ	常开	低压回路压力低于规定值时，接通除霜电磁阀
D	高压开关	Ⓕ　Ⓗₕ	常开	高压压力高于规定值时，使冷凝器风扇高速运转

（续）

序号	种类	开关形式	特性	作用
E	高低压力复合压力		—	是 A、B 两种形式的组合，设在高压回路中，也可以是 A、D 两种形式的组合
F	高中低三重压力开关		—	是 A、B、D 三种形式的组合，设在高压回路中
说明	Ⓒ—压缩机　Ⓓ—除霜电磁阀　Ⓕ—冷凝器风扇　H_h—高压回路中的高压力　Ⓗ—高压压力　Ⓛ—低压压力 H_1—高压回路中的低压力　H_m—高压回路中的中等压力				

注："↑" 为压力升高的动作方向，"↓" 为压力降低的动作方向。

表 5-3　压力开关的技术参数

压力开关性质	开关值	开关动作	作用
高压	压力≥3.14MPa	电路断开（关）	压缩机停转
中压	压力≥1.77MPa	电路接通（开）	冷凝风扇高速运转
	压力≥1.37MPa	电路又断开（关）	冷凝风扇回到低速运转
低压	压力≥0.196MPa	电路断开（关）	压缩机停转

2. 压力传感器

有些高档轿车用压力传感器来感测系统压力，测量压力是否正常，它的结构与歧管压力传感器类似，一般为压敏电阻式，安装位置如图 5-51 所示。当空调制冷剂压力较低时，信号值接近 0V，当空调制冷剂压力较高时，信号值接近 5V，此传感器除用于压力控制外，还作为冷凝器风扇的控制信号，其功能主要有：

1）压力过高或过低时，使压缩机停止运转。

2）压力到达一定值时，加快冷凝器风扇的运转速度。

图 5-51　压力传感器安装位置

3. 电子压力传感器

如图 5-52 所示，在某车型汽车上安装了电子压力传感器 G65，以代替压力开关 P129，它是根据硅晶片在不同压力下的电特性，以数字信号来实施控制（图 5-53），从而提高了控制精度，使风扇的接通、切断具有延时性，运转更加平稳；它能全程监控循环系统中的制冷剂压力，大大提高了系统的安全性。

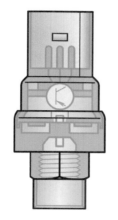

图 5-52　电子压力传感器 G65

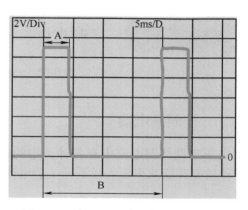

图 5-53　电子压力传感器的工作信号

如图 5-54 所示，压力传感器的微处理器在压力较低时输出的脉宽也较窄。脉宽信号产生的频率为 50Hz。当压力低至 0.14MPa 时，脉宽为 2.6ms，相当于脉冲周期的 13%。

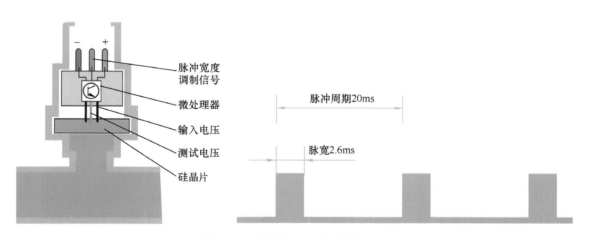

图 5-54　低压时压力传感器的信号

如图 5-55 所示，高压（压力增加）状态下，硅晶体进一步受压"变形"，于是阻抗的变化随之加大。试验电压成比例减小。脉宽增量与压力增量成正比。在 3.7MPa 高压下，脉宽为 18ms，占整个脉冲周期的 90%。

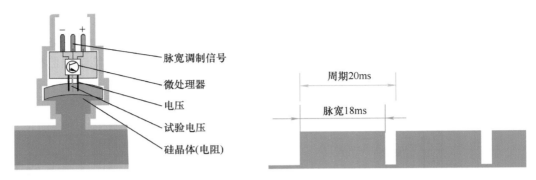

图 5-55　高压时压力传感器的信号

二、控制继电器

汽车空调控制电路中有各种类型的继电器，如图 5-56 所示。继电器的作用是便于控制各种功能并能减少流入控制开关的电流，延长开关使用寿命，一般继电器分常开和常闭两种。

常开型继电器一般用于电磁离合器控制、冷凝器风扇控制、怠速提升装置控制等。只要有控制电流流过，继电器线圈上产生的磁力将活动芯棒吸入，使触点接通，反之则断开，如图 5-57 所示。

图 5-56　常见汽车空调继电器

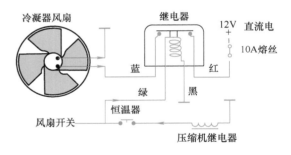

图 5-57　冷凝器风扇电路图

三、电磁离合器

电磁离合器在发动机运转时将动力从车辆发动机传递给压缩机。如图 5-58 所示，电磁离合器由带轴承的带轮、带轮的弹簧板和电磁线圈等部件组成。带轮的弹簧板以固定方式安装在压缩机驱动轴上。带轮以可转动方式支承在轴输出端处的压缩机壳体上。电磁线圈以固定方式与压缩机壳体连接。弹簧板与带轮之间形成了一个自由空间"A"。

当接通空调开关时，空调继电器接通，压缩机的电磁线圈通电，产生较强的磁场，使压缩机的电磁离合器从动盘和自由转动的带轮吸合，从而驱动压缩机主轴旋转，制冷系统工作。空调继电器断电时，切断了电磁离合器线圈的电流，磁场就消失，此时靠弹簧作用把从动盘和带轮分开，使压缩机停止工作。

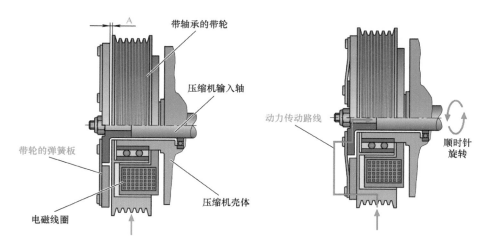

图 5-58　电磁离合器的结构

A—弹簧板与带轮之间的自由空间

四、温度控制装置

温度控制装置能为车厢提供并保持舒适的温度，并且很少需要甚至不需要人为地进行控制操作。当温度自动控制系统出现故障，压缩机的启停、加热器水流量的大小、鼓风机的转速、各模式风门（如内外空气转换风门、冷热转换风门、除霜转换风门等）的开度都将出现异常，影响汽车空调的正常工作。

1. 温度控制器的作用

为了充分发挥蒸发器的最大冷却能力，同时又不致造成蒸发器表面的冷凝水（即除湿水）结冰、结霜而堵塞蒸发器换热片之间的空气通道，蒸发器表面的温度应当控制在 $1 \sim 4℃$ 范围内。温控器的作用就是根据蒸发器表面温度的高低，接通和切断空调压缩机电磁离合器线圈电路，使蒸发器表面温度保持在规定的（一般为 $1 \sim 4℃$）范围内。

2. 波纹管式温度控制器

常用的温度控制器有波纹管式、双金属片式和热敏电阻式三种。波纹管式温度控制器又称为压力式温度控制器，如图 5-59 所示。在感温管内充有制冷剂饱和液体，一端与温度控制器内的波纹伸缩管相连通，另一端插入蒸发器吸热片内 $20 \sim 25cm$，如图 5-60 所示。

图 5-59　波纹管式温度控制器

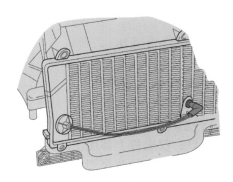

图 5-60　温度控制器的安装位置

蒸发器温度传感器测量蒸发器冷却叶片之间的温度。传感器的信号被送至空调控制单元。当蒸发器的温度过低时，压缩机便停止工作。当温度在 –1 ~ 0℃之间时，压缩机关闭；当达到 3℃时，压缩机开启。这样就可以避免蒸发器由于冷凝水冻结而发生结冰的情况。

第四节　汽车空调的通风和采暖系统

一、暖风的产生

热水取暖系统是发动机冷却系统的一部分，借助于发动机的水泵实现热水循环。热水取暖系统的热源通常采用发动机的冷却液，使冷却液流过一个加热器芯，再使用风机将冷空气吹过加热器芯加热空气，使车内的温度升高，如图 5-61 所示。该系统设备简单，安全经济，但热量小，受发动机运行工况影响，发动机停止运行时，没有暖风提供。

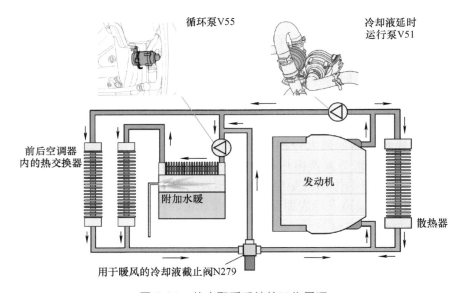

图 5-61　热水取暖系统的工作原理

二、空调的通风

1. 前部车室的通风

如图 5-62 所示，新鲜空气从车辆右侧的排水槽处进入空调器的入口。空气流经空调器后，通过空气通道（与仪表板的塑料壳体为一体）引向的出风口包括：指向风窗玻璃的除霜出风口；仪表板上部用于间接通风的出风口；仪表板中部指向左右乘员的出风口；位于仪表板左右外侧的两个侧出风口；左右前部的两个脚坑出风口。

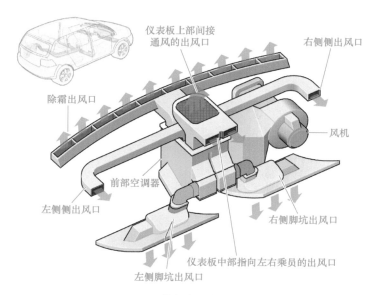

图 5-62　前部车室的通风调节

2. 后部乘员区的通风

如图 5-63 所示，后座区域的气流分布包括后部空调器、左右各一个分配器壳体和各种空气通道（至左右乘员的中部出风口、B 柱内的出风口和后部脚坑出风口）。温度传感器用于测量两个后部空气调节区的出风温度，这些传感器位于将空气引至左右分配器壳体以及左右中间出风口的通道内。

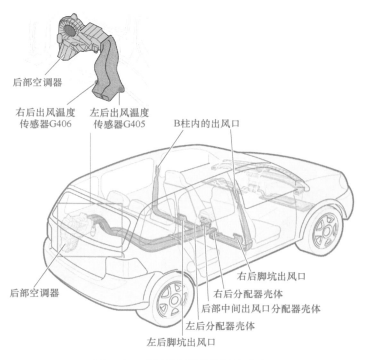

图 5-63　后部乘员区的气流分布

后部空调器（图 5-64）是两个后部座位空气调节的中心部件，位于行李舱内左侧侧饰板后。后部空调器吸入乘员区内的空气。其风机的送风功率为前部空调器风机功率的 2/3。

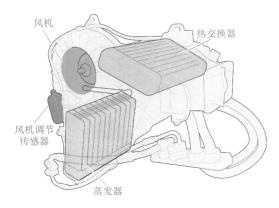

风机

热交换器

风机调节
传感器

蒸发器

图 5-64　后部空调器的结构

三、空气净化装置

汽车空调的空气净化包括两部分：车外空气的净化和车内循环空气的净化。车外空气受到环境的污染，如粉尘、公路上汽车排出的废气（含有的 CO_2、CO、NO_x、SO_x、HC 和烟雾），车室内循环空气受工作过程和人的活动的污染，如发动机的废气通过车底的缝隙进入车内及人体呼出的 CO_2 等，对人体健康都会造成不利的影响，使人精神疲倦，容易造成行车事故。

1. 微尘滤清器

如图 5-65～图 5-67 所示，自动恒温空调中的中的微尘滤清器安装在风机的压力侧。这能够降低新风和空气再循环模式中的空气污染物，还可减少蒸发器腐蚀和异味产生。

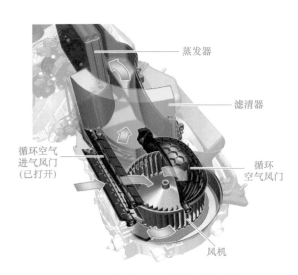

蒸发器

滤清器

循环空气
进气风门
（已打开）

循环
空气风门

风机

图 5-65　自动恒温空调的空气路线
（空气再循环模式）

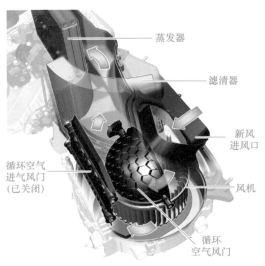

蒸发器

滤清器

新风
进风口

风机

循环空气
进气风门
（已关闭）

循环
空气风门

图 5-66　自动恒温空调的空气路线
（新风模式）

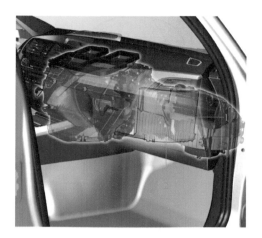

图 5-67　微尘滤清器的安装位置

1—微尘滤清器　2—滤清器盖罩

2. 带有活性炭的灰尘及花粉滤清器

某些车型的空调中组合安装了一个滤清器。该滤清器紧靠蒸发器前，这样即使启用了循环空气功能，风机也能使车内空气通过该滤清器过滤。该滤清器从下侧推入空调器内（图 5-68），进行检查和保养时即使空调器处于安装状态也能更换。

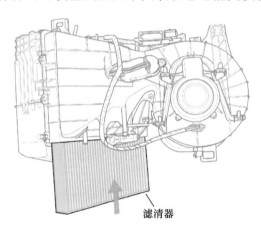

滤清器

图 5-68　带有活性炭的灰尘及花粉滤清器

四、空调四区域空气调节

四区域空气调节分布如图 5-69 所示，四区域空气调节的整个温度范围为 16～29.5℃。必须考虑针对每个座位单独进行空气调节的可行性，因为乘员区内的空气调节区并没有用实体彼此隔开。操作和显示单元上所设值与每个空气调节区空调相关部件之间在功能上的关系。

假定日光充足，温度约为 24℃。4 个空气调节区内分别坐有一人，且按自己的需要调节了温度和气流分布。

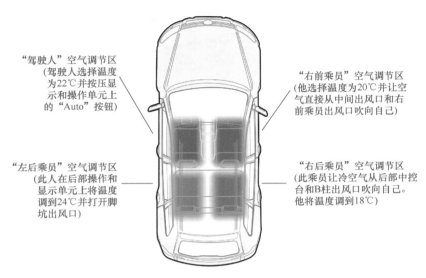

图 5-69　四区域空气调节分布

1."驾驶人"空气调节区

（1）操作　如图 5-70 所示，通过按压"AUTO"按钮，驾驶人为自己的空气调节区启用了自动空气调节功能。空调控制单元自己决定如何使所调温度保持在最舒适的 22℃（图 5-71）。选择气流分布和风机转速时也会顾及日光照射的影响。

（2）功能　如图 5-72 所示，空调控制单元通过伺服电动机打开右侧温度风门以挡住来自热交换器的部分热空气，即可将该空气调节区内的温度调到约 22℃。通过驾驶人侧中间出风口和侧出风口的风门以及脚坑出风口风门，经过调节的气流被引向驾驶人。哪些风门打开，开启角度多大，均由控制单元根据环境条件决定。

2."右前乘员"空气调节区

（1）操作　如图 5-73 所示，右前乘员将温度调到 20℃并提高风机转速。"右前乘员"的空气调节区如图 5-74 所示。通过按压中间的"气流分布"按钮取消以前的运行状态并指示控制单元打开乘员出风口风门。

（2）功能　如图 5-75 所示，为确保进行这项设置后提供足够的热气流，左侧温度风门将进一步关闭以挡住热空气。根据所调数值风机转速将提高。因为驾驶人和右前乘员侧由一个风机送风，所以控制单元必须再次调整驾驶人侧自动运行模式的设置，以便驾驶人侧的气流量不高于原设置值。

图 5-70　"驾驶人"空气调节区的操作

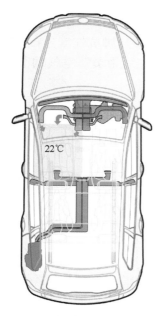

图 5-71 "驾驶人"空气调节区

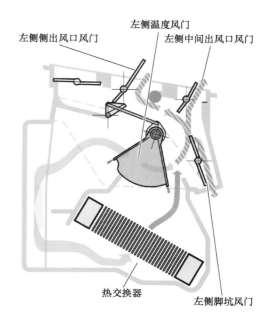

图 5-72 驾驶人侧相关风门的控制

图 5-73 "右前乘员"空气调节区的操作

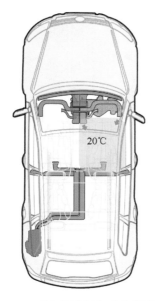

图 5-74 "右前乘员"空气调节区

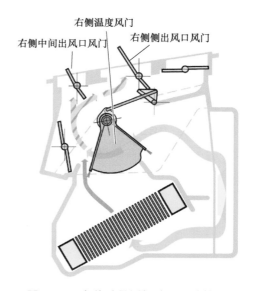

图 5-75 右前乘员侧相关风门的控制

3. "左后乘员"空气调节区

（1）操作 如图 5-76 所示，位于驾驶人后的该乘员按压脚坑气流分布按钮，并通过空调后部操作和显示单元的旋钮调到所需要的温度。"左后乘员"空气调节区如图 5-77 所示。

图 5-76 "左后乘员"空气调节区的操作

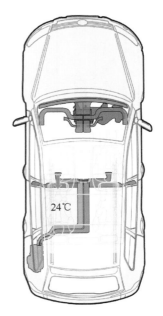

图 5-77 "左后乘员"空气调节区

（2）功能 如图 5-78 所示，与前部空调器一样，热空气与冷空气的混合比也是由空调控制单元通过一个温度风门来确定的。后部空调器将热气流引向左侧分配器壳体。控制单元通过操纵 B 柱和左侧脚坑的截止风门使热空气能从脚坑出风口吹出。

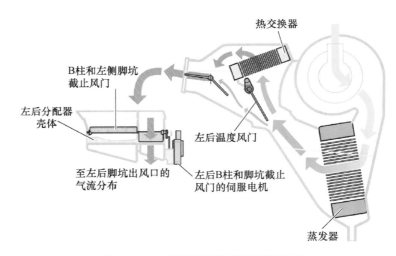

图 5-78 左后乘员侧相关风门的控制

第五节　自动空调控制系统

一、自动空调控制系统结构

自动空调系统也是由传感器、空调、执行元件三部分组成，奥迪自动空调系统控制原理如图 5-79 所示，奥迪自动空调系统控制图 5-80 所示。

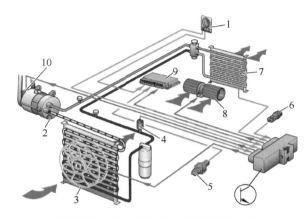

图 5-79　奥迪自动空调系统控制原理

1—空调开关　2—卸压阀　3—冷凝器风扇　4—空调三位压力开关　5—冷却液温度开关（5V）
6—散热器风扇双温开关　7—蒸发器温控开关　8—风机　9—发动机控制单元　10—电磁离合器

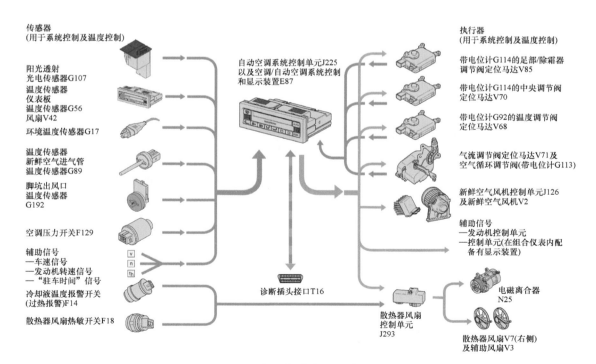

图 5-80　奥迪自动空调系统控制图

1.带有操纵和显示单元的控制单元

带有操纵和显示单元的控制单元如图 5-81 所示。这个操纵和显示单元是与相应的车辆相匹配的。另外在该控制单元上还装有一个温度传感器，该温度传感器用于测量车内的温度。控制单元接收来自电气和电子部件（传感器）的信息。控制单元按照内部已存储的规定值来处理这些信息。控制单元的输出信号就用来操纵电气执行元件工作。控制单元配备了一个故障存储器。如果某个部件出故障或者导线断路，很快就可以通过自诊断来确定原因。无论出现什么故障，该控制单元都能在应急工况维持已设定的工作模式。

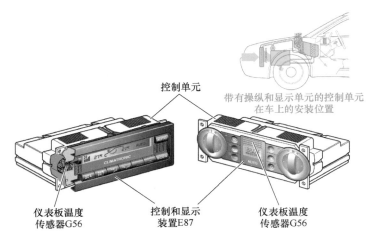

汽车自动空调自动控制的实现

手动空调控制面板的操作

图 5-81　带有操纵和显示单元的控制单元

2.暖风／空调上的执行元件和传感器

暖风／空调上的每个气流分配翻板都配备了一个伺服电动机。空气流量翻板和循环空气翻板共同使用一个伺服电动机来驱动。这两个翻板通过一个驱动带轮（有两个导轨）来实现分别调节。在别的系统中，也有通过真空力或电磁阀来调节循环空气翻板的。

如图 5-82 所示，新鲜空气风机和新鲜空气风机控制单元是单独的两个件，若有需要，可以合成一个件。

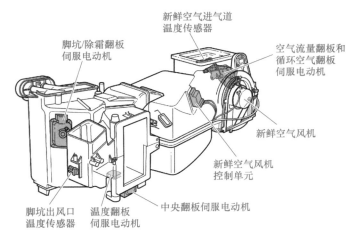

图 5-82　暖风／空调上的执行元件和传感器

二、主要的温度传感器

1. 车外温度传感器 G17

车外温度传感器 G17 位于车身前部，如图 5-83 所示。它用于判断实际的外部温度。控制单元按照这个温度信号来操纵温度翻板和新鲜空气风机工作。如果这个温度信号失效的话，会使用另一个温度传感器（新鲜空气进气道温度传感器）的测量值来取代。

如果新鲜空气进气道温度传感器也失效了，那么系统用 +10℃ 这个替代值继续工作。但这时循环空气模式就不能使用了。温度传感器具有自诊断功能。

2. 新鲜空气进气道温度传感器 G89

新鲜空气进气道温度传感器 G89 位于新鲜空气进气道中，如图 5-84 所示。该传感器实际就是外部实际温度的第二个测量点。控制单元按照这个温度信号来操纵温度翻板和新鲜空气风机工作。如果这个温度信号失效的话，会使用另一个温度传感器（车身前部的外部温度传感器）的信号。该温度传感器具有自诊断功能。控制单元总是使用车外温度传感器 G17 和新鲜空气进气道温度传感器 G89 这两个传感器获取的最低的那个值。

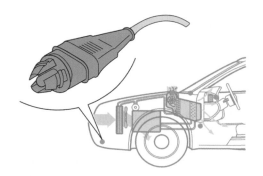

图 5-83　车外温度传感器 G17 的外形及其在车上的位置

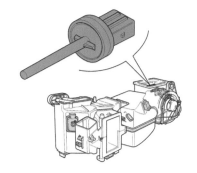

图 5-84　新鲜空气进气道温度传感器 G89 的外形及其安装位置

3. 仪表板温度传感器 G56（带有温度传感器风机 V42）

这个温度传感器一般都直接装在控制单元内，如图 5-85 所示。它将车内的实际温度值传给控制单元。气流中有一个风机，用于抽取车内空气。这个风机由操纵和显示单元来启动工作。它用于抽取车内空气，以避免测量错误。

仪表板温度传感器 G56 的测量值用于与规定值进行对比。温度翻板和新鲜空气风机按此来进行相应的工作。如果信号失效了，那么系统用 +24℃ 这个替代值，系统仍可继续工作。该温度传感器具有自诊断功能。

4. 脚坑出风口温度传感器 G192

脚坑出风口温度传感器 G192 测量的是从暖风 / 空调中出来的空气（进入车内的空气）温度，其外形及安装位置如图 5-86 所示。这个温度值是通过一个根据温度来变化的电阻获取的（其热敏电阻为正温度系数）。温度下降的话，这个电阻值就升高。控制单元对这个信号进行处理后，将其用于控制除霜 / 脚坑的空气分配以及控制新鲜空气风机的工作能力。如果信号失效了，控制单元采用 +80℃ 这个替代值。系统仍可继续工作。脚坑出风口温度传感器 G192 具有自诊断功能。

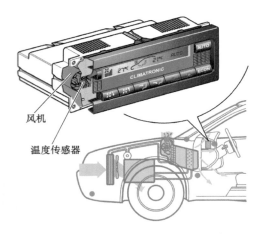

风机

温度传感器

图 5-85　仪表板温度传感器 G56 安装位置

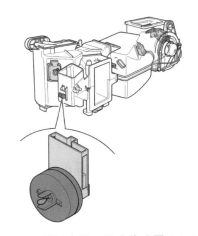

图 5-86　脚坑出风口温度传感器 G192 的外形及安装位置

5. 阳光照射强度光敏传感器 G107

空调的温度调节过程还受光敏传感器的影响。该传感器用于获取直接照在车内乘员身上的阳光强度信息，传感器的外形及结构如图 5-87 所示。

根据空调型号的不同，可能使用一个或两个这种传感器，分别监控车内左、右侧的情况。阳光穿过过滤器和光学元件到达光电二极管。过滤器的功能就像一个太阳镜，它用于防止紫外线损坏光学元件。光电二极管是采用对光敏感的半导体制成的。没有光作用时，二极管只能流过很小的电流；有光作用时，流过的电流就增大。光越强，流过的电流就越大。空调控制单元根据升高的电流就推断出现在阳光较强，于是就会调节车内的温度。温度翻板和新鲜空气风机会相应地工作。如果带有两个这种传感器，那么阳光较强的那一侧冷得要快一些。如果该信号失效，控制单元使用一个固定值来代替阳光强度。其电路原理如图 5-88 所示。

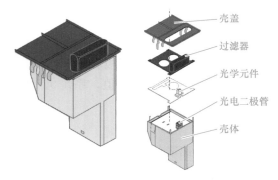

壳盖

过滤器

光学元件

光电二极管

壳体

图 5-87　阳光照射强度光敏传感器 G107 的外形及结构

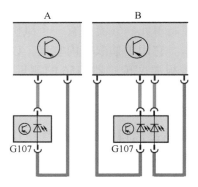

图 5-88　阳光照射强度光敏传感器 G107 的电路原理

一空调控制单元　G107—光敏传感器
A—传感器 1　B—传感器 2

6. 空气质量传感器 G238

空气质量传感器 G238 的外形如图 5-89 所示。空气质量传感器 G238 的电路原理如图 5-90 所示。其测量元件是一个采用半导体技术的混合氧化物传感器（氧化锡 SnO_2）。使用铂、钯作为催化添加剂来提高该传感器的灵敏度。该传感器的工作温度约为 350℃，功率消耗为 0.5W。

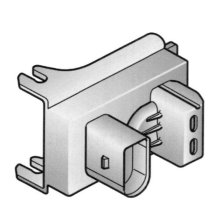

图 5-89　空气质量传感器 G238 的外形

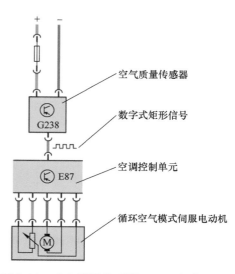

图 5-90　空气质量传感器 G238 电路原理图

传感器模块内集成的电子测量装置会对导电率变化做出反应。传感器的灵敏度很高。该系统是自学习式的。电子系统确定车外空气中有害物质的平均含量，然后通过数字式矩形信号将有害物质的种类和含量信息发送给空调控制单元。空调控制单元随后会在有害物质浓度达到顶点时，根据车外温度和空气污染程度关闭循环空气翻板。这样就可以保证在污染严重的地区，通风系统不会一直处于循环空气状态。

7. 用于温度调节的附加信号

在温度调节过程中，附加信号可提高舒适性并用于系统控制。这些附加信号来自车上的其他控制单元，并由空调控制单元进行处理。这些重要的附加信号包括停车时间、车速、发动机转速，如图 5-91 所示。

（1）停车时间　停车时间是指点火开关关闭到下一次起动发动机所经过的时间。这个信号用于调节温度翻板。发动机起动后，控制单元处理发动机关闭前所存储的车外温度值。测量值的变化（例如因辐射热）不影响调节。可以很快调节到舒适温度，而避免了温度过低的情况。

（2）车速　该信号是车速表传感器产生的，并在控制单元内进行转化，可用于操纵空气流量翻板。当车速较高时，新鲜空气出口的横截面就会变小，这样就使得进入车内的空气量基本保持不变。

（3）发动机转速　该信号将发动机的运转信息传给空调控制单元。这个信号用于系统控制（切断电磁离合器），例如在没有发动机转速信号时就关闭压缩机。

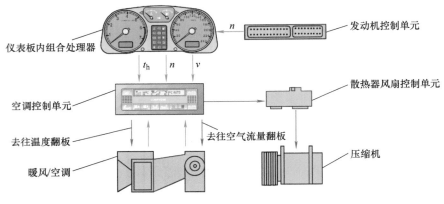

图 5-91　用于温度调节的附加信号

三、自动空调系统的执行器

1. 伺服电动机

对于手动空调来说，一些空气翻板如温度翻板、中央翻板、脚舱／除霜翻板等是由驾驶人通过拉索来单独调节的。

对于自动空调来说，这些调节过程是由伺服电动机来完成的，循环空气翻板也是由伺服电动机来调节的。这些伺服电动机布置在与相应翻板轴等高处，其安装位置及电路如图 5-92 所示。所有这些伺服电动机都接收来自空调控制单元的相应控制信号。每个伺服电动机都配有一个电位计。这个电位计通过一个反馈值来将翻板的位置告知空调控制单元。伺服电动机（执行元件）就将电气输出信号转化成一个机械量。

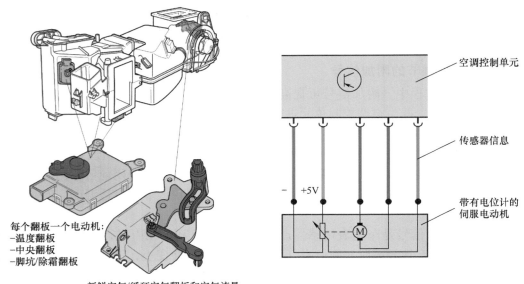

图 5-92　伺服电动机的安装位置及电路

2.奥迪空调系统的工作模式

（1）空调模式　在空调模式下，很暖的新鲜空气经蒸发器被送往各出风口。通往热交换器的通道关闭。奥迪空调系统气流的走向如图 5-93 所示。即使新鲜空气潮湿且很凉，也可以选择空调模式，此时暖风 / 空调上的空气分配如图 5-94 所示。空气流经蒸发器就会被除湿，玻璃上的雾气也被除掉。

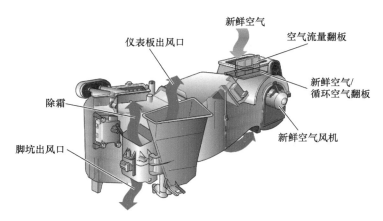

图 5-93　奥迪空调系统气流的走向

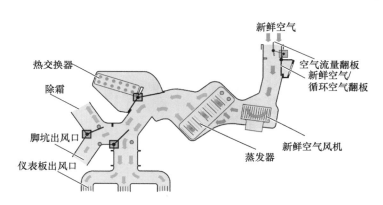

图 5-94　暖风 / 空调上的空气分配（空调模式）

（2）空调关闭且暖风接通模式　在空调关闭且暖风接通模式下，很凉的新鲜空气流经蒸发器，蒸发器不工作。新鲜空气完全流经热交换器并被加热，如图 5-95 所示。

（3）空调接通且暖风接通模式　在空调接通且暖风接通模式下，暖的新鲜空气流经蒸发器以便冷却下来。这个新鲜空气太凉了，因此一部分新鲜空气就被送经热交换器，以便达到出风口各自所需要的温度，如图 5-96 所示。

随着汽车电子技术的发展，出现了微机控制的全自动空调。这种空调系统利用各种传感器随时检测车内外温度、阳光强度等信号，并把传感器的信号送到空调系统的电子控制单元（ECU），电子控制单元按照预先编制的程序对传感器信号进行处理，并通过执行元件不断地对风机转速、出风温度、送风方式及压缩机工作状况等进行调节，从而使车内温度、空气流动状况等始终保持在驾驶人设定的水平上，不同温度时温度风门的位置如图 5-97 ～图 5-99 所示。

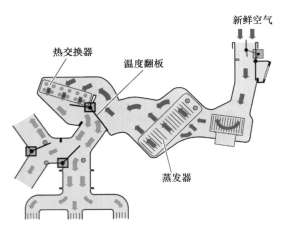

图 5-95　暖风 / 空调上的空气分配
（空调关闭，暖风接通模式）

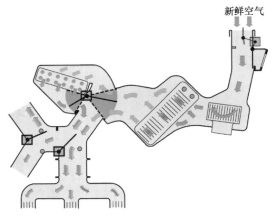

图 5-96　暖风 / 空调上的空气分配
（空调接通，暖风接通模式）

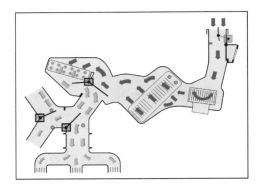

图 5-97　外部温度较低时温度风门的位置（空气全部流经加热器）

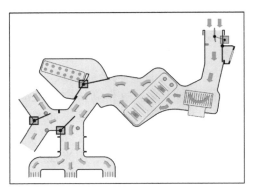

图 5-98　外部温度较高时温度风门的位置（空气不流经加热器）

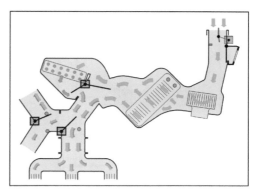

图 5-99 外部温度适中时温度风门的位置（部分空气流经加热器）

四、奥迪自动空调系统的空气分配

自动空调中空气分成两路，如图 5-100 所示。

空气分配是通过空调器空气侧的翻板来进行调节的。根据翻板的控制情况，气流被引向各个出风口。所有的翻板均由伺服电动机来操纵运动。翻板调节可按程序自动进行，也可在操纵和显示单元上通过手动来进行。

在某些车型中，车内左、右侧的温度是可以单独调整的（彼此是独立的），如图 5-101 所示。在空气分配器壳体中，气流分成冷、暖以及左、右气流。根据所需要的温度情况，温度翻板会为车内分配好冷、暖气流所占比例。温度翻板由车内左侧伺服电动机和车内右侧伺服电动机来操纵运动。以奥迪 A6 为例，其自动空调系统如图 5-102 所示。

图 5-100 奥迪自动空调系统空气道的分配

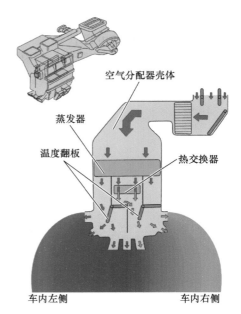

图 5-101 车内左、右侧的温度可以单独调整

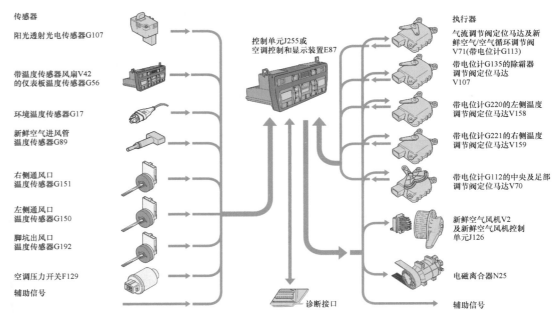

传感器

阳光透射光电传感器G107

带温度传感器风扇V42
的仪表板温度传感器G56

环境温度传感器G17

新鲜空气进风管
温度传感器G89

右侧通风口
温度传感器G151

左侧通风口
温度传感器G150

脚坑出风口
温度传感器G192

空调压力开关F129

辅助信号

控制单元J255或
空调控制和显示装置E87

诊断接口

执行器

气流调节阀定位马达及新
鲜空气/空气循环调节阀
V71(带电位计G113)

带电位计G135的除霜器
调节阀定位马达
V107

带电位计G220的左侧温度
调节阀定位马达V158

带电位计G221的右侧温度
调节阀定位马达V159

带电位计G112的中央及足部
调节阀定位马达V70

新鲜空气风机V2
及新鲜空气风机控制
单元J126

电磁离合器N25

辅助信号

图 5-102　奥迪 A6 的自动空调系统

五、循环空气模式

空调系统在进行空气准备时有两种空气状态可用：外部空气（新鲜空气）和内部空气（循环空气）。在循环空气模式时，用于给车内制冷的空气不是从车外抽取的，而是取自车内，也就是将车内的空气进行循环并调节温度。

利用循环空气模式可以快速将车内制冷。其过程就是反复制冷车内的空气，于是车内空气就变得越来越凉了。在车内制热时，会出现相反的结果，即车内空气越来越热。以循环空气模式和外部空气模式工作时，车内制冷／制热的平均温度值如图 5-103 所示。

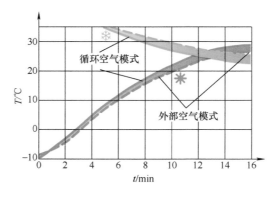

循环空气模式

外部空气模式

汽车自动
空调系统
取暖功能的
实现

图 5-103　以循环空气模式和外部空气模式工作时，车内制冷／制热的平均温度值

在制冷时，若采用循环空气模式，所需要的蒸发器功率或者驱动压缩机所需要的功率可降低一半以上。除了能快速制冷/制热外，还可利用循环空气模式来避免吸入车外空气中的有害物质（异味、花粉）。

在循环空气模式下，没有空气交换过程，所以空气可能会被"耗尽"。因此循环空气模式不可使用时间过长（应不超过15min）。在循环空气模式下，因车内乘员呼出气体，车内湿度会增大。如果车内空气的露点高于玻璃的温度，那么玻璃上就会不可避免地结成雾气。因此在除霜时，循环空气模式自动关闭，循环空气模式下的空气调节如图5-104所示。

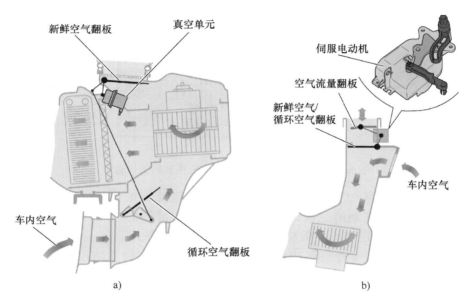

图5-104　循环空气模式下的空气调节

a）气动　b）电动

对于手动空调装置来说，驾驶人负责控制和操纵循环空气模式。驾驶人自己决定何时使用循环空气模式以及使用多长时间。按下循环空气模式按钮后，真空气动力就改变了翻板的位置。即使是自动空调装置，主要也是通过驾驶人手动选择循环空气模式。新鲜空气/循环空气翻板的位置是由伺服电动机来改变的，如图5-105所示。

这两种系统的共同之处：新鲜空气翻板关闭时循环空气翻板打开；新鲜空气翻板打开时循环空气翻板关闭。循环空气翻板伺服电动机还能同时控制空气流量翻板的位置。

图5-105　手动空调和自动空调循环空气模式按钮

六、自动控制式循环空气模式

对于手动操纵循环空气模式的空调装置来说，实际上只有当异味进入车内（也就是说车内的空气已经污染了）时，驾驶人才启用循环空气模式。

而对于自动操纵循环空气模式的空调装置来说，在识别出空气中存在有害物质（通过传感器）时，车上的通风系统就关闭了，这时异味尚未进入车内。自动空气循环功能可以通过手动来接通或者关闭，自动控制式的循环空气模式的工作过程如图 5-106 所示。

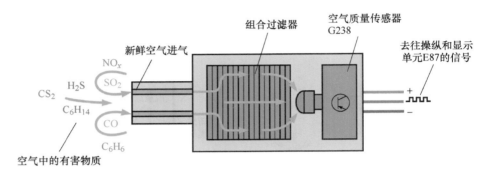

图 5-106　自动控制式的循环空气模式的工作过程

自动循环系统由空气质量传感器 G238 和组合过滤器组成。其中空气质量传感器 G238 是电子部件，装在新鲜空气进气口附近的组合过滤器前。组合过滤器取代了灰尘／花粉过滤器。该过滤器包含一个微粒过滤器（其中装有活性炭）。

气体传感器侦测到车外空气中的有害物质，如果有害物质浓度较高的话，空调控制单元就会根据这个信号将外部空气模式转换成循环空气模式。如果有害物质浓度降低了，车内将恢复成外部空气模式。手动接通或关闭自动循环功能的按键位置如图 5-107 所示。

传感器能侦测到尾气中主要的有害物质，汽油发动机尾气中有：一氧化碳（CO）、己烷（C_6H_{14}）、苯（C_6H_6）、庚烷（C_7H_{16}）；柴油发动机尾气中有：氮氧化物（NO_x）、二氧化硫（SO_2）、硫化氢（H_2S）、二硫化碳（CS_2）。

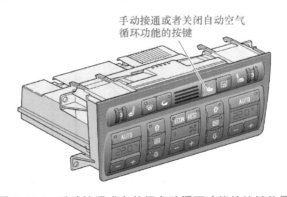

图 5-107　手动接通或者关闭自动循环功能的按键位置

第六节　空调系统部件检修

一、压缩机常见故障及就车诊断

1.压缩机常见故障

汽车空调系统的大多数运动件都在压缩机上，因此压缩机的检修量最大。一般压缩机常见的故障有卡住、泄漏、压缩机运转不良和异响四种。

（1）卡住　卡住是压缩机卡住时，其带轮不能转动。卡住的原因通常是润滑不良或者没有润滑。

（2）泄漏　泄漏也是压缩机常见的故障。压缩机泄漏有漏油和漏气两种情况，泄漏轻微时，只泄漏制冷剂，严重时，既泄漏制冷剂又泄漏冷冻机油。

（3）压缩机运转不良　压缩机出现运转不良，可用歧管压力表检测压缩机的吸气压力和排气压力，如果两者压力几乎相同，用手触摸压缩机，发现其温度异常的高，原因是压缩机缸垫窜气，从排气阀出来的高压气通过气缸垫的缺口窜回到吸气室，再次压缩，产生温度更高的蒸汽，这样来回循环，会把冷冻机油烧焦造成压缩机报废。

（4）异响　空调系统的异响主要来源于压缩机和蒸发器风扇。

2.压缩机的就车诊断

起动发动机，保持 1250～1500r/min，把歧管压力表接入制冷系统中，打开空调开关，风扇开到最大位置，触摸压缩机的进气口和排气口，正常情况应是进气口凉、排气口烫，二者之间的温差较大。如果两者温差小，再看歧管压力表，表上显示高、低压相差不大，则说明压缩机的工作不良，应拆下修理；如果压缩机较热，再看歧管压力表，表上显示低压侧压力太高，高压侧压力太低，则说明压缩机内部密封不良，应更换压缩机；如果制冷系统的高、低压都过低，则说明系统内部的制冷剂过少，应进行检漏，如果压缩机出现泄漏，则应更换或修理。压缩机正常运转时，发出清脆均匀的阀片跳动声，如果出现异响，判断异响的来源，进行修理。

二、冷凝器的检修及安装

1.冷凝器的检修方法

1）如仅仅是因为外表脏污而造成冷凝器的散热片被堵塞，则可用水直接清洗，或用压缩空气吹。但注意不要损伤冷凝器散热片，如发现散热片弯曲，可使用旋具或手钳加以矫正，不必拆卸冷凝器。

2）如果冷凝器散热风扇有问题，也不必拆卸冷凝器，可直接修理风扇。

3）如果是冷凝器泄漏，可在泄漏处焊补。

4）如果冷凝器导管脏堵，或导管外部折瘪，可将该处剖开修理，然后进行焊补或更换总成。

5）修理完毕装配时，注意出口和入口，切勿接错，并且要加入一定量的冷冻机油。

2.冷凝器的安装注意

冷凝器的安装顺序与拆卸顺序相反。

冷凝器安装在压缩机出口与储液干燥器入口之间。轿车的冷凝器一般装在发动机散热器前，利用发动机冷却风扇吸入的新鲜空气和汽车行驶时产生的通风进行冷却。冷凝器安装时应注意以下两点。

1）连接冷凝器管接头时，要区分哪里是进口，哪里是出口。进口位置应该处于上方，出口位置在下方。因为液态制冷剂会在重力作用下自然流到底部，从出口管流出而进入储液干燥器。反之，冷凝器内会积满制冷剂，这会使冷凝器的传热性能下降，同时会引起系统压力升高，从而导致冷凝器胀裂的严重故障。

2）在未安装管接头时，不要长时间打开连接管口的保护盖，以免潮气进入。

三、蒸发器的检修

1.蒸发器的检修内容

蒸发器的检修内容主要包括：蒸发器外表面是否有积垢、异物；蒸发器是否损坏；用检漏仪检查蒸发器是否有泄漏；观察排气管路是否洁净、畅通。

2.蒸发器的检修方法

1）检查蒸发器外表面是否有积垢、异物，若有，应使用软毛刷（或软布、棉纱）和清水清洗。注意不要用硬毛刷和高压水冲刷，不要弄弯吸热片。

2）检查蒸发器的内部盘管是否有泄漏现象。若有泄漏现象，应由专业修理人员对泄漏处进行焊补。

3）测试蒸发器内部压力，如图 5-108 所示，用专用接头分别将蒸发器的进、出口连接到高、低压组合表的截止阀上，并用压缩机向蒸发器加压，压力一般应为 1.5MPa 左右，停止加压后 24h 压力应无明显下降。也可用肥皂水涂在系统各处进行检漏。

图 5-108　测试蒸发器内部压力

四、节流管的检修

节流管的主要故障是堵塞，一旦发生堵塞，一般只能更换，同时还需要更换集液器。拆装节流管需要专门工具。在拆卸之前，首先应判断故障，并进行检测。

1）将歧管压力计与系统连接，发动机转速调至 1000 ～ 1200r/min，将空调控制器调至最冷（MAX）位置，让空调系统运行 10 ～ 15min。

2）查看低压表读数。若系统无其他问题且制冷剂量合适，而低压表读数偏低，则说明节流管可能堵塞。

3）将低压开关断路。

4）在节流管周围包上约 52℃ 的温湿布。

5）若低压表读数上升至正常值或接近正常值，则说明系统内有水汽，节流管正常，应更换集液器。

6）若低压表读数仍偏低，甚至出现真空，则说明节流管有脏堵，应更换节流管。

五、储液干燥器的维护与检修

1. 储液干燥器的安装和维护

（1）储液干燥器的安装　安装立式储液干燥器时，储液干燥器和立面的倾斜角度不得大于 15°，进口应和冷凝器出口相连通。储液干燥器进口处，通常打有标记，安装时一定要记住，制冷剂是从储液干燥器下部流入膨胀阀进口的，若接反，会导致制冷量不足。储液干燥器是接入系统的最后一个部件，应防止湿气进入系统和储液干燥器。

（2）储液干燥器的维护　储液干燥器内的干燥剂失效时，湿气会集聚在膨胀阀孔口，结成冰块，系统发生堵塞，必须更换。如出液口残破，液体管路内会发生不正常的气体发闪，应更换旧储液干燥器。排湿时，必须彻底抽真空，要选用可靠的真空泵。为了防止杂质在系统内循环，膨胀阀进口、压缩机进口和储液干燥器内部均装有滤网，要是滤网堵塞，必须更换储液干燥器。

2. 储液干燥器的检修

储液干燥器的常见故障是滤芯被脏物堵塞或吸水饱和，从而导致制冷剂流通不畅，造成制冷系统制冷不足或不制冷。

1）用手触摸储液干燥器进出管路，并观察视液镜。如果进口很烫，而且出气管接近大气温度，从视液镜中看不到或很少有制冷剂流过，或者制冷剂很浑浊，则可能是储液干燥器中的滤网堵塞或干燥剂散了并堵住了储液干燥器的出口。

2）检查易熔塞是否熔化，各头处是否有油污。

3）检测视液镜是否有裂纹，周围是否有油污。

电动汽车篇

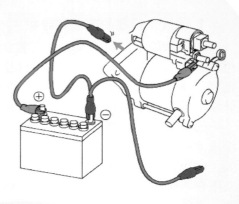

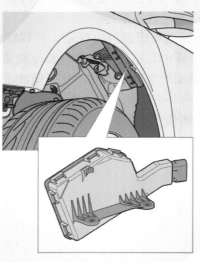

第六章

电动汽车总体结构

一、电动汽车的驱动形式

1. 电动汽车混合动力驱动技术

就目前来讲，电动汽车混合动力驱动技术是指将内燃机与电机组合在一起这种形式（图 6-1）。该技术可用作发电机从动能中回收电能（能量回收）、用作发动机来驱动车辆以及用作内燃机的起动机。根据基本结构情况，混合动力驱动分为完全混合动力驱动、中混合动力驱动和微混合动力驱动三种形式。

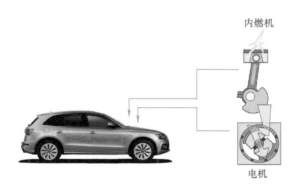

内燃机

电机

图 6-1　混合动力驱动技术的组合形式

（1）完全混合动力驱动　将一台大功率电机（E-Machine）与内燃机组合在一起，可以以纯电动方式来驱动车辆行驶。一旦条件许可，该电机会辅助内燃机来工作。车辆缓慢行驶时，是纯粹通过电动方式来提供动力的，可以实现起动 – 停止功能，还有能量回收功能，用以给动力蓄电池充电。内燃机和电机之间有一个离合器，通过它可以断开这两个系统。内燃机只在需要时才接通工作，完全混合动力驱动的工作示意如图 6-2 所示。

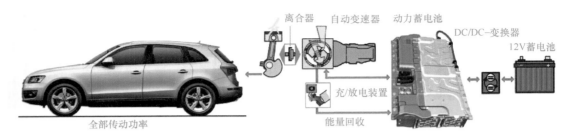

图 6-2　完全混合动力驱动的工作示意

（2）中混合动力驱动　中混合动力驱动在技术上和部件方面都与完全混合动力驱动一样，只是它不能以纯电动方式驱动车辆来行驶。它也有能量回收、起动－停止以及助力（Boost）功能。

（3）微混合动力驱动　使用这种驱动结构，电动部件（起动机／发电机）只是用来执行起动－停止功能。一部分动能在制动时又可作为电能使用（能量回收），其工作示意如图 6-3 所示。微混合动力驱动不能以纯电动方式驱动车辆行驶。12V 蓄电池的特性针对频繁起动发动机这个特点做了匹配。

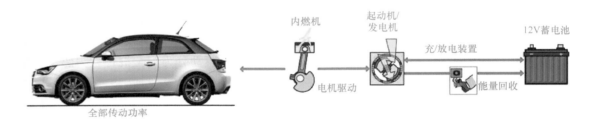

图 6-3　微混合动力驱动的工作示意

2. 完全混合动力驱动

完全混合动力驱动有并联式混合动力系统、分支式混合动力系统、串联式混合动力系统和分支式串联混合动力系统四种形式。

（1）并联式混合动力系统　并联式混合动力系统的特点是简单。要对现有车辆进行"混合动力改造"的话，就可使用这种结构。内燃机、电动机和变速器装在同一根轴上，其结构如图 6-4 所示。内燃机和电动机各自的功率加起来，就是总功率。这种机构设计可以充分利用原车上的件（就是很多件可直接拿来用）。对于四轮驱动车辆来说，并联式混合动力结构可以将动力分配到四个车轮上。

（2）分支式混合动力系统　分支式混合动力系统的内燃机和电动机都安装在前桥上，其结构如图 6-5 所示。内燃机和电动机所发出的动力经一个行星齿轮机构到达汽车变速器。但与并联式混合动力系统不同的是，该系统不能将内燃机和电动机各自的功率加起来传递到车轮上。所产生的功率，一部分用于驱动车辆，另一部分作为电能存储在动力蓄电池内。

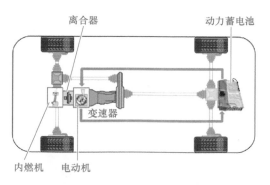

图 6-4　并联式混合动力系统的结构

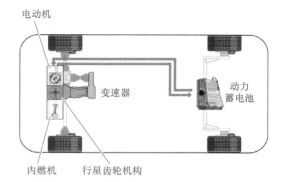

图 6-5　分支式混合动力系统的结构

（3）串联式混合动力系统　串联式混合动力系统中，车辆只通过电机来驱动，内燃机与驱动轴是没有机械连接的。内燃机带动一个发电机，该发电机在车辆行驶时为电动机供电或者给动力蓄电池充电，其结构如图 6-6 所示。

（4）分支式串联混合动力系统　分支式串联混合动力系统，就是把分支式混合动力系统和串联混合动力系统综合在一起。该系统有一个内燃机和两个电动机。内燃机和电动机 1 装在前桥上，电动机 2 装在后桥上。这种结构用于四轮驱动车。内燃机和电动机 1 可以通过行星齿轮机构来驱动车辆变速器。要注意的是：在该系统中，不能将内燃机和电动机各自的功率加起来传递到车轮上；后桥上的电动机 2 在需要时才会工作。因结构原因，动力蓄电池布置在前、后桥之间，分支式串联混合动力系统的结构如图 6-7 所示。

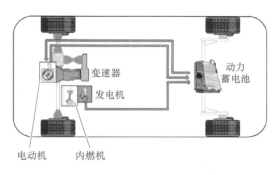

图 6-6　串联式混合动力系统的结构

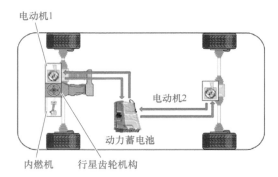

图 6-7　分支式串联混合动力系统的结构

二、电动汽车用电机

1. 电机原理

三相交流电机是一种电动机械式转换器，可以作为电动机或发电机使用。作为电动机使用时，可以通过三相交流电流产生旋转电磁场；作为发电机使用时，则可以产生三相交流电流。

图 6-8 中所示的 3 个相位在时轴上都有对应的时间点，因此可以确定各个位置上的 3 个交流电压相量和为零。

如图 6-9 所示，为了能够产生旋转磁场，需要三个针对其中心轴旋转 120° 的绕组。

通常这 3 个绕组被安装在三相交流电机的定子铁心上。通过这 3 个绕组提供相位差为 120° 的交流电压。绕组以星形联结电路或三角形联结电路连接。根据需要可以选择使用这两种电路之一。

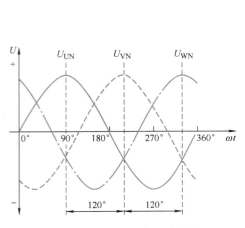

图 6-8　三相交流电压的曲线

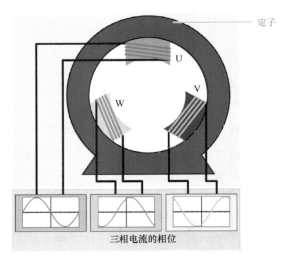

图 6-9　定子的结构

如图 6-10 所示，在星形联结电路中，U2、V2 和 W2 三个末端联结在一起，形成中性点。每相绕组的起始点 U1、V1 和 W1 与星形联结电路的外部导体连接。在三角形联结电路中，每相绕组的始端都与另一相绕组的末端相连。外部导体 L1、L2 和 L3 从连接部位与用电器相连。通过三相绕组的相互连接，在布线时 3 个相位 L1、L2 和 L3 仅需 3 根导线。第二种类型的三相交流电机与采用了三支路三相电流绕组定子基本相同的结构。只是定子结构稍有不同。可通过定子结构来区分同步和异步电机。

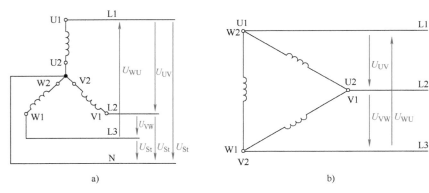

a)　　　　　　　　　　　　　b)

图 6-10　三相绕组的星形联结和三角形联结电路及电压

a）星形联结　b）三角形联结

2. 同步电机

（1）同步电机的结构　同步电机的结构如图 6-11 所示，三相电流同步电机是一种电动机械式转换器，可作为由三相电流驱动的电动机或产生三相电流的发电机使用。在发电站中，同步电机主要作为可以产生电能的发电机使用。在车辆中同步电机也可作为发电机为用电器提供电能和为蓄电池充电。如今在中等功率范围内很少使用同步电机，但是这一现象即将改变，因为将会在混合动力车辆上大量使用同步电机。

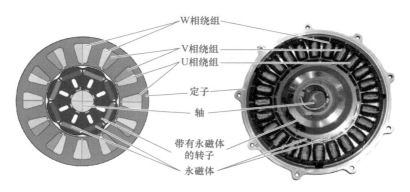

图 6-11　同步电机的结构

　　如图 6-12 所示，通过永磁体（小型电机）或电磁铁（大型电机）在同步电机的转子中产生磁场。第二种情况需要安装滑动触点，相对较小的电流只有通过该触点才能流入。与有刷直流电机不同，同步电机无需换向器。如图 6-13 所示，汽车上的交流发电机属于同步电机。

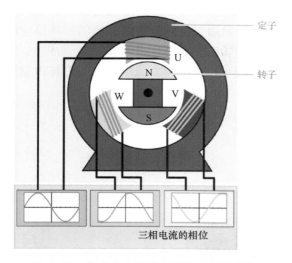

图 6-12　带有永久磁铁的同步电机的结构

图 6-13　汽车上的交流发电机属于同步电机

　　同步电机通常采用内转子电机的设计。此外还有另外一种类型的电机，其定子绕组安装在电机内部，而带有永磁体的转子则安装在电机外部。这种设计被称为外转子电机。

　　（2）同步电机的工作原理　永磁同步电机的工作范围如图 6-14 所示，如果在定子的绕组上施加三相对称电流，就会产生相应的旋转磁场。转子的磁极随着该旋转磁场的方向进行相应的转动。转子转动的速度与旋转磁场相同。该转速也被称为同步转速。同步电机也因此得名。通过三相对称电流的频率和极数精确地规定了同步电机的转速。

　　为了能够对同步电机的转速进行无级调节，必须使用变频电源。通过机械装置或利用变频器使同步电机在额定转速下运行并使其保持同步。

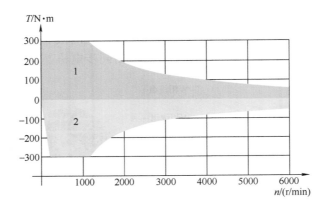

图 6-14　永磁同步电机的工作范围

1—作为电动机时的工作范围　2—作为发电机时的工作范围

同步电机在混合动力车辆中已广泛使用。因为借助永磁体转子不必使用其他外部能量就可以产生磁场。因此这种电机具有非常高的功率密度和效率（>90%）。

永磁同步电机还具有其他优点：惯量较小、维修费用低廉、转速不受负荷影响。

同步电机的缺点是：磁铁材料的采购成本较高、调节成本较高、无法自动运行。

3. 异步电机

常用小型笼型异步电机的结构如图 6-15 所示，这种电机可以作为电动机或发电机使用。异步电机的特点是不用为转子直接提供电流，而是通过与定子旋转磁场的磁场感应产生转子电流和磁场。因为转子使用了切割定子旋转磁场产生的感应电流，所以通常异步电机也被称为感应式电机。转子通常采用带有两端短路导体棒的笼型绕组，由此也称为笼型异步电机。

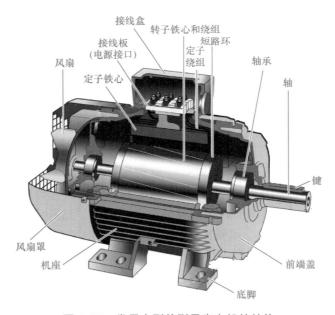

图 6-15　常用小型笼型异步电机的结构

三、整流器和逆变器

1. 分类

整流器根据其功能可以分为直流整流器、逆变器和变流器。

整流器和电流调节器符号如图 6-16 所示，通过整流器可以将交流电压转换为直流电压。相反，将直流电压转换为交流电压，需要使用逆变器。通过直流电流调节器可以将直流电压转换成较高或较低的直流电压，直流电流调节器也被称为 DC/DC 变换器。使用交流电流调节器可以将交流电压转换为另一种较高（振幅）的交流电压。如需改变交流电压的频率，则必须使用变频器。在混合动力车辆中，供电电子装置需要在直流电压和交流电压之间进行双向转换。此外，借助供电电子装置可以对电机的工作点进行灵活调节。

2. 整流器

整流器的电路符号如图 6-17 所示。使用整流器可以将交流电压转换为直流电压。整流器由多个互联起来的二极管组成。二极管控制交流电压的各个半波进入一个共同的方向，这样就会产生间歇式的直流电压。为了获得纯直流电压，必须使用电容或电抗器对整流器输出的电压进行平滑处理。可以通过无需控制的半导体二极或利用可控晶闸管实现整流。可控整流器需要固定的控制电压，通过该电压在特定的时间打开和关闭电子开关以起到整流作用。可控整流器通过电子开关如晶闸管和金属氧化物半导体场效应晶体管实现其功能。不可控整流器在进行交流电整流时没有附加的控制电子装置。

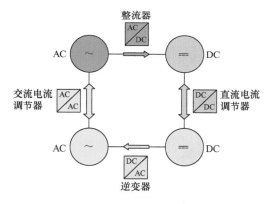

图 6-16 整流器和电流调节器符号

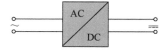

图 6-17 整流器的电路符号

3. 带有二极管的整流器电路

如图 6-18 所示，单通道整流器只能对交流电压的半波进行整流。而另外半波则无法通过。这种电路的缺点是波纹大、效率低。为了能够使用这种经过整流的电压，必须进行平滑处理。波纹具有与输入电压相同的频率。

图 6-18 单通道整流器

如图 6-19 所示，可以通过双通道整流器（包括桥式整流器和格列茨电路）来避免单通道整流器的缺点。电路由 4 只二极管组成。左侧施加的交流电压将被转换为 4 个（右侧所显示的）脉动直流电压。

因为经过双通道整流，所以交流电压的负半波振幅在直流电路中的用电器 R 上则呈现为正振幅。波纹的频率是输入电压频率的 2 倍，因此可降低用于电压平滑处理的费用。该电路的效率也得到了显著改善。

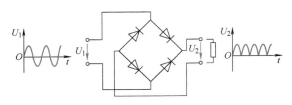

图 6-19 双通道整流器

4. 用于三相电流的整流器

如图 6-20 所示，通过六线圈桥式电路也可以对三相电流进行整流。通过所采用的 6 只二极管可以充分使用三相导线上的所有半波。经过整流的直流电流仅具有较小的波纹。这种电路可以在例如车辆发电机电压的整流中使用。

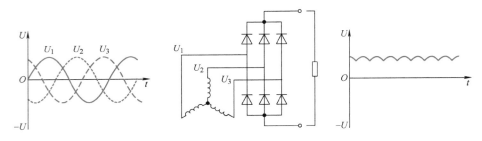

图 6-20 三相电流全波整流器

5. 可控整流器

如图 6-21 所示，可控整流器除了整流还可以进行功率调节。例如可在直流电机转速控制范围内使用。带有晶闸管的可控整流器可作为调节阀阻止电流进行双向流动，直至调节阀的控制电极上出现触发脉冲。在图 6-21 中以蓝色矩形表示晶闸管的触发脉冲。控制

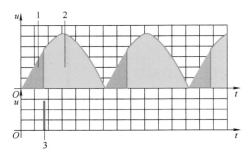

图 6-21 通过晶闸管接通时间点的推移对可控整流器进行功率调节

1—输入电压整流未使用部分 2—输入电压整流所使用部分 3—用于晶闸管的触发脉冲

脉冲熄灭后产生电流（以红色显示）。只有电流下降到某一限值时，晶闸管再次对其进行阻止且必须在下一个半波振幅中对其进行重新触发。

6.逆变器

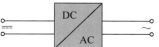

可以将直流电压转换为交流电压的装置被称为逆变器，其电路符号如图6-22所示。逆变器采用的设计不仅可以用于单相交流电流，也可以用于三相交流电流（三相电流）。其效

图6-22　逆变器的电路符号

率最高可以达到98%左右。为了进行驱动用电器需要使用交流电压，但是仅有一个直流电源可供使用，此时就需要使用逆变器。例如，在混合动力车辆中电能存储在动力蓄电池内，为了进行电机驱动就需要使用三相电流。

其他应用情况还包括例如光电学设备。将直流电压电源的功率输送至交流或三相电流供电系统。

四、直流电流调节器和交流电流调节器

1.直流电流调节器

可以通过二极管电路将恒定的输入电压转换为其他数值电压的整流器被称为直流电流调节器，也称DC/DC变换器，其电路符号如图6-23所示。特别是在电动动力总成技术中采用了直流电流调节器。基本类型包括降压变压器、增压变压器和换流器。采用已广泛使用的功率MOSFET和晶闸管作为开关。因为无须对直流电压进行变压，所以DC/DC变换器可以像电子开关模式电源件一样首先将直流电压转换为交流电压。随后通过变压器将其转换为所需的较高电压，再在整流器内将该电压转换成直流电压并使用网状过滤器进行平滑处理。受工作原理所限，电流在直流电流调节器处只能单向流动。为了使动力蓄电池的电压降低至12V，必须在部分和全混合动力车辆中使用DC/DC变换器。

电动汽车
DC/DC变
换器

为了能够使用辅助启动导线或充电器对动力蓄电池充电，DC/DC变换器须能够双向使用。即可以进行双方向的直流电压转换。

2.交流电流调节器

交流电流调节器的电路符号如图6-24所示，也可以通过使用变压器实现交流电压的转换，但是变压器不属于供电电子装置的部件。也就是说，交流电流调节器可以起到类似变压器的作用，但它不是由带有铁心的线圈制成，而是由供电电子装置的部件所构成的电路。

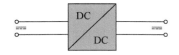

图6-23　直流电流调节器的电路符号

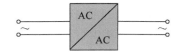

图6-24　交流电流调节器的电路符号

五、变频器

变频器可以将带有恒定电压振幅和频率的交流电源转换为另一带有可变电压振幅和频率的交流电源，其基本结构如图 6-25 所示。

变频器可以将供电电源的恒定电压和频率的交流电转换为直流电。通过该直流电可为三相交流电机产生一个新的具有可变电压和频率的三相交流电源。

电压和频率振幅转换时，通过供电部件中的快速换档会产生能够通过电源或电磁场进行传输的电流。该电流可能会造成测量、控制和调节装置以及数据处理装置等出现故障。因此所有电子设备，特别是变频器，必须满足电磁兼容性（EMV）的相关规定。

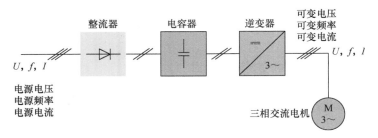

图 6-25 变频器的基本结构

六、电动汽车整车维护

图 6-26 所示为电动汽车的外观检查，包括车漆破损及车灯功能是否正常，以及刮水器等部件的老化程度。外观检查后，要检查车辆液面（图 6-27），但由于电动汽车结构的特殊性，只需检查制动液、玻璃水和防冻液。

图 6-26 电动汽车的外观检查

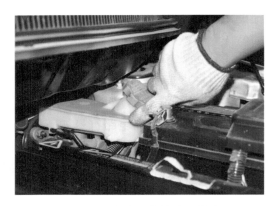

图 6-27 电动汽车的液面检查

电动汽车使用过程中，为保证汽车正常行驶，必须对汽车进行日常维护。日常维护是发挥汽车效率、减少行车事故、节约维修费用、降低能耗以及延长汽车使用寿命的重要环节，是每个驾驶人在开车前及行车中必须做到的，主要内容如下。

① 检查转向、制动、悬架、传动等主要部件的紧固情况。

② 检查真空管道有无漏气现象。

③ 检查驱动桥主减速器、转向机构和真空泵等有无渗漏油现象。

④ 检查轮胎气压是否合乎标准，剔除嵌入轮胎花纹的渣石、铁钉等杂物。

⑤ 按润滑表规定，按时按量对各润滑点进行润滑。

除日常维护外，车辆行驶一段距离后还应进行周期性的维护与保养，以保持车辆良好的运行状态。例如，每行驶 1000km 后，除完成每日保养内容外，还需检查蓄电池是否合格；电气系统各部件绝缘阻值是否符合规定要求。

每行驶 3000km 后，应紧固全车的各紧固件，特别注意检查并紧固好转向拉杆，前、后桥悬架，驱动电动机、传动轴、制动等系统的紧固件；轮胎换位；检查真空泵与助力转向系统。

每行驶 6000km 后，应清洗、润滑各车轮轮毂轴承，并调整松紧度；检查调整前束值；检查调整各制动蹄片的间隙。

每行驶 12000km 后，应查真空泵工作情况；检查转向系统工作情况；检查驱动电动机等电器部分，同时检查电线的紧固情况和各部位的绝缘情况。

如果电动汽车长期停用，需要经常清洗尘土，检查电动汽车外部并进行防锈和除锈处理；停驶 1 个月以上时，应将电动汽车架起，解除前、后悬架和轮胎的负荷；每月对蓄电池进行 1 次补充充电；每月检查 1 次电气仪表、制动、转向等机构的动作情况，检查各个轮胎气压，发现不足时应充气。对发动机舱进行清理（图 6-28），因为电动汽车的特殊性，发动机舱绝对不能用水清理。

图 6-28　电动汽车发动机舱的清理

第二节　电动汽车控制单元

一、供电

1. 12V 车载供电网

奥迪 e-tron 装备有 12V 蓄电池以及 12V 车载供电网所需要的导线，导线分布及 12V 蓄电池安装位置如图 6-29 所示。所有控制单元都是依靠 12V 供电网工作的。即使是在动力蓄电池充满电时，也要依靠 12V 供电网。如果 12V 供电系统不能正常工作，那么通过中央门锁就无法给车辆解锁，点火开关也无法接通，车辆无法行驶，各个控制单元之间也无法进行通讯。

图 6-29　供电网导线分布及 12V 蓄电池安装位置

　　在车辆行驶中，12V 蓄电池由动力蓄电池通过 DC/DC 变换器来充电。这个 12V 蓄电池是铅酸蓄电池，安装在前部流水槽内（图 6-29），它是 AGM 蓄电池，容量为 68A·h。

　　注意：仅允许专业人员用于为 12V 蓄电池充电；不允许为其他车辆提供跨接起动；不允许为本车提供跨接起动。

2. 供电结构

　　图 6-30 所示为奥迪 e-tron 上的 12V 供电结构。熔丝和继电器支架的安装位置在左置转向盘车和右置转向盘车上是相同的。

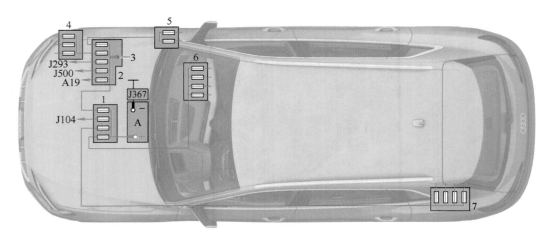

图 6-30　12V 供电结构

1—主熔丝支架 1，在 12V 蓄电池上　2—主熔丝支架 2，在发动机舱内右侧　3—12V 充电销子（正极），在主熔丝支架 2 内
4—熔丝和继电器支架，在发动机舱内右侧　5—熔丝和继电器支架，在右侧 A 柱下部
6—熔丝和继电器支架，在右前乘员脚坑内　7—熔丝和继电器支架，在行李舱内左侧
A—蓄电池　A19—DC/DC 变换器　J104—ABS 控制单元　J293—散热器风扇控制单元
J367—蓄电池监控控制单元　J500—转向助力控制单元

　　12V 充电接头只能用于在服务站给 12V 蓄电池充电或者缓冲。这个接头绝对不能用于给别的车辆进行跨接起动或者接受别的车辆给本车进行跨接起动。由于 12V 蓄电池是由动力蓄电池支持的（即使在车辆停车时也是这样），因此，12V 蓄电池没电也就意味着动力蓄电池快没电了（大约还剩 10% 剩余电量）。奥迪 e-tron 的 12V 供电网具体结构如图 6-31 所示。

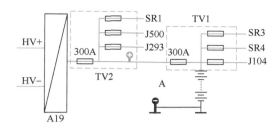

图 6-31   12V 供电网具体结构

二、数据总线诊断接口

如图 6-32 所示，数据总线诊断接口 J533（网关）控制单元安装在左侧座椅下。该控制单元用车辆诊断仪经诊断地址码 0019 来进行诊断。该网关管理诊断防火墙，不使用模块化信息娱乐（MIB）CAN 总线和 MOST 总线，是 J367 蓄电池监控控制单元、J453 多功能转向盘控制单元以及 J1158 转向盘触摸识别控制单元等的 LIN 主控制器。

三、供电控制单元

供电控制单元 J519 是车辆的主要控制单元之一，其安装位置如图 6-33 所示。J519 的任务是读取众多传感器信息并激活执行元件、外部照明设备以及刮水器等。供电控制单元内还集成有很多其他功能，比如驻车转向辅助或者座椅加热。供电控制单元 J519 也负责激活空调装置。可通过地址码 0009 来访问 J519。空调部件的诊断也是用该功能来进行。

图 6-32   数据总线诊断接口 J533（网关）
控制单元安装位置

图 6-33   供电控制单元 J519 安装位置

四、舒适电子系统

如图 6-34 所示，奥迪 e-tron 上装备有舒适 CAN 总线和舒适 CAN 总线 2。新增加的就是选装的虚拟外视镜，该装置可以把摄像头的图像显示在相应车门装饰板上的显示器上。

图 6-34　舒适电子系统相关控制单元位置

J605—行李舱盖控制单元　J245—滑动天窗控制单元　J393—舒适系统中央控制单元
J1030—数字式车外后视镜控制单元　J1169—近场通讯控制单元　J898—行李舱盖开启控制单元

五、舒适系统中央控制单元

如图 6-35 所示，舒适系统中央控制单元 J393 安装在车辆行驶方向左侧、行李舱内左侧侧面装饰板的后面。在奥迪 e-tron 上，舒适系统中央控制单元 J393 使用一个支架以立式装在车上。

舒适系统中央控制单元J393

图 6-35　舒适系统中央控制单元 J393 的安装位置

舒适系统中央控制单元 J393 有中央门锁主控制器，防盗器主控制器等主控制器功能。J1169 近场通讯控制单元和 J1170 近场通讯控制单元 2 两个近场通讯控制单元连接在 J393 上。

六、虚拟外视镜

1. 虚拟外视镜功能

奥迪 e-tron 上可以选装虚拟外视镜，其结构如图 6-36 所示。这种后视镜与标配的车外后视镜相比明显狭长一些，这种新外形可以降低风阻（改善风阻系数），也就降低了风噪（改善了空气动力学性能）。每个扁平托架上个集成有一个小摄像头，其图像会显示在仪表板和车门之间过渡区的 OLED 显示屏上（图 6-37）。

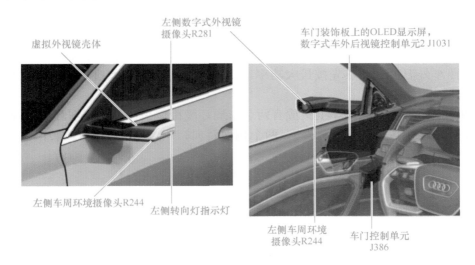

图 6-36　虚拟外视镜结构

图 6-37　虚拟外视镜显示效果

虚拟外视镜是无法单独接通或者关闭的。如果车辆已开锁，那么两个数字式外视镜控制单元 J1030 和 J1031 就启动。如果接下来打开了驾驶人车门或者副驾驶人车门，那么摄像头图像会在显示屏上显示一定的时间。在接通点火开关后，摄像头图像会一直显示；在关闭点火开关后，摄像头图像还会显示约 2min。一旦车辆上锁，该系统停止工作。

这种虚拟外视镜可适应各种行驶状况。在显示屏中可以显示激活了的转向灯、变道警报和离车警报。通过菜单可以进行其他设置，比如两个显示屏的亮度。根据用户需要可进行各种视界设置：

1）路缘视界。显示的视界向下扩展，图像变大。

2）十字路口视界。在转弯时减小转弯一侧的死角。

3）高速公路视界。通过摄像头变焦来改善在高速公路上行驶时的视界。

2. 虚拟外视镜的电气连接

如图 6-38 所示，虚拟外视镜是连接在舒适 CAN 总线 2 上的。虚拟外视镜的两个控制单元与车门装饰板上的显示屏构成一个单元。

虚拟外视镜的电气装备还包括两个摄像头 R282 和 R281。与传统的外视镜加热器不同的是，这两个加热器是自动激活并开始工作的。具体取决于车外温度、刮水器是否工作、后风窗加热是否接通或者是否识别出有污物。加热策略与传统外视镜加热是相同的，比如：按照车外温度，加热先按最大功率（100%）来工作，在经过了规定时间后，加热功率会下降。

在两个虚拟外视镜的壳体上集成有两个车周环境摄像头：左侧车周环境摄像头 R244 和右侧车周环境摄像头 R245。另外，两个侧面转向指示灯（左侧／右侧转向指示灯灯泡 M18/M19）集成在外视镜壳体上。

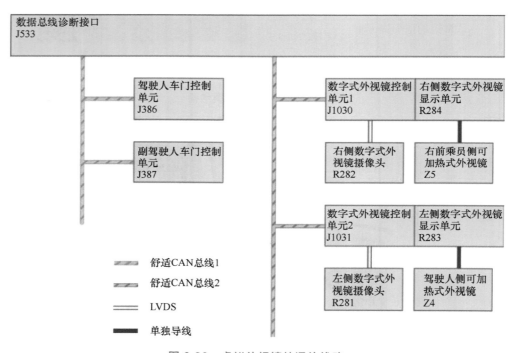

图 6-38　虚拟外视镜的通信线路

七、组合仪表内控制单元

奥迪 e-tron 上标配的是虚拟驾驶舱，是一种 12.3 英寸全数字式组合仪表（图 6-39），可按需要灵活地显示相应的信息。在这种组合仪表上，是通过不同的选项卡来管理信息的。选项卡的内容显示在中央区域。功率表（图 6-40）取代了转速表。驾驶人通过功率表来获知驱动系统的负荷情况。功率表的指针表示当前的负荷情况，彩色的边缘表示驱动系统当前有多大能力可供使用。根据所选的行驶程序以及当前电功率的可用能力，这个颜色边缘会有变化。

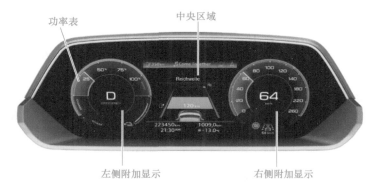

功率表
中央区域
左侧附加显示
右侧附加显示

图 6-39 全数字式组合仪表

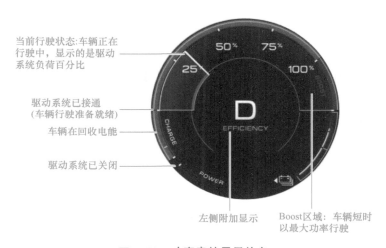

当前行驶状态:车辆正在行驶中，显示的是驱动系统负荷百分比

驱动系统已接通(车辆行驶准备就绪)

车辆在回收电能

驱动系统已关闭

左侧附加显示

Boost区域：车辆短时以最大功率行驶

图 6-40 功率表的显示信息

八、发动机控制单元

如图 6-41 所示，发动机控制单元 J623 安装在左侧 A 柱上，它连接在 FlexRay 总线。加速踏板模块 GX2 连接在发动机控制单元上，驻车锁执行器 V682 是通过子 CAN 总线连接的。发动机控制单元经组合仪表 CAN 总线从控制单元 J587 来获取挂入的行驶档信息。

发动机控制单元J623

图 6-41 发动机控制单元 J623 安装位置

蓄电池调节控制单元 J840 经混合动力 CAN 总线将动力蓄电池充电状态和电流限制信息发送给发动机控制单元。发动机控制单元 J623 根据这些信息和加速踏板模块 GX2 的位置，通过 FlexRay 总线把电驱动和能量回收的转速和转矩规定值发送给前桥及后桥交流驱动装置。

如果驾驶人踏下制动踏板，那么发动机控制单元会经 FlexRay 总线从控制单元 J104 接收到这个制动意愿信息。根据能量回收设置情况，制动功率会在交流驱动装置和脚制动器之间进行分配。

车速若下降，那么能量回收功率也就下降。不用制动踏板就无法将车辆制动至停住。在功率表的 Charge 刻度区会显示能量回收情况。驾驶人可以通过转向盘上的点动开关来设置能量回收功率。

九、外部照明

1. 前照灯

奥迪 e-tron 上的前照灯就是矩阵式 LED 前照灯（图 6-42），也称为智能型矩阵式前照灯，因为近光灯的 LED 和矩阵光束远光灯 LED 是安装在同一个反射单元内的。每个前照灯的单排矩阵式远光灯由 8 个 LED 构成。

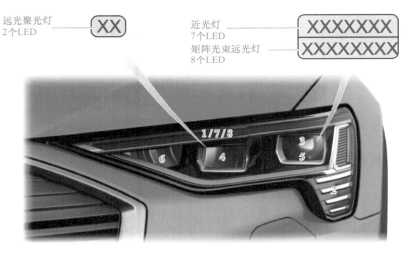

图 6-42　前照灯结构

1—日间行车灯　2—标识灯　3—近光灯　4、5—远光灯　6—全天候灯　7—静态转向灯　8—驻车灯

根据具体的交通状况，各个 LED 是可以单独关闭的，以避免给对向来车和前行车辆造成炫目。每个前照灯的远光聚光灯由 2 个 LED 构成，用于支持远光灯。这个远光聚光灯也用作矩阵段，可根据交通情况接通或者关闭。

2. 尾灯

如图 6-43 所示，奥迪 e-tron 上的尾灯分为三部分，左、右侧围板上各有一个尾灯和一个延展到行李舱盖整个宽度上的灯单元。尾灯是通过舒适系统中央控制单元 J393 来触发的。

图 6-43 尾灯的名称

后雾灯功能在保险杠上，只在单侧有，且总是在车道靠内的一侧。在左置转向盘车上，后雾灯在保险杠外皮左侧，右侧的是一个反光器；在右置转向盘车上情况与此相反。高位制动灯安装在后扰流板上，LED 是无法单独更换的。尾灯、转向灯和制动灯这些灯功能分布在尾灯的三部分上。倒车灯两侧都有，安装在行李舱盖上的尾灯内。

十、外部声响

与内燃机车辆相比，电动汽车在低速行驶时所产生的噪声是非常小的。一些国家要求要有外部声响，以便让人容易感觉到车辆。车辆需要安装电机声响生成控制单元 J943 以及电机声响生成执行器 1 R257（图 6-44）。

图 6-44 电机声响生成的控制单元及执行器

电机声响生成控制单元 J943 负责激活电机声响生成执行器 1 R257。该控制单元连接在扩展 CAN 总线上，它会分析车速和负荷力矩等信息以便生成声响。在电动行驶中，这个执行器会产生声响，该声响车速超过 30km/h 时会减小。车辆在停住时以及车速超过 50km/h 时，电机声响生成执行器 1R257 不产生声响。这个声响类似于内燃机车辆的发动机声音。

十一、车辆实时监控系统

根据国家法规要求，所有新能源车辆必须安装车辆实时监控系统，车辆实时监控（Real Time Monitoring，RTM）由车载信息服务系统接口控制单元J1221负责（图6-45），J1221将从车辆上收集动态数据，并定期自动将数据发送到生产商，生产商再将数据按主管部门要求发送给政府平台。数据监测流程如图6-46所示。

（1）车辆状态监控　所有新能源车均实现车辆状态实时监控。

（2）监控数据上传　按照国标要求建立监控平台，接收监控信息并将监控数据实时上传国家/地方平台。

（3）车辆发出警告处理　所有RTM发出警告及时跟踪并分级处理，最终形成处理报告上传国家/地方平台。

车载信息服务系统　　电话、电子通信
接口控制单元　　　　系统控制单元
J1221　　　　　　　　J526

图 6-45　车辆实时监控系统相关控制单元

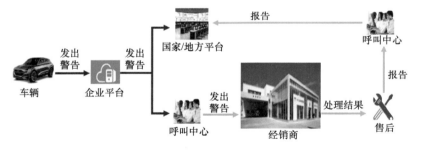

图 6-46　数据监测流程

第七章
电动汽车能量管理和充电系统

一、动力蓄电池的整体布置

奥迪 e-tron 动力蓄电池系统的整体布置如图 7-1 所示。锂离子电池的结构如图 7-2 所示。电池包包含了 36 个电芯模组，每个模组有 12 个电芯，共计 432 个电芯。NEDC 工况下，电池包可提供 470km 续航里程，根据欧洲的 WLTP 工况测试标准，e-tron 充满电可以行驶 400km。

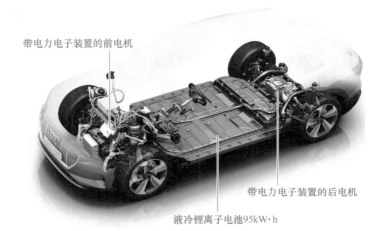

带电力电子装置的前电机

带电力电子装置的后电机

液冷锂离子电池95kW·h

图 7-1　奥迪 e-tron 动力蓄电池系统的整体布置

二、电池的软包路线

电池的强大性能来源于电池的软包路线，奥迪 e-tron 总容量 95kW·h 的电池组将可用容量限制在了 83.6kW·h，它的 0～100% 充电曲线并不是 0～95kW·h，而是 0～84kW·h 的充电曲线。这确保了电量接近 100% 时仍然有较快的充电速度。

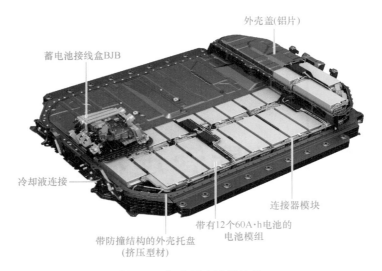

图 7-2　锂离子电池的结构

1. 电池的软包路线的先进性表现

（1）比能量高　软包电池的成组形式都是电芯＋散热片叠加（图 7-3），可以更高效地利用车内的空间。相对方形和圆柱的钢铝外壳，软包电池的铝塑膜包装结构明显重量更轻，无论是质量比能量还是体积比能量，软包电池都有很好的表现。如同样是软包路线的通用雪佛兰 Blot，同样是平铺于底盘的设计，Bolt 在 2601mm 的轴距下布置了 60kW·h 的电池组。

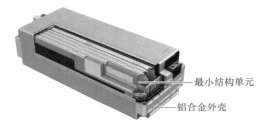

图 7-3　奥迪 e-tron 锂离子电池组模组的结构

（2）电化学结构好，循环寿命长　从结构上来说，软包电池的内阻更小，这极大地降低了电池的能耗，同时软包电池的循环次数也较多。

（3）非标准化，设计灵活　软包电池的尺规规格可以根据不同原始设备制造商的需求进行订制，研发、量产全新的电芯型号。图 7-4 所示为 e-tron 的电池组布局，可以看到整个电池包是不规则造型，有 5 个模组布置在后排座椅下方，叠了两层。图 7-5 所示为奥迪 e-tron 蓄电池的生产过程。

图 7-4　e-tron 的电池组布局

图 7-5　奥迪 e-tron 蓄电池的生产过程

2.电池的软包路线的弊端

电池的软包路线的弊端主要表现在：非标准化的订制电芯在生产上自动化率很低；软包电池的稳定性和一致性较差。

三、电池组结构

e-tron 基于奥迪 MLB 纵置模块化平台开发，电池组设计要求包括规格、耐用性及安全性。e-tron 采用的软包电芯的电池组规格为 95kW·h，可用容量 83.6kW·h。整个电池包由 36 个模组组成（图 7-6），其中 5 个模组位于后排座椅下方。每个模组又由 12 片袋式软包锂电池组成，整个电池包一共容纳了 432 个电芯。奥迪 e-tron 电池组模组连接如图 7-7 所示，e-tron 的电池组和电气系统工作电压为 396V。动力蓄电池参数见表 7-1。

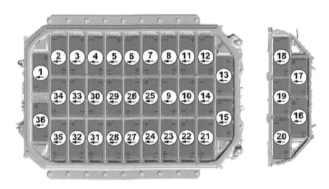

图 7-6　奥迪 e-tron 电池组模组分布

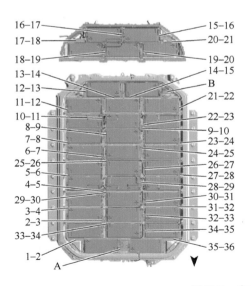
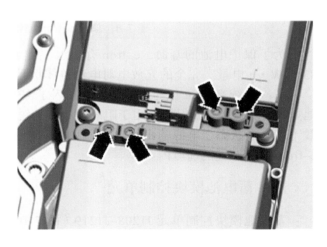

图 7-7　奥迪 e-tron 电池组模组连接

表 7-1　动力蓄电池参数

名称	动力蓄电池 1 AX2	名称	动力蓄电池 1 AX2
额定电压	396V	可用能量	83.6kW・h
容量	240A・h	能量密度	132.87W・h/kg
蓄电池单元格数目	432，分为 36 个模组	质量	715kg
工作温度	−28 ～ 60℃	充电功率	150kW
总能量	95kW・h	冷却方式	液冷

注：工作温度低于 −30℃将无法驱动行驶，高于 60℃高电压系统处于断电状态，在 −8 ～ 56℃时，动力蓄电池可以把全部蓄电池功率用于交流驱动装置。

图 7-8 所示为单个 e-tron 模组的内部设计细节，电芯的排列非常紧凑，整个电池包重量达到了 715kg，能量密度约为 133W・h/kg。虽然软包电芯结构和理论成组效率很高，但奥迪并没有一味追求高能量密度。

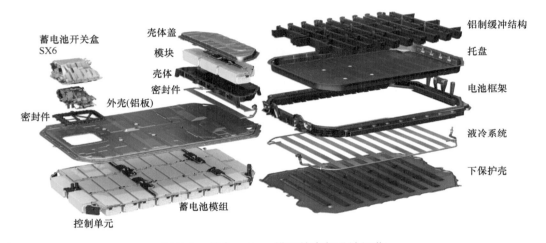

图 7-8　单个 e-tron 模组的内部设计细节

为了保护电池的寿命，e-tron 有 12% 的电量无法发挥功效，所以车辆实际只能使用 83.6kW・h 电量。完全的充放电对电池整体状况并没有好处。

液冷系统有 40m 长的液冷管路，注入了 22L 液冷剂，在直流充电期间冷却锂离子电池如图 7-9 所示。下保护壳用于阻隔碎石和尖锐物体对电池组的冲击。电池和所有关键参数（如充电状态、电源输出和热管理）由外部电池管理控制器（BMC）管理。BMC 位于 e-tron 右侧 A 柱的前舱内。

四、蓄电池模块控制单元

蓄电池模块控制单元 J1208–J1219（图 7-10），其数量为 12 个，1 个蓄电池模块控制单元管理 3 个蓄电池模组。蓄电池模块控制单元通过子 CAN 总线与蓄电池调节控制单元 J840 和动力蓄电池开关盒 SX6 进行通讯。蓄电池模块控制单元的功能有：每个控制单元测量 3 个蓄电池模组的电压；测量蓄电池格的温度；平衡电池格组。

低温冷却器

采用铝挤压件外壳的冷却电池

图 7-9　在直流充电期间冷却锂离子电池

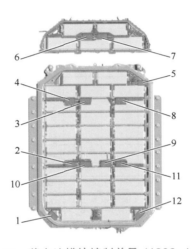

图 7-10　蓄电池模块控制单元 J1208–J1219

1 ～ 12—蓄电池模块控制单元 J1208–J1219

五、动力蓄电池开关盒和调节控制单元

1. 动力蓄电池开关盒

　　动力蓄电池开关盒 SX6 的结构如图 7-11 所示，其内部结构电路如图 7-12 所示，如果接通端子 15，动力蓄电池接触器 2 J1058 HV 负极和动力蓄电池预加载接触器 J1044 HV 正极就接合。随后一个微小电流就经保护电阻 N662 流向 DC/DC 变换器和交流驱动装置的功率电子装置。一旦这些部件内的中间电路电容器开始充电，那么动力蓄电池接触器 1 J1057 HV 正极接合，而动力蓄电池预加载接触器 J1044 HV 正极脱开。动力蓄电池开关盒 SX6 通过一个子 CAN 总线来与蓄电池调节控制单元 J840 和蓄电池模块控制单元进行通讯联系。只有当在直流充电桩上给动力蓄电池充电时，直流充电接触器才会接合。

图 7-11　动力蓄电池开关盒 SX6 的结构

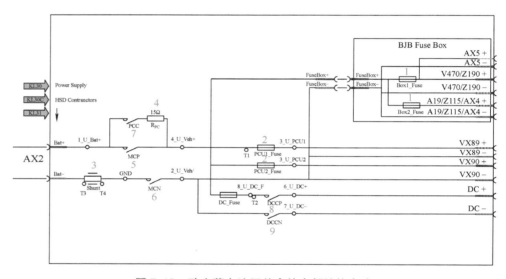

图 7-12　动力蓄电池开关盒的内部结构电路

1—高电压充电器熔断器　2—高电压系统熔断器　3—动力蓄电池电流传感器　4—动力蓄电池保护电阻 N662（15Ω）
5—动力蓄电池接触器 1 J1057 HV 正极　6—动力蓄电池接触器 2 J1058 HV 负极
7—动力蓄电池预加载接触器 J1044 HV 正极　8—直流充电接触器 1 J1052（DC 正极带充电电流熔丝）
9—直流充电接触器 2 J1053（DC 负极）

2.动力蓄电池切断点火器 N563

动力蓄电池开关盒 SX6 通过单独的导线与安全气囊控制单元 J234 相连。动力蓄电池切断点火器 N563 是一个软件，它用于对碰撞信号进行电子分析，以保证接触器脱开。该点火器并非一个实体部件，在碰撞后不必更换。

3.动力蓄电池调节控制单元

动力蓄电池调节控制单元的安装位置如图 7-13 所示，该控制单元通过子 CAN 总线与动力蓄电池 SX6 和蓄电池模块 J1208 进行通信，是连在混合动力 CAN 总线上的。

图 7-13 动力蓄电池调节控制单元的安装位置

在高电压系统处于激活状态时，动力蓄电池开关盒 SX6 每隔 30s 就会进行一次绝缘检查（图 7-14）。

图 7-14 绝缘检查的信息传输

4. J840 估算电池格电压及平衡

如图 7-15 所示，在 J840 估算电池格电压及平衡时，如 3 号单元 100% 充电，充电循环就结束了，尽管动力蓄电池整体充电量只达到了 92.5%。对 3 号单元进行放电，使得充电循环可以继续，动力蓄电池的充电水平就可以上升到 100%。电池格的平衡工况：充电时，电压差超过 1% 执行平衡，点火开关关闭，蓄电池充电状态高于 30% 执行平衡。

六、电池组的热管理系统

整体来说，e-tron 电池组散热和安全性考量做得非常周全。选择软包电池而不是圆柱或方形，是因为软包更容易做好热管理。e-tron 锂离子电池的集成碰撞结构如图 7-16 所示。

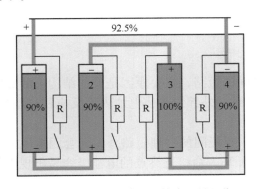

图 7-15 J840 估算电池格电压及平衡

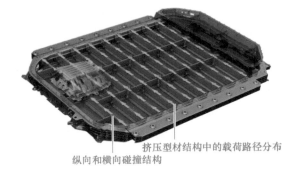

图 7-16 奥迪 e-tron 锂离子电池的集成碰撞结构

七、动力蓄电池的故障及原因

1. 动力蓄电池常见的故障

动力蓄电池常见的故障见表 7-2。

表 7-2　动力蓄电池常见的故障

序号	故障描述	常规解决办法（按照序号进行操作）
1	荷电状态（SOC）异常（如无显示、数值明显不符合逻辑）	1）停车或者关闭点火开关后重新起动 2）检查仪表其他故障警告灯有无点亮，并做好现象记录 3）联系专业售后人员进行复查，维修人员确认无误后正常使用
2	续驶里程低于经验值	联系维护人员，检查充放电过程，容量是否衰减，电池管理系统控制是否正常
3	电池过热警告／保护	1）10s 内减速，停车观察 2）检查警告是否消除，检查是否有其他故障，并做好记录 3）若警告或保护消除，可以继续驾驶，否则，联系售后人员 4）运行中若连续 3 次以上出现停车后减速故障消除时，联系售后人员
4	SOC 过低警告／保护	1）SOC 低于 30% 警告出现时减速行驶，寻找最近的充电站进行充电 2）停车休息 3 ～ 5min 后行驶，检查故障是否能自动消除 3）若故障不能自行解除，且仍未到达充电站的，联系售后人员解决
5	电压／电流明显异常	1）关闭点火开关，迅速下车并保持适当距离 2）联系专业技术人员处理
6	点火开关打开至 ON/START 后不工作	1）检查并维护低压电源 2）若打开至 ON 后能工作，检查仪表板上故障显示，并记录 3）若打开至 START 后仍不能工作，联系专业技术人员
7	不能充电	1）检查 SOC 当前数值 2）检查充电线缆是否按照正确方法连接 3）若由环境温度超出使用范围，终止使用 4）联系维修人员
8	运行时高压短时间丢失	检查系统屏蔽层是否有效，检查继电器是否能正常动作，检查主回路是否接触良好
9	电池外箱磨损破坏	联系专业人员维护

2. 动力蓄电池常见故障的原因

动力蓄电池故障产生的原因可分为以下 7 点。

（1）短路　分为外部短路和内部短路。

1）外部短路。外部短路是指电池正、负极间的短路，主要原因是外部结构上的故障或损坏造成的短路，一般由机械或物理原因所导致。外部短路使电池内部反应相当剧烈，极易造成电池芯体的着火和爆炸等。

2）内部短路。锂离子动力蓄电池除电池正、负极间的物理短路外，还会因电池内部的聚合物隔膜破裂导致内部短路。尤其是过载或循环寿命接近终点的电池极容易出现内部短路。锂离子动力蓄电池内部的聚合物隔膜厚度一般在 16 ～ 30μm，如此薄的隔膜，一旦受到机械外力或热变形造成的压力等破坏作用时，将会直接导致内部短路。另外，过高的温度也同样会导致隔膜破损造成内部短路。还有隔膜材料的瑕疵或在生产过程中造成微小的损伤，都会使锂离子动力蓄电池工作时局部温度升高，进而形成内部短路。

（2）过负载　分为过电流、过电压、过充电和过放电四种情况。

1）过电流。电动车辆在起步、加速或爬坡过程中动力蓄电池的工作电流是正常行驶工作电流的几十倍甚至上百倍。动力蓄电池充放电的电流一般用充（放）电率 C 来表示。例如，充电电池的额定容量为 $100A \cdot h$ 时，即表示以 $100A$（$1C$）放电时间可持续 $1h$，如以 $200A$（$2C$）放电时间可持续 $0.5h$，充电也可按此方法对照计算。

2）过电压。在长时间的刹车制动能量回收充电过程中，或充电设备不匹配的条件下充电，可能使动力蓄电池处于过电压的工作条件下。过电压极易使锂离子电池芯温升高，引起内部短路而损坏。

3）过充电。电池充电属于吸热反应，充电初期极化反应小，吸热处于主导地位，温升出现负值；充电后期，阻抗增大，释放多余热量，吸热温升增加。长时间过充时，锂离子电池芯体内部压力升高，放出气体，直至壳体变形、爆裂。通常情况下，动力锂离子电池在恒流充电阶段末期都会发生不同程度的过充，这样会导致电池容量损失，缩短使用寿命。应特别注意，过充使电池芯体温度升高和气体膨胀的惯性导致的滞后着火及爆炸等危险。

4）过放电。在恒流放电时，电压会出现陡然跌落的现象，这主要是由电阻造成的压降所引起的，电压继续下降，经过一定时间后达到新的电化学平衡。当进入放电平台期后继续放电，电压变化不明显，但电池温升明显；当电池放电电压曲线进入马尾放电阶段时，极化阻抗增大、输出效率降低，损耗发热增加，应在接近终止电压前停止放电。若接近终止电压后继续大电流放电，除会造成电源系统电压迅速降低外，部分动力蓄电池芯会被反向充电，使内部的活性物质结构遭到破坏，导致电池芯报废，同样会产生温度升高、气体膨胀等，反应严重时会发生着火、爆炸的危险情况。

（3）温升　电池温升的定义是电池内部温度与环境温度的差值。电动车辆的动力锂离子电池隔膜都具有自动关断保护的物理特性，提高动力蓄电池使用的安全性。隔膜的自动关断保护功能是锂离子电池限制温度升高，防止事故的第一道屏障。无论什么原因，只要是电池芯内部温度升高到一定值，隔膜的物理特性就会使微孔关闭阻塞电流通过，该温度称为闭孔温度。但热惯性还会使电池内部的温度继续上升，当达到一定温度时就会导致隔膜熔融破裂，该温度称为融破温度。动力蓄电池芯一旦达到融破温度即意味着内部短路。

（4）内部故障　有明显内部故障的电池芯在生产时会被剔除掉。但进入成品阶段的电池芯，即使内部含有故障也是隐形的，不容易被发现，属于工艺瑕疵范畴，如隔膜不均匀、充容材料有金属残留物等。隐形的内部故障对实车装用是个技术隐患。

（5）循环寿命的影响　电池芯的循环使用寿命是构成动力蓄电池耐久性循环使用寿命的重要因素。早期性能下降较大的电池芯，后续使用就意味着过负载，成为将来的故障隐患。

（6）机械损伤　正常装车使用的动力蓄电池芯，因安装在高强度的防撞击容器箱内，受到机械直接碰撞损坏的可能性并不大。但在车辆发生严重事故时和在电池芯运输安装的过程中，均有可能由于振动和碰撞使电池芯内部结构受到机械损伤，严重时会缩短电池芯寿命，甚至造成着火或爆炸。

（7）温度、湿度影响　电动汽车的动力蓄电池使用性能和寿命会严重受到环境温度和湿度的影响。许多公司的电动汽车动力蓄电池箱体内部采用加热和制冷装置，使动力蓄电池芯始终处于适宜的工作温度，以提高其性能和延长其使用寿命。

第二节　起动停止系统和可再生电能管理

一、起动停止系统

1. 起动停止系统的使用

起动停止系统既可用于手动变速器车辆的发动机，也可用于双离合器变速器车辆的发动机（图7-17）。如果驾驶人不想使用起动停止系统，那么可以通过起动停止系统按键（图7-18、图7-19）关闭该系统。组合仪表显示屏上的起动停止系统状态指示符熄灭（图7-20）。再次按压该按键会使系统功能再次开启。若将点火钥匙拔出后再插入，起动停止系统会自动开启。若车速超过3km/h，则起动停止系统开启。操作按键位于换档杆前的中控台上。

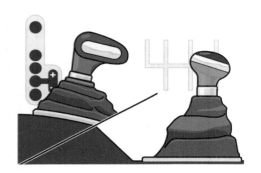

图 7-17　手动变速器和双离合器变速器车辆
都可使用起动停止系统

图 7-18　汽车起动停止系统按钮

图 7-19　起动停止系统的按键

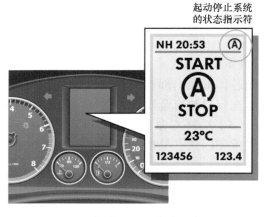

图 7-20　起动停止系统的仪表显示

　　手动变速器车辆上起动停止系统的运作如图 7-21 所示。双离合器变速器车辆上起动停止系统的运作如图 7-22 所示。

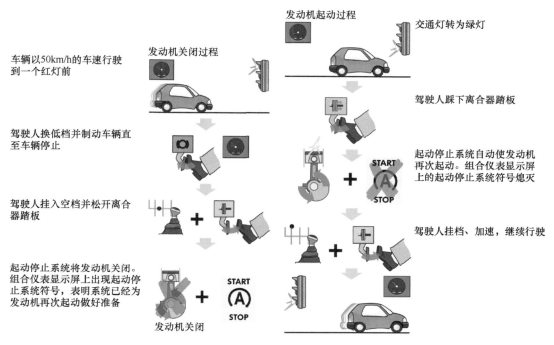

图 7-21　手动变速器车辆上起动停止系统的运作

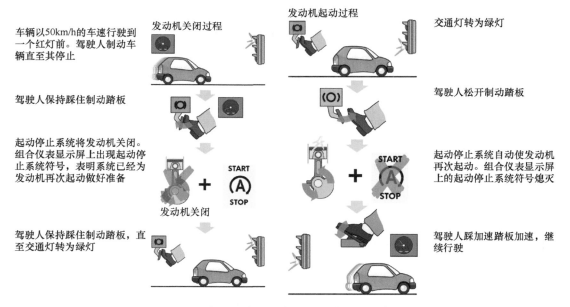

图 7-22　双离合器变速器车辆上起动停止系统的运作

起动停止系统是一种集成在发动机控制单元软件内的功能，其结构如图 7-23 所示。该系统要与很多车辆部件和子系统进行数据交换，以便控制起动停止系统。要使起动停止系统与车辆其他系统之间协同合作，并检测起动停止系统的工作条件，还需要大量的信息。

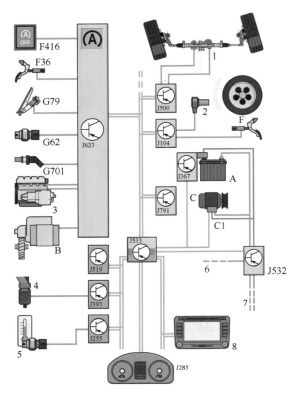

图 7-23　起动停止系统的结构

A—蓄电池　C—交流发电机　C1—调压器　B—起动机　F—制动灯开关　F36—离合器踏板开关
F416—起动停止系统按键　G62—冷却液温度传感器　G79—油门踏板位置传感器
G701—变速器空档位置传感器（仅手动变速器）　J104—ABS 控制单元　J255—自动空调控制单元
J285—仪表板控制单元　J367—蓄电池监控控制单元（带有蓄电池传感器）　J393—舒适系统中央控制单元
J500—转向助力控制单元　J519—车载电网控制单元　J532—稳压器　J533—数据总线诊断接口
J623—发动机控制单元　J791—自动泊车辅助系统控制单元
1—电控机械式转向助力系统　2—车速信号，行程识别
3—发动机管理系统（例如点火、燃油供给、混合气制备、排气再循环、二次空气、废气净化等）
4—安全带识别　5—暖风、风机和空调调节　6—接线端 50R　7—接线端 30　8—收音机、收音机／导航系统

2. 部件结构

（1）起动停止系统按键　行车过程中，驾驶人可以用该按键（图 7-24）开启或关闭起动停止系统。只要打开点火开关，当车速超过 3km/h 时，起动停止系统就会自动开启。

（2）蓄电池监控器 J367　如图 7-25 所示，蓄电池监控控制单元直接安装在搭铁线的负极接线柱上，它通过 LIN 总线与数据总线诊断接口 J533 相连。功能蓄电池传感器用于确定蓄电池温度、蓄电池电压、充电电流等数值。对于起动停止系统来说，评估蓄电池的

充电状态，以判断是否可以使发动机再次起动，这是很重要的。这个过程称为起动电压
预测。

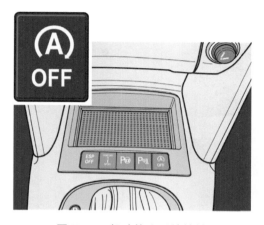

图 7-24　起动停止系统按键

图 7-25　蓄电池监控器 J367

（3）发电机　以前发电机和电压调节器通过两条导线连接到发动机和车载控制单元。
作为蓝驱技术的一部分，现在是通过一条 LIN 总线连接到网关（图 7-26）。不再使用 L
和 DFM 导线。

（4）起动机　起动停止系统的工作（比如在城市工况下），对起动机（图 7-27）提出
了较高的要求，因此其循环稳定性增强了，齿圈强度也增大了。循环稳定性增强，也就意
味着起动机的寿命更长，磨损更低。增强型起动机在维修或完成更换时，必须注意替换件
目录上的信息，否则其工作寿命会大大缩短。

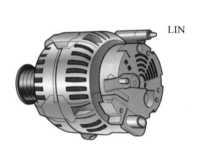

图 7-26　发电机

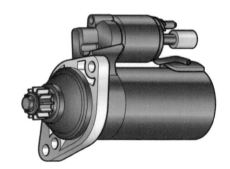

图 7-27　起动机

（5）稳压器　稳压器的作用是在起动车辆时防止控制单元断电。当断电时，有些控
制单元和系统部件会重置或系统会重启。对于具有起动停止系统的车辆，如果没有稳压
器，就会丧失舒适性。图 7-28 所示为稳压器安装在左前轮罩内。

3.电路原理

图 7-29 所示为不装备起动停止系统车辆的发电机电路图。图 7-30 所示为装备起动
停止系统车辆的发电机电路图。起动机控制原理如图 7-31 所示，稳压器的功能原理如
图 7-32 所示。稳压器的诊断如图 7-33 所示。

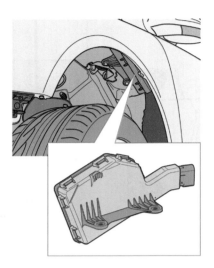

图 7-28　稳压器的安装位置

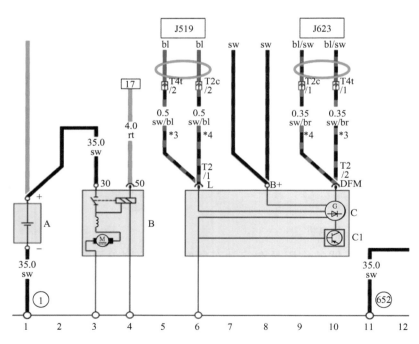

图 7-29　不装备起动停止系统车辆的发电机电路图

A—蓄电池　B—起动机　C—发电机　C1—电压调节器　J519—车载电网控制单元　J623—发动机控制单元

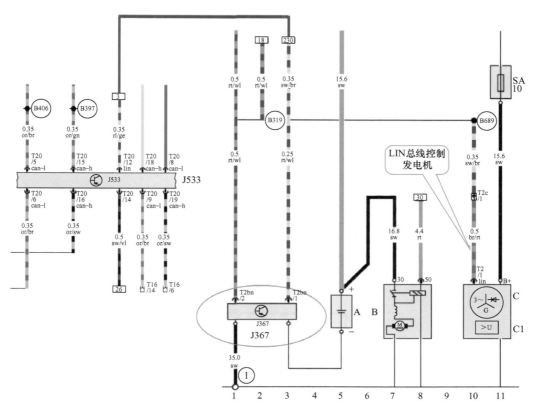

图 7-30　装备起动停止系统车辆的发电机电路图

A—蓄电池　B—起动机　C—发电机　C1—电压调节器
J367—蓄电池监控控制单元　J533—数据总线诊断接口

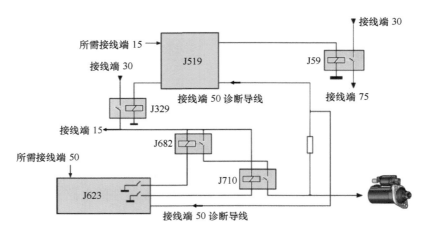

图 7-31　起动机控制原理

J59—继电器　J519—车载电网控制单元　J623—发动机控制单元　J329—15 电源继电器
J682—变速器控制单元　J710—起动继电器

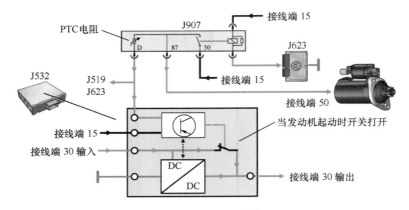

图 7-32　稳压器 J532 的功能原理

J532—稳压器　J519—车载电网控制单元　J623—发动机控制单元　J907—起动继电器

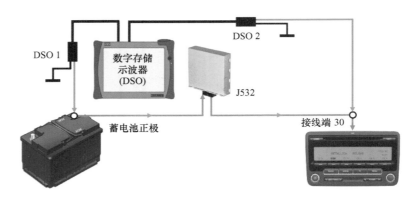

图 7-33　稳压器 J532 的诊断

二、可再生电能管理

1. 相关部件功能

如图 7-34 所示，当驾驶人踩下加速踏板或者实施制动时，即在发动机超速或制动阶段，发电机的发电电压会被提高，用于为车载蓄电池快速充电。如图 7-35 所示，当车辆再次加速时，可以根据情况降低发电电压，这样释放了发动机的负担，可以达到降低油耗的目的。再生电能管理系统又称为能量回收系统，其组成部件如图 7-36 所示，该系统与自动起停系统的组成部件完全一致。各部件的电路连接原理如图 7-37、图 7-38 所示。

2. 能量回收模式

在档模式下，驾驶人松开加速踏板或实施制动时，发动机将停止喷油。此时系统发出指令让发电机电压升高到 15V，一方面为车载电网供电，同时为车载 AGM 蓄电池快速充电。能量回收模式如图 7-39 所示。

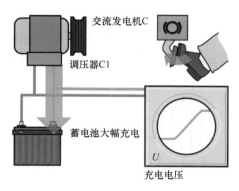

图 7-34　在制动阶段提高发电机输出电压

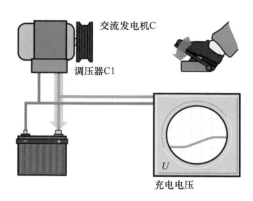

图 7-35　在加速阶段降低发电机输出电压

图 7-36　再生电能管理系统的组成部件

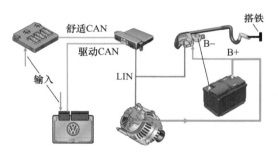

图 7-37　再生电能管理系统电路连接原理 1

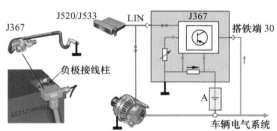

图 7-38　再生电能管理系统电路连接原理 2

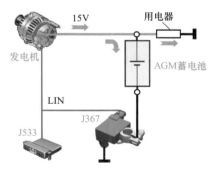

图 7-39　能量回收模式

3. 一般加速模式

当系统识别出车辆为一般加速状态，此时发动机电控单元 J623 发出指令让发电机输出电压降至 12.2V，低于蓄电池电压，电流不再流入蓄电池，发电机定子绕组电流降低，阻力矩降低，发动机负荷降低，燃油消耗降低。此时，蓄电池为车载电网供电。一般加速模式如图 7-40 所示。

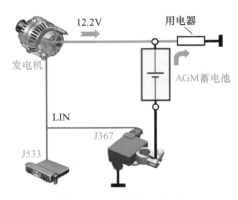

图 7-40　一般加速模式

4. 全负荷加速模式

当车辆全负荷加速时，车载电网耗电量增大（比如，电动油泵转速提高，以增大供油量），以至于蓄电池的电量不足以供给车载电网，有可能导致故障。系统识别出车辆全负荷加速时，会再次向发电机发出信号，让发电机电压升高到 14.5V，为车载电网供电。同时，在蓄电池两端施加电压，防止蓄电池电流流入车载电网。

5. 蓄电池充满电时

车辆长时间行驶后，蓄电池会充满电。系统识别出此种状态后，便降低发电机输出电压，不再为蓄电池充电，只为车载电网供电。

三、起停系统的故障检修

起停系统出现故障的原因包括：蓄电池传感器故障；真空度传感器故障；制动开关故障；电子真空泵故障；档位开关故障；起停系统控制单元问题（线路或控制单元内部）；起停开关故障。

出现起停系统故障后的应对方法。首先要用解码器读取故障码，根据故障码内容来大致锁定故障点，然后才能解决相应的故障。

车辆起动以后，发动机故障灯如果一直亮，表示发动机电控系统出现故障。一般由发动机相关传感器故障，或者执行器损坏导致，也有可能是线路原因导致。需要用解码仪读一下具体故障码，一般点亮以后会出现车辆动力下降、费油等情况。

自动起停故障多数建立在控制单元检测到车辆如果熄火后不能正常起动。原因很多，比如蓄电池电量不足（自动起停车辆蓄电池要求较高）、节气门故障，开启空调、电加热、音响等情况也会使起停功能失效。

第三节　电动汽车充电系统

一、充电接口

奥迪 e-tron 两个充电接口的位置如图 7-41 所示。AC/DC 动力蓄电池充电路径如图 7-42 所示。充电接口部件包括充电插座、LED 模块、LED 显示的说明、LED 照明。充电单元 LED 显示的含义见表 7-3。充电护盖具有开闭功能，当车辆解锁后，通过充电按键可打开充电护盖；当装备舒适钥匙功能，且舒适钥匙在充电单元附近，无需车辆解锁，可直接操作充电按键开启护盖；操作一侧护盖操作按键，另一侧开启的护盖将自动关闭，不允许两侧同时充电；拔下插头或手动按压锁止按钮后，自动关闭充电护盖，护盖也可手动关闭。左右充电模块电路如图 7-43 所示。

图 7-41　充电接口的位置

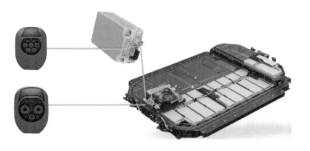

电动汽车车载充电机

图 7-42　AC/DC 动力蓄电池充电路径

表 7-3　充电单元 LED 显示的含义

充电单元 LED 显示方式		含义
关闭		车上的充电系统处于休眠状态
		充电过程暂停
绿色	跳动	动力蓄电池正在充电
	闪烁	已激活，但充电过程尚未开始
	亮起	动力蓄电池的充电过程已经结束

（续）

充电单元 LED 显示方式		含义
黄色	亮起	尽管插上了充电线缆，但是并未识别出充电电压。请检查充电电源的供电情况
	闪烁	车辆即将溜车。请检查是否挂入 P 档及驻车制动器是否拉紧
红色	亮起	充电插头在充电接口上没能正确锁定。检查充电插头是否插好
		充电单元的两个护盖都被打开。请把不使用的充电单元护盖关闭
		外部温度过低或者过高

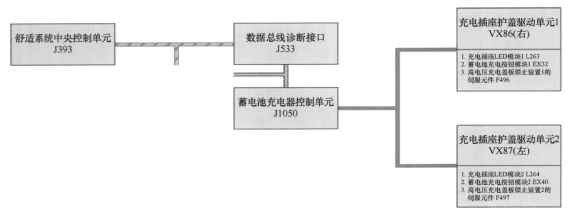

图 7-43　左右充电模块电路

1. 快充口（直流充电）

如图 7-44 所示，奥迪 e-tron 的快充口位于右前翼子板处，采用了电动盖板的设计，开关位于盖板的左上角。快充模式下，电量从 30% 充至 80% 需 40min，须使用充电功率 271kW 的充电桩才可实现。快充口属于直流充电。DC 充电护盖与插头应急解锁如图 7-45 所示。直流充电插座 1 UX4 端子功能如图 7-46 所示。CC1、CC2 充电连接确认，充电桩和动力蓄电池充电器 1AX4 之间的数据交换通过 CAN 总线通信，同时注意充电插头上有锁。

图 7-44　奥迪 e-tron 快充口（直流充电）

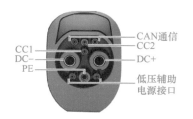

图 7-45　DC 充电护盖与插头应急解锁　　　图 7-46　直流充电插座 1 UX4 端子功能

2. 慢充口（交流充电）

如图 7-47 所示，奥迪 e-tron 慢充口位于左前翼子板处，同样为电动盖板的设计。该车的慢充时间为 8.5h，如果将电量从零充至 100%，需要使用充电功率 21kW 的充电桩才可以实现。慢充口属于交流充电。AC 充电护盖与插头应急解锁如图 7-48 所示。充电系统充电插座 2 UX5 的端子分布如图 7-49 所示。充电桩和动力蓄电池充电器 1 AX4 之间的数据交换通过触点 CP 和 PE 通信，注意充电插头上有锁。

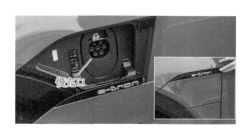

图 7-47　奥迪 e-tron 慢充口

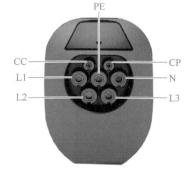

图 7-48　AC 充电护盖与插头应急解锁　　　图 7-49　充电系统充电插座 2 UX5 的
端子分布

二、充电模式

奥迪 e-tron 有四种充电模式。

1. 模式 1：插座 + 线缆 + 车

这种模式下充电电流≤8A，插座与车彼此直接相连，必须通过电气安装来防电击，车辆和充电电源之间无通信。目前该充电模式已经淘汰（图 7-50）。

图 7-50　模式 1 充电线路

2. 模式 2：插座＋充电单元＋车

如图 7-51 所示，模式 2 中车辆是通过充电单元来与充电电源相连的，充电单元能监控故障电流并具备漏电保护功能，车辆和充电单元之间有通信。壁挂式充电器属于奥迪定制款，相关参数如下。

1）输出功率：7kW（单相 220V 32A）。

2）启动方式：刷卡启动 /App 联网控制。

3）工作温度：–30 ～ 50℃。

4）使用寿命：>8 年。

5）质量担保：3 年。

6）使用次数：>10000 次。

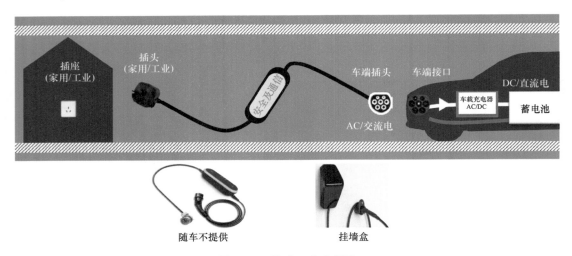

图 7-51　模式 2 充电线路

3. 模式 3：交流充电桩＋车

图 7-52 所示的模式 3，提供的充电电缆可以是 1 相、2 相或 3 相，充电功率有 3.6kW、7.2kW、11kW、22kW。使用 11kW 的充电功率，大约 8.5h 可以获得 100% 续航里程，如使用 22kW 的充电功率，大约 4.5h 可以获得 100% 续航里程。用交流（AC）充电桩，且充电桩能监控故障电流并具备漏电保护功能，车辆和充电桩之间有通信。

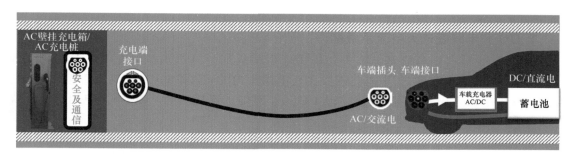

图 7-52　模式 3 充电线路

4. 模式 4：直流充电桩 + 车

图 7-53 所示的充电模式的电流优先值为 80A、125A、200A、250A，用直流（DC）充电桩，且充电桩能监控故障电流并具备漏电保护功能，车辆和充电桩之间有通信。50 ~ 150kW 的充电功率，在 40min 时间可获取 300km 续航里程。奥迪 e-tron 的直流充电特性如图 7-54 所示。

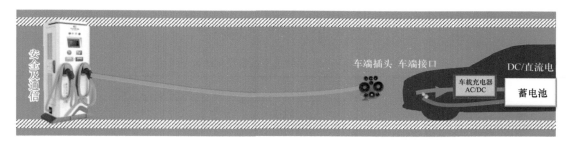

图 7-53　模式 4 充电线路

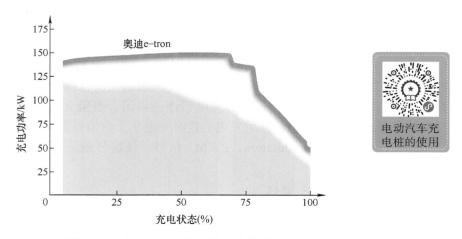

图 7-54　奥迪 e-tron 的直流充电特性

三、车辆与充电电源的通信

1. CC 充电线缆最大电流承载能力

如图 7-55 所示，车辆充电插头是采用电阻编码的，可识别车辆充电线缆的功率级（每相的最大电流负载能力），为此需要在充电插头内的 CC 和 PE 之间的 RC 电阻，充电器通过这个电阻来识别额定充电电流，CC 还具有确认连接功能。RC 不同电阻情况下线缆最大承载电流见表 7-4。

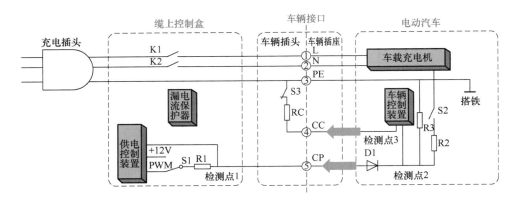

图 7-55 CC 充电和 CP 控制引导

表 7-4 RC 不同电阻情况下线缆最大承载电流

电阻 /Ω	线缆最大承载电流 /A
1500	10
680	16
220	32
100	63

2. CP 控制引导

如图 7-55 所示，通信是通过触点 CP 来进行的，在操作单元激活的情况下，CP 和 PE 之间有 12V 电压；在充电器 J1050 内，在识别出插头且插头已锁住的情况下，信号会被电阻 R3 降至约 9V；确认连接后充电器进一步闭合电阻 R2，信号降至约 6V，接下来充电桩闭合 SX6 功率接触器开始充电；这时充电单元内信号发生器发送 1000Hz 的脉冲宽度调制（Pulse Width Modulation，PWM）信号，该信号规定了当前所能提供的最大充电电流。

3. 直流充电（DC）通信

如图 7-56 所示，通过通信触点识别出插头，且在插头锁住时通过双线式 CAN 总线来实现通信，充电器 J1050 获得充电桩的充电功率信息，确认后要求合上 SX6 内的功率接触器，开始充电。在整个充电过程中，充电器 J1050 将所需要的充电电压和充电电流信息传给充电桩。

电动汽车
充电电流
走向

图 7-56　直流充电（DC）通信

四、充电系统日常巡检及维护检修重点

电动汽车充
电高压电的
走向

1. 直流充电系统日常巡检及维护检修重点

（1）日常巡检项目　直流充电桩日常巡检项目见表 7-5。

表 7-5　直流充电桩的日常巡检项目

序号	项目	序号	项目
1	外观及桩内清洁干燥	6	液晶屏显示电压、电流等数据与测量数据相符
2	固定平稳、牢固	7	液晶屏显示电压、电流等数据与充电桩数据相符
3	充电插头外观完好、无损坏变形现象	8	能够自动完成设定充电过程
4	指示灯状态符合运行状态	9	急停按钮外观无损坏，操作有效
5	液晶屏无损坏，操作有响应		

（2）检修项目　因直流充电桩输入、输出电压均为高压，使用过程中为避免发生触电危险。不能自行打开充电桩外盖，检修工作需由专业技术人员操作完成，主要项目包括：根据需要对桩体内外进行清洁，定期检查接线端子、接地电缆、接触器、熔断器是否积尘和污垢过多；端子、接线电缆是否绝缘及坚固；检测接触器触点及动作，熔断器的接触力；检查电路板的跳线帽焊脚是否松动，构件是否坚固。

（3）安全检查　直流充电设备首次投用或长时间停运后再次投用时，需对整机进行安全检查，主要内容包括：

1）电缆连接。

① 必须检查现场所有电气连接，按照设备电路图纸，确保连接正确牢固。

a. 检查 PE 连接：检查设备是否连接到安装场地的等电位连接装置，检查连接是否牢靠。

b. 检查交流电网连接：确保全部固定到位，按照电路图检查连接是否正确。

c. 检查外部连接：检查连接，确保全部固定牢靠，按照电路图检查连接是否正确。

② 确定连接处力矩符合要求。

a. 检查连接处的螺栓是否已经达到要求的力矩值，检查完成后要做好合格标记，避免后续按照电路图中的力矩规格反复重新紧固连接处螺栓。

b. 仅在连接处螺栓变松时按照电路图中的力矩规格重新紧固连接。

2）上电调试。连接错误可能导致火灾危险，在电缆连接检查都合格后方可进行上电调试。调试过程中要严格按照调试的操作步骤进行。

（4）注意事项

1）充电完毕或充电过程中需要中途停止充电，须先结束充电，再拔下充电插头，切记不要带电插拔。

2）直流充电桩周围严禁存放汽油、煤油、机油、板皮、棉纱、破布等易燃易爆物品。

3）下雨充电需注意安全，避免在雨中插拔充电枪。

4）车辆停车时，需与直流充电桩保持必要间距。

5）在工作中，若直流充电桩发生不正常声响、气味、振动或其他故障，应立即停止工作进行检查，根据情况及时反馈给技术服务人员。

2. 交流充电系统日常巡检及维护检修重点

（1）日常巡检项目　交流充电桩的日常巡检项目见表7-6。

表7-6　交流充电桩的日常巡检项目

序号	项目	序号	项目
1	外观及桩内清洁干燥	5	液晶屏无损坏，操作有响应
2	固定平稳、牢固	6	桩内接线牢固、无松脱
3	充电插座外观完好、无损坏变形现象	7	充电过程中充电线缆无明显发热迹象
4	指示灯状态符合运行状态		

（2）检修项目及周期　交流充电桩维护检修主要包括外观检查及除尘、电气连接检查及元器件功能测试三方面。交流充电桩的检修项目及建议检修周期见表7-7。

表7-7　交流充电桩的检修项目及建议检修周期

检修项目	检修周期（推荐）	检修项目	检修周期（推荐）
外观检查及除尘 铜排及电缆 柜体（指示灯、操作手柄等） 一、二次回路元件（交流断路器、接触器等）	3个月	浪涌保护器功能测试	3个月
		辅助电源电压测量	3个月
		紧急停机按钮测试	3个月
		检查各种安全标志	1个月
电气连接检查	3个月	元器件检测	3个月
保护开关电气性能测试——交流断路器	3个月		

（3）检修方法

1）外观检查及除尘。

① 设备内铜排电缆：

a. 观察铜排外绝缘热缩管有无因过热引起的发黑、烧焦现象；检查电缆绝缘层有无因过热引起的烧焦老化现象。

b. 清除铜排及电缆表面灰尘。

② 柜内元件：

a. 清除一次回路交流断路器、接触器、熔断器表面的污垢。

b. 清除二次回路继电器、接触器、开关电源表面的灰尘。

③ 柜体除尘：

a. 清除设备内外壁灰尘。

b. 清除柜面断路器手柄表面灰尘。

c. 清除指示灯、显示屏表面灰尘，使之显示清晰。

2）电气连接检查。由于正常使用条件下的热循环，机械电气连接经过一段时间可能会松动。当机械电气连接松动时，接触电阻将变大，最终可能会导致火灾或零部件损坏。因此，对电气连接的检查是非常必要的。对于螺栓连接，应检查力矩是否达到要求；对于接线端子压接连接，应检查端子有无损坏。

① 检查各处电缆与铜排连接处、各元器件接线端子等螺栓连接的地方有无松动，必要时用扳手重新紧固一遍，并检查力矩是否达到要求。

② 检查各二次回路接线端子排、元件接线端子连接有无松动，端子有无损坏，必要时更换端子重新接线。

3）保护开关检修。组合柜配备过电流保护开关，防止因短路故障或过载引起的过电流，定期测试保护开关动作可靠性是确保系统安全的重要手段。

保护开关功能测试程序为：先停止系统，切断电网电源开关，确保进入组合柜电源全部切断→断开交流断路器→打开柜门，手动闭合交流断路器→按下断路器测试按钮，断路器跳闸→关上柜门。

4）紧急停机按钮检测。紧急停机按钮的作用是在系统故障状态下紧急停机，定期检查紧急停机按钮的可靠性可以减少系统运行的风险。

5）安全标志检查。检查各种安全标志，如发现有脱落或模糊不清楚的标志应立即更换。

6）元器件检测。系统所配零部件均具有额定使用寿命，为避免因元件使用时间达到额定寿命造成失效，定期对设备使用寿命进行评估，及时更换元器件对系统稳定可靠运行很有帮助。

（4）注意事项

1）柜体运行时切忌随意断开断路器或者按下急停按钮，遭遇特殊情况时，须请示专业人员，勿擅自操作以免造成柜体重要设备的损坏。

2）切忌随意修改设备原设定值，以免在出现故障时影响出厂设计的保护功能。

3）柜体运行时禁止直接触碰或间接触碰带电单元。

4）柜体运行时操作人员及参观人员要与柜体保持一定的安全距离。

5）整个系统应该远离烟火、远离爆炸物、腐蚀物。

6）在使用完设备后，将负载断开，防止下次上电之前对设备造成伤害。

第八章
电动汽车高压部件和动力系统

奥迪 e-tron 的高压系统中可产生高达约 450V 的直流电压。需要注意的是，即使车辆已停止工作了，高压系统也可能是带电的，比如给动力蓄电池充电、使用驻车空调以及动力蓄电池在给 12V 蓄电池充电等情况。高压部件在车上的分布如图 8-1 所示。

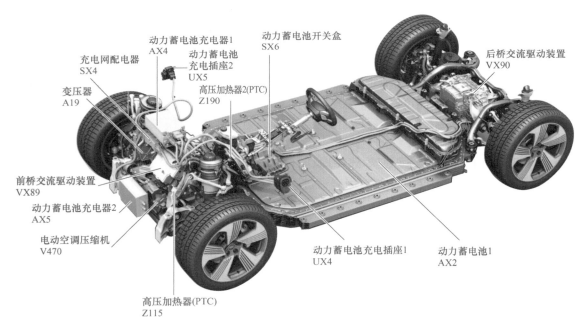

图 8-1　奥迪 e-tron 高压部件在车上的分布

一、车上的警示标签

对车辆高压部件的检修，只能在不带电状况下进行。为此检修前必须先给高压系统停电，随后要验电（就是确认系统不带电）。停电的操作方式

电动汽车检修防护服

按照电工学的五点安全规程执行。五点安全规程包括停电、严防设备重新合闸、验电、接地和短路以及遮盖住或者用拦道木拦住附近带电的部件。

如图 8-2～图 8-4 所示，车上设置有警示标签，用于提示供电方面的危险。用户、维修和服务站人员以及技术救援和医疗救援人员必须注意这些警示内容。

图 8-2 发动机舱内的警示标签

图 8-3 带有"DANGER"字样的警示标签

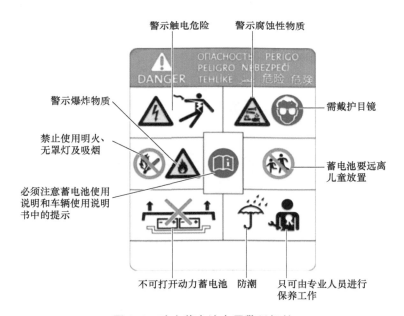

图 8-4 动力蓄电池专用警示标签

二、高压部件

1. 动力蓄电池

（1）动力蓄电池的结构 动力蓄电池的结构如图 8-5 所示，动力蓄电池 1 AX2 用螺栓固定在车辆中间，用于支承车身。36 个蓄电池模组分为两层，蓄电池壳体通过一根等电位线与车身相连。

电动汽车维修专用工具

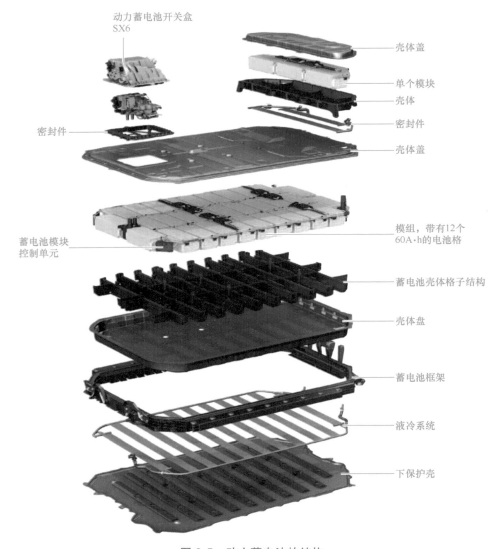

动力蓄电池开关盒
SX6

密封件

蓄电池模块
控制单元

壳体盖

单个模块

壳体

密封件

壳体盖

模组，带有12个
60A·h的电池格

蓄电池壳体格子结构

壳体盘

蓄电池框架

液冷系统

下保护壳

图 8-5　动力蓄电池的结构

　　如果车辆长时间停放不用，那么动力蓄电池的充电状态也会下降，因为它总是会自动地给 12V 蓄电池补充电能。如果动力蓄电池的充电状态降至低于 10% 时，那么就不再给 12V 蓄电池补充电能。如果温度低于 -30℃，驱动系统就无法激活。如果温度高于 60℃，接触器就会脱开（若是在点火开关接通时，则接触器不会接合）。温度在 -8 ～ 56℃时，动力蓄电池可以把全部蓄电池功率用于交流驱动装置。

　　（2）蓄电池冷却系统　蓄电池冷却是在冷却液循环系统中来实施的。蓄电池模块通过导热体将热量传至蓄电池壳体。蓄电池壳体上有用导热胶粘接的散热器，冷却液就流经该散热器。动力蓄电池冷却液温度传感器 G898 和动力蓄电池冷却液温度传感器 2 G899 用于侦测动力蓄电池上游和下游的冷却液温度。动力蓄电池内部的冷却液靠动力蓄电池冷却液泵 V590 来实现循环。在温度低时，动力蓄电池在充电中可通过高压加热器（PTC）来加热。

2. 动力蓄电池充电器

两个充电器（图 8-6）安装在车辆前部电机的上方。充电器 2 是选装的，充电功率为 22kW。三个整流器将操纵单元或充电桩上的交流电压转成直流电压，给动力蓄电池 1 AX2 充电。每个整流器的最大工作能力为 16A。充电电流分配取决于实际的充电电流。传输是通过线圈感应（电流隔离）实现的。因此，交流网与车上高压系统之间，是没有导电连接的。充电器连接在动力蓄电池开关盒 SX6 上。充电电流是通过开关盒内的一个熔丝输送到动力蓄电池的。充电器通过一根等电位线与车身相连，中间电路电容器会被动放电。

集成的动力蓄电池充电器控制单元 J1050 和动力蓄电池充电器控制单元 2 J1239 连接在混合动力 CAN 总线上。动力蓄电池充电器控制单元 J1050 是主控制器，动力蓄电池充电器控制单元 2 J1239 是从控制器。与奥迪 e-tron 充电系统或者充电桩的通信是通过 CP 和 PE 接口用 PWM 信号或者动力线通信来进行。

在通过 CHAdeMO 或者 China-DC- 充电插座用直流电来充电时，是采用 CAN 总线来与充电桩通信的。在直流充电时，整流器就不工作了。充电和空调的时间设置存储在高压充电器控制单元 J1050 内。

图 8-6　动力蓄电池充电器 1 和 2 的外观

3. 高压充电网配电器 SX4

当电动汽车装备动力蓄电池充电器 2 AX5、充电插座 UX5 和充电控制单元时，需通过高压充电网配电器 SX4（图 8-7）相连接。

图 8-7　高压充电网配电器 SX4

4.电动空调压缩机 V470

电动空调压缩机 V470 安装在车辆前部（图 8-8）。电动空调压缩机属于温度管理系统部件，能够对车内空间进行制冷，对车辆高压部件进行冷却，驻车空调功能以及热泵功能。通过动力蓄电池开关盒 SX6 内一个熔断器来供应高压，集成的空调压缩机控制单元 J842 通过 LIN 总线来与温度管理控制单元 J1024 相连。充电和空调时间设置存储在高压充电器控制单元 J1050 内。

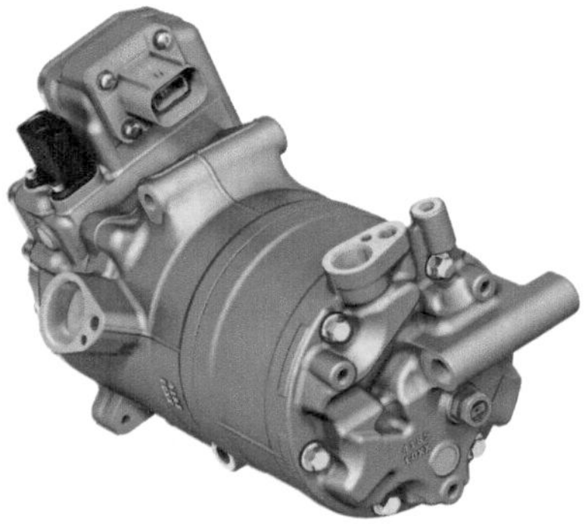

5.中间电路电容器

如图 8-9 所示，在高压部件上，HV 正极和 HV 负极之间装有一个电容器，它用作蓄能器和电压稳定器。

图 8-8　电动空调压缩机 V470

另外，电容器上还并联有一个电阻，该电阻在点火开关关闭时会让电容器被动放电。在点火开关关闭时，某些高压部件上的电容器由一个开关和电阻进行主动放电。含有中间电路电容器的部件见表 8-1。

注意： 在某些高压部件内有电容器，用于存储电能。电容器在断电时必须放电。因此必须按照车辆诊断仪内的检测表来实施停电操作。高压设备的停电和检修工作只可由经过认证的人员来进行操作。

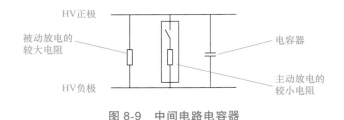

图 8-9　中间电路电容器

表 8-1　含有中间电路电容器的部件

高压部件	被动放电	主动放电
前部交流驱动装 VX89	√	√
后部交流驱动装 VX90	√	√
DC/DC 变换器 A19	√	√
动力蓄电池充电器 1AX4	√	—
电动空调压缩机 V470	√	—

在车辆发生碰撞时，安全气囊控制单元通过混合动力 CAN 总线把一个信号发送给蓄电池调节控制单元 J840、通过一个单独导线把一个信号发送给动力蓄电池开关盒 SX6 内的动力蓄电池切断点火器 N563。接触器脱开，高压系统关闭。根据碰撞的严重程度，可通过关闭和接通端子 15 或者在某些条件下使用车辆诊断仪来再次激活高压系统。

6. 高压加热器（PTC）

高压加热器（PTC）（图 8-10）属于温度管理系统部件，能对车内空间的空气进行加热，对动力蓄电池的冷却循环管路进行加热以及用于驻车加热。高压加热器安装在车辆前部，通过动力蓄电池开关盒 SX6 内的一个熔断器来供应高压电。高压加热器 Z115 集成有控制单元 J848，高压加热器 2 Z190 集成有控制单元 J1238，控制单元 J848 和 J1238 通过 LIN 总线连接温度管理控制单元 J1024。

7. DC/DC 变换器 A19

DC/DC 变换器 A19（图 8-11），安装在车辆的右前部，采用冷却液循环来冷却。DC/DC 变换器 A19 为独立部件，其作用是将 397V 的高压转换成 12V 车载电压，其功率高达 3kW。传输是通过线圈感应（电流隔离）实现的。因此，高压系统与 12V 车载供电网之间，是没有导线连接的。DC/DC 变换器 A19 通过开关盒 SX6 内的一个熔断器连接在动力蓄电池上。如果车辆长期停放不用且动力蓄电池有足够的电的话，那么会给 12V 蓄电池充电。

充电过程会自动起动，这时高压系统处于激活状态，高压部件全部带电。DC/DC 变换器 A19 通过一根等电位线与车身相连。中间电路电容器会主动或被动放电。DC/DC 变换器 A19 的控制单元连接混合动力 CAN，诊断地址码为 8104，通过开关盒 SX6 内的一个熔丝连接在动力蓄电池上。

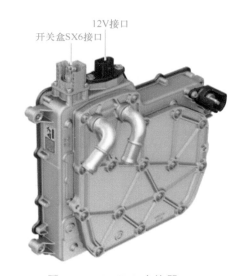

图 8-10　高压加热器（PTC）Z115 和高压加热器 2（PTC）Z190

图 8-11　DC/DC 变换器 A19

8. 安全线

如图 8-12 所示，安全线分为 4 部分：安全线 1 穿过蓄电池调节控制单元 J840、电动空调压缩机 V470、高压加热器 2（PTC）Z190、高压加热器（PTC）Z115、保养插头 TW 和动力蓄电池开关盒 SX6；安全线 2 在 DC/DC 变换器 A19 内；安全线 3 在动力蓄电池充电器 1 AX4 内；安全线 4 在动力蓄电池充电器 2 AX5 内。

电动汽车高压线束

车上的这些安全线是 12V 环形线，穿过高压部件。蓄电池调节控制单元 J840、DC/DC 变换器 A19、动力蓄电池充电器 1AX4 和动力蓄电池充电器 2AX5 会把状态报告给数据总线诊断接口 J533。如果某个安全线中断，比如拔下插头，那么诊断接口 J533 就会从相关的控制单元处获得信息，并通过组合仪表 CAN 总线让组合仪表控制单元 J285 把信息显示给驾驶人。关闭端子 15 是可以继续行驶的，但无法再次激活驱动系统。

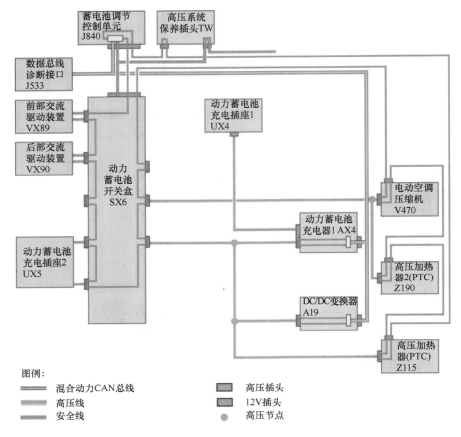

图 8-12　安全线的结构

9. 等电位线

等电位线连接高压部件外壳与车身搭铁，每个高压部件都至少有 1 根等电位线（动力蓄电池通常 2 根）。等电位线的所有的接触面应洁净且无油脂（图 8-13），导线截面不可因线缆断裂而减小，等电位线接触电阻增大或在出现故障时，无等电位保护。

注意：等电位线连接螺栓有拧紧力矩要求！

图 8-13　等电位线的接触面要求

10. 保养插头 TW 和供电熔丝

（1）保养插头 TW　保养插头 TW 位于车辆左前部（图 8-14、图 8-15），它是动力蓄电池接触器的 12V 控制电路的电气连接，也是安全线的构件。如果保养插头脱开，那么安全线也即断开，接触器的 12V 控制电路也断开。

图 8-14　保养插头 TW 的安装位置

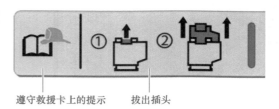

遵守救援卡上的提示　　拔出插头

图 8-15　保养插头 TW 上的提示标签

（2）供电熔丝　如图 8-16、图 8-17 所示，接触器控制电流的供电熔丝位于行李舱内左侧的熔丝支架上，带有提示标签。

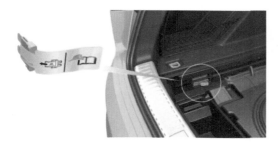

图 8-16　供电熔丝的安装位置

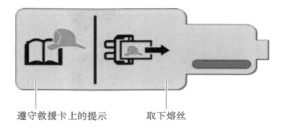

遵守救援卡上的提示　　取下熔丝

图 8-17　供电熔丝的提示标签

11. 充电插座及护盖

如图 8-18 所示，充电插座护盖打开后就是给动力蓄电池充电的充电插座。要想打开这个护盖，必须给车辆解锁并按压按键。充电插座护盖驱动单元 1 VX86 使得护盖向外且向下运动。这个驱动单元由动力蓄电池充电器 1 AX4 通过 LIN 总线激活，护盖的位置被传给充电器。

插上充电插头后，护盖不能关闭。充电过程结束后，拔下插头，充电插座护盖会自动关闭。根据国别和装备情况，车上可能会有第二个充电插座。

如图 8-19 所示，护盖下面有充电插座、LED 模块和 LED 显示的说明。为了方便在黑暗中定位，还配备了照明灯。可用交流（AC）或直流（DC）通过充电插座为车辆充电。

12. 动力蓄电池充电

动力蓄电池充电示意图如图 8-20 所示，可用交流（AC）或者直流（DC）来给动力蓄电池充电。充电插座上的直流接口（DC）连接在开关盒上，直流电就直接输入到动力蓄电池内。充电插座上的交流接口（AC）连接在动力蓄电池充电器上。在充电器内，交流转换为直流，并通过开关盒输入到动力蓄电池内。

注意：在充电过程中，高压系统就处于激活状态了，高压部件也都带电了。

按键

充电插座护盖

图 8-18 充电插座护盖

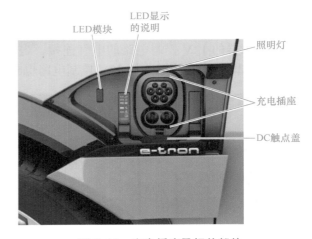

LED模块

LED显示的说明

照明灯

充电插座

DC触点盖

图 8-19 充电插座及相关部件

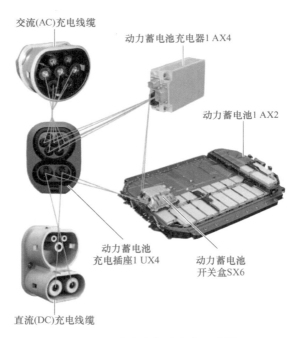

交流(AC)充电线缆

动力蓄电池充电器1 AX4

动力蓄电池1 AX2

动力蓄电池充电插座1 UX4

动力蓄电池开关盒SX6

直流(DC)充电线缆

图 8-20 动力蓄电池充电示意图

三、高压部件断电检修

1. 保养接头的断开

如图 8-21 所示，保养接头位于前舱中，在开始保养作业之前必须拔下其插头，以使高压系统断电。绿色的接头是 4 引脚接头，可将控制电路与电源接触器断开，并可以用挂锁固定。因此，保养接头用于断电。

保养接头 TW 作为车辆断电认证的一部分，由高压技师断开。在紧急情况下由紧急服务或急救人员断开，以关闭高压系统。

2. 熔丝架中的紧急切断连接

如图 8-22 所示，标有黄色标志的熔丝用于关闭高压系统。如果拆下此熔丝，蓄电池调节控制单元 J840 的电源（端子 30）将中断，高压系统将停用。黄色标志有助于急救人员在发生事故时迅速找到熔丝。

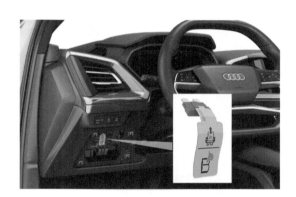

图 8-21 保养接头在前舱中的分布　　　图 8-22 熔丝架中的紧急切断连接

3. 行李舱中的紧急切断连接

行李舱中安装了一个用于紧急服务的紧急切断连接，其作用与熔丝作用相同，切断这根线缆也会使系统断电。

4. 安全电路

操纵管路现在仅通向保养接头 TW，这是因为所有高压接头的接触保护都已得到改进。仍由蓄电池调节控制单元 J840 进行评估。如果安全电路断开，高压系统将立即停用，高压触点（电源接触器）将断开。驾驶人可通过仪表板嵌入件显示屏上的红色 e-tron 符号得到通知。

第二节　电动汽车动力总成

一、驱动电机结构

1. 驱动电机相关参数

如图 8-23 所示，奥迪 e-tron 电动汽车平台和传统汽车平台是有所不同的，两台异步电机分别位于前后轴，电池位于车身的中间，布局在车底位置。位于前轴的电机（图 8-24）最大功率是 125kW，Boost 模式下能够达到 135kW。位于后轴的电机（图 8-25）

最大功率 140kW，在 Boost 模式可以爆发 165kW，多数时间下，汽车都只靠后轴的电机驱动，需要时转化为四驱模式。这两台电机，最大功率合计为 265kW，峰值转矩 561N·m，百公里加速为 6.6s，在增压 Boost 模式下，百公里加速可以达到 5.7s，配备了 95kW·h 的锂离子电池，电池单次充电可以行驶 400km。

电动汽车驱动电机控制过程

图 8-23　奥迪 e-tron 异步电机的安装位置

前桥电驱动装置控制单元
J1234 功率电子装置

后桥电驱动装置控制单元
J1235 功率电子装置

前桥电驱动装置电机V662

后桥电驱动装置电机V663

图 8-24　位于前轴的电机　　　　　　图 8-25　位于后轴的电机

动力电机内部集成减速齿轮组减小尺寸。同时电机上部集成电机驱动功率逆变器。进一步简化高压布线，使得纯电总成更紧凑。电驱动桥既保证了高功率密度，又能够很好地适应后轴空间严苛的要求。更高的功率密度需要更好的电机热管理系统。奥迪 e-tron 采用高效的前后轴电驱动桥电机电控水冷系统。前桥电驱动装置采用的 APA 250 平行轴式异步电机的技术数据见表 8-2，后桥电驱动装置采用的 AKA 320 同轴式异步电机的技术数据见表 8-3。

表 8-2　APA 250 平行轴式异步电机的技术数据

特点	技术数据	特点	技术数据
电机代码	EASA	额定电压 DC	360V
结构型式	平行轴式异步电机	30min 持续功率	70kW
转子类型	内转子	10s 峰值功率	141kW
冷却方式	水冷	在持续功率（30min）时转矩	95N·m
冷却液	G12evo	在峰值功率（10s）时转矩	309N·m

表 8-3　AKA 320 同轴式异步电机的技术数据

特点	技术数据	特点	技术数据
电机代码	EAWA	额定电压 DC	360V
结构型式	同轴式异步电机	30min 持续功率	95kW
转子类型	内转子	10s 峰值功率	172kW
冷却方式	水冷	在持续功率（30min）时转矩	130N·m
冷却液	G12evo	在峰值功率（10s）时转矩	355N·m

2. 驱动电机结构

奥迪 e-tron 车上使用的驱动电机是三相异步电机。每个电机的主要部件有带有 3 个呈 120° 布置铜绕组（U，V，W）的定子、转子（铝制笼型转子）。转子把转动传入齿轮箱。为了能达到一个较高的功率密度，静止不动的定子与转动着的转子之间的气隙就得非常小。电机与齿轮箱合成一个车桥驱动装置。

车桥驱动装置有两种不同类型，区别体现在电机相对于车桥的布置上。前桥上采用平行轴式电机（APA250）来驱动车轮，后桥则采用同轴式电机（AKA320）来驱动车轮。前桥和后桥上每个交流驱动装置都有一根等电位线连着车身。

前桥电驱动电机（图 8-26）由冷却液接口、带密封件的交流电连接、定子水套、带两个极对的定子、转子、基于旋转 DC/DC 变换器的转子位置传感器和电机温度传感器组成。图 8-27 所示为前桥电驱动电机定子和转子的结构。

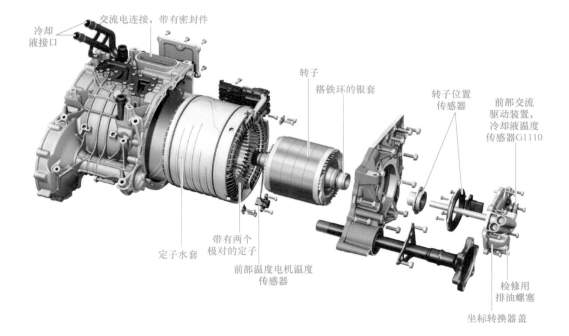

图 8-26　前桥电驱动电机的组成

电动汽车用
三相异步
电机

图 8-27 前桥电驱动电机定子和转子的结构

3. 驱动电机功能

驱动电机的转动过程如图 8-28 所示，定子是通过功率电子装置来获得交流电供给的。铜绕组内的电流会在定子内产生旋转的磁通量（旋转的磁场），这个旋转磁场会穿过定子。如图 8-29 所示，异步电机转子的转动要稍慢于定子的转动磁场（即异步），这个差值称为转差率（转差率表示的是转子和定子内磁场之间的转速差）。于是就在转子的铝制笼内感应出一个电流，转子内产生的磁场会形成一个切向力，使得转子转动。叠加的磁场产生了转矩。

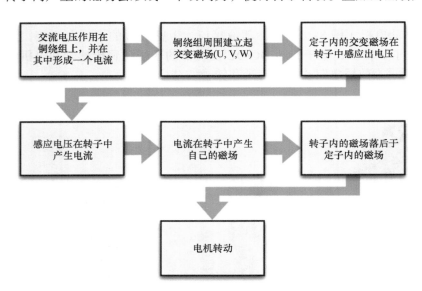

图 8-28 驱动电机的转动过程

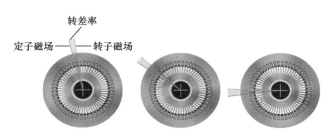

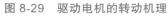

电动汽车用
永磁同步
电机

图 8-29 驱动电机的转动机理

4. 电机转矩 / 转速建立

在电驱动模式时，功率电子装置将动力蓄电池的直流电转换成三相交流电。这个转换是通过脉冲宽度调制来进行的。转速是通过改变频率来进行调节的，电驱动装置电机 V662 和 V663 的转矩是通过改变单个脉冲宽度的接通时间来进行调节的（图 8-30、图 8-31）。如在一台有 2 个极对的异步电机上要想达到 1000r/min 这个旋转磁场转速，需要使用 33.34Hz 的交流电。因受到异步电机转差率的限制，所以转子转得要慢些。

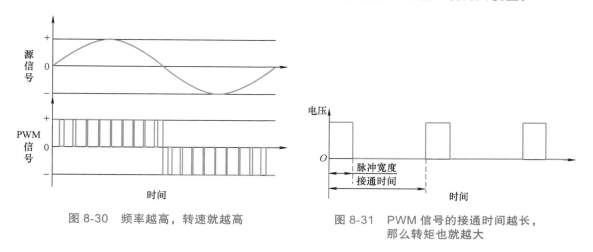

图 8-30　频率越高，转速就越高　　　图 8-31　PWM 信号的接通时间越长，那么转矩也就越大

二、电动汽车行驶动力学特性

1. 起步特性

奥迪 e-tron 有两种不同的起步特性：在"正常"行驶模式时，整个驱动控制是力争获得一个均衡的行驶方式。如果在行驶档 S 时同时踏下加速踏板和制动踏板，那么功率表就会开始闪烁，这与 ESC（ABS 控制单元 J104）此时是接通着和关闭着无关系。随后动力系统就会处于"预备状态"，以便让电机能更快地克服起步力矩。

2. 坡路的起步

如果将奥迪 e-tron 的起步辅助系统关闭，其行驶特性如下：如果车辆停在坡路上且挂入了某个行驶档，那么在松开制动踏板后，车辆会溜车。如果溜车方向与所挂的行驶档方向相反，那么 ESC 控制单元会把溜车车速限制为 1km/h。如果溜车方向与所挂的行驶档方向相同，就不会有制动过程了。在接通了起步辅助系统的情况下，ESC 会让车辆保持不动。

3. 倒车

如果挂入 R 档，那么功率电子装置会转动电场，也就是转动磁场，于是电机反转。最高车速通过限制驱动力矩而得到限制，车速信号是基于 ESC 的。

4. 电机用作驱动电动机

如果电机是作为驱动电动机来使用，那么发动机控制单元 J623 会把驱动请求发送至前桥和后桥的功率电子装置上。功率电子装置会把所需要的电压以交流电压的形式提供给电机使用。后部交流驱动装置 VX90 效率更高，在能量回收以及驱动车辆时，起主要作用。

5. 电机用作发电机

要想在车辆行驶中让电机产生充电电流，那么在减速超速和制动过程中，是把电机当作发电机来使用的。在减速超速工况时，功率电子装置会让转子转速快于定子磁场（负转差率）。于是就在定子内感应出一个交流电压，功率电子装置利用该电压形成动力蓄电池的充电电流。

6. 惯性滑行模式（空载模式）时的电机

要想切换到惯性滑行模式，前、后电机会被调节至 0N·m，以抵消摩擦损失。

三、驱动电机冷却系统

1. 前后桥电机冷却

奥迪 e-tron 电机冷却系统采用了热泵技术，热泵系统包含车内空调和热交换系统、压缩机、冷却装置（Chiller）和动力电机废热回收装置。如图 8-32 所示，前桥和后桥上的电驱装置通过低温循环管路水冷，定子和转子上都有冷却液流过。尤其是附带的转子内部冷却，在持续功率输出和峰值功率方面具有重要意义。在前桥上，功率电子控制器和电机彼此串联在冷却环路中。冷却液首先流经功率电子控制器，然后流经前桥电机内部的"水枪"对转子内部冷却，之后流经定子水套返回循环管路中。在后桥上，冷却液首先流经功率电子控制器，随后流经定子冷却水套之后流经转子内的"水枪"，最后返回循环管路。

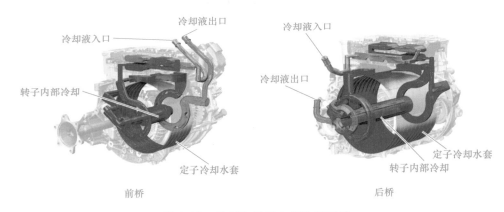

图 8-32　前桥和后桥电机冷却系统

2. 电机的端面密封

电机的端面密封用于实现旋转的转子轴与不动的壳体之间的密封，前桥电机采用一个端面密封（图 8-33），后桥电机采用两个端面密封（图 8-34）。端面密封需要有技术性泄漏，相关部位设置有排液螺塞和储液罐（图 8-35）所采用的激光结构会把大量冷却液送回电机，漏出的冷却液被收集到专门的空间内（前桥）或者储液罐内（后桥），这些冷却液在进行保养周期检查时需要排空，当前的维修手册中没有规定更换这些密封件（图 8-36）。

注意： 为防止端面密封损坏，只可在制冷剂循环管路内注满冷却液的情况下让车辆移动。端面密封在无冷却液时运行会造成其损坏。

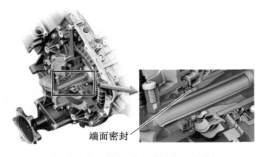

图 8-33　前桥电机的端面密封

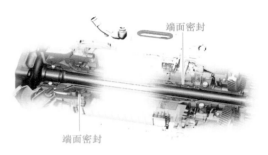

图 8-34　后桥电机的端面密封

图 8-35　排液螺塞和储液罐的安装位置

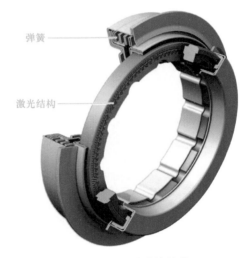

图 8-36　密封件的结构

四、电驱动控制单元

电驱动控制单元（功率电子装置）的作用是为驱动电机提供所需的交流电流。每个电驱动装置上都安装有一个功率电子装置，前桥电驱动控制单元是 J1234，后桥电驱动控制单元是 J1235。如图 8-37 所示，奥迪 e-tron 的高压功率电子控制器由上盖、控制电子装置、12V 接口、高压直流电接口、通向定子绕组的交流电接口、壳体和密封件组成。奥迪 e-tron 高压功率电子控制器通过密封件和交流接口与驱动电机连接。

1. 功能

如图 8-38 所示，电驱动控制单元的主要作用是为驱动电机提供所需的交流电。每个电驱动桥都安装有一个功率电子控制器。它将来自动力蓄电池的直流电在功率电子控制器内部利用 6 个 IGBT 半导体开关模块组成三相开关电路转换为交流电。这个转换是通过脉冲宽度调制来进行的。驱动电机的转矩和转速建立分别通过改变脉冲宽度和频率来进行调节。PWM 信号的脉冲宽度导通时间越长则转矩越大，频率越高则转速越高。高压功率电子控制器冷却通过低温冷却管路来进行。

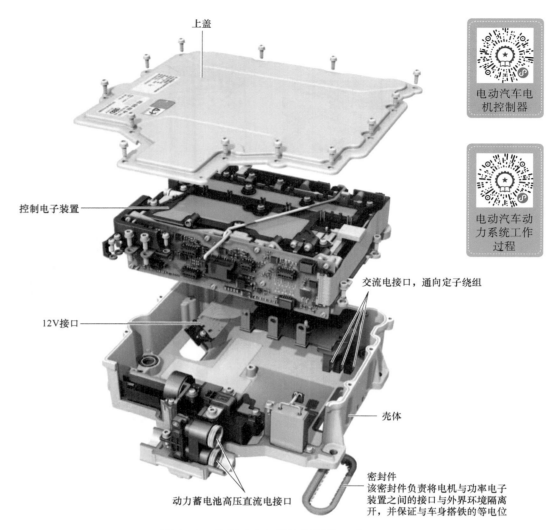

上盖

控制电子装置

交流电接口，通向定子绕组

12V接口

壳体

密封件
该密封件负责将电机与功率电子
装置之间的接口与外界环境隔离
开，并保证与车身搭铁的等电位

动力蓄电池高压直流电接口

电动汽车电机控制器

电动汽车动力系统工作过程

图 8-37 高压功率电子控制器的组成

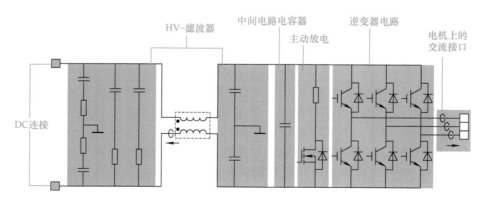

HV-滤波器

中间电路电容器

主动放电

逆变器电路

电机上的交流接口

DC连接

图 8-38 功率电子控制器的 DC-AC 变换

2. 冷却

功率电子装置连接在前桥和后桥上低温冷却循环管路上。这样能对功率电子装置内部的各部件起到良好的冷却作用。

3. 售后服务

功率电子装置在损坏时只能整体更换。在功率电子装置的测量数值中，可以读出车桥的所有测量值，比如温度、功率、转矩等。

五、驱动电机相关传感器

1. 电机温度传感器

如图8-39所示，每个电机上有两个不同的温度传感器。在前桥电机上是前部交流驱动装置冷却液温度传感器G1110和前部驱动电机温度传感器G1093。

前部交流驱动
装置冷却液温度
传感器G1110

前部驱动电机
温度传感器G1093

图8-39　电机温度传感器的安装位置

前部交流驱动装置冷却液温度传感器G1110用于监控流入的冷却液的温度。前部驱动电机温度传感器G1093用于测量定子温度，为了测量精确，G1093集成在定子绕组上，且采用冗余设计，含义是：尽管只需要一个传感器，但是在定子绕组上集成了2个传感器。一旦第一个定子温度传感器损坏了，那么另一个传感器仍可执行温度监控功能。只有当两个传感器都失效时，才应该更换电机。如果这两个传感器之一损坏了，不会有故障记录。只有前部驱动电机温度传感器G1093会显示在测量值中。

后桥上的结构与此相同。定子内有后部驱动电机温度传感器G1096，冷却液温度由后部交流驱动装置冷却液温度传感器G1111来测量。

2. 电机转子位置传感器G159

电机转子位置传感器G159（图8-40）是根据坐标转换原理工作的，可以侦测到转子轴最小的位置变化。该传感器由两部分构成：坐标转换器盖上的不动的传感器和安装在转子轴上的靶轮。功率电子装置根据转子位置信号，计算出控制异步电机所需的转速信号，异步电机上不需要监控转子位置。转子每转的传感器信号有四个脉冲，可对电机的工作进行精确操控。转子位置传感器可更换。

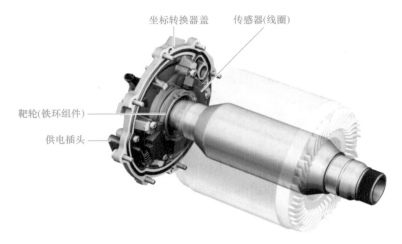

坐标转换器盖　传感器(线圈)

靶轮(铁环组件)

供电插头

图 8-40　电机转子位置传感器的结构

六、动力总成检查与维护

1. 端面密封检查

更换总成时要小心（总成在交货时是干态的），如果在到达 30000km 这个保养周期前，泄漏储液罐满了或者溢出，会对电机内部造成损坏（与绝缘检测器或者红色的冷却系统警告灯一起）。对于冷却系统，务必注意排气步骤。

2. 牵引车辆注意

如果红色的冷却系统警告灯没亮起，可以不超过 50km/h 的车速来牵引车辆，最大牵引距离不超过 50km；在未加注冷却液的情况下，只允许以不超过 7km/h 的车速来牵引车辆，最大牵引距离不得超过 700m。

3. 电机搭铁环的检查

如图 8-41 所示，电机搭铁环是转子轴和壳体之间的接触件，搭铁环的电阻比轴承电阻小，转子轴上产生的电压由流经搭铁环的电流来消除，如果没有搭铁环，这个电流就会流经轴承，长久这样会损坏轴承。搭铁环是压入到电机壳体内的，薄片可自动进行调整，以便补偿磨损。搭铁环的左、右侧都有织物片，用于防止脏污进入或碎屑排出。

搭铁环

图 8-41　电机搭铁环的结构和位置

七、电机常见故障的检修

1. 电机的空载电流大

当电机的空载电流大于极限数据时，表明电机出现了故障。电机空载电流大的原因有：电机内部机械摩擦大、线圈局部短路、磁钢退磁。继续做有关的测试与检查项目，可以进一步判断出故障原因或故障部位。

电机的空载 / 负载转速比大于 1.5，打开电源，踩踏加速踏板，使电机高速空载转动 10s 以上。等电机转速稳定以后，测量此时电机的空载最高转速 N_1。在标准测试条件下，行驶 200m 距离以上，开始测量电机的负载最高转速 N_2。空载负载转速比 = N_2/N_1。当电机的空载负载转速比大于 1.5 时，说明电机的磁钢退磁已经相当严重了，应该更换电机里面整套的磁钢，在电动汽车的实际维修过程中一般是更换整个电机。

2. 电机发热

电机发热的直接原因是电流大，电机的电流为 I，电机的输入电动势为 E_1，电机旋转的感生电动势为 E_2（又称反电动势），与电机线圈电阻 R 之间的关系是：$I = (E_1 - E_2)/R$，电流 I 增大，说明电阻 R 变小或 E_2 减少了。R 变小一般是线圈短路或开路引起的，E_2 减少一般是磁钢退磁或者线圈短路、开路引起的。在电动汽车的维修实践中，处理电机发热故障的方法一般是更换电机。

3. 电机在运行时内部有机械碰撞或机械噪声

无论高速电机还是低速电机，在负载运行时都不应该出现机械碰撞或不连续不规则的机械噪声。不同形式的电机可运用不同的方法进行维修。

4. 整车行驶里程缩短、电机乏力

电动汽车续驶里程短与电机乏力（俗称电机没劲）的原因比较复杂。一般说来，整车续驶里程短的故障不是电机引起的，这和电池容量的衰减、充电器充不满电、控制器参数漂移（PWM 信号没有达到 100%）等有关。

5. 无刷电机缺相

无刷电机缺相一般是由无刷电机的霍尔元件损坏引起的。可以通过测量霍尔元件输出引线相对霍尔地线和相对霍尔电源的引线的电阻，用比较法判断是哪个霍尔元件出现故障。

为保证电机换相位置的精确，一般建议同时更换所有的霍尔元件。更换霍尔元件之前，必须弄清楚电机的相位代数角是 120° 还是 60°，一般 60° 相角电机的三个霍尔元件的摆放位置是平行的。而 120° 相角电机，三个霍尔元件中间的一个霍尔元件是呈翻转 180° 位置摆放的。

参 考 文 献

［1］ 刘春晖，王淑芳.汽车电工维修技能与技巧点拨［M］.北京：机械工业出版社，2020.
［2］ 刘春晖，薛金燕.汽车电工维修快速入门60天［M］.2版.北京：机械工业出版社，2015.
［3］ 周晓飞.汽车电工从入门到精通［M］.北京：化学工业出版社，2019.
［4］ 于海东.汽车电工入门到精通全图解［M］.北京：化学工业出版社，2018.
［5］ 武鹏程，张彤，等.汽车电工从入门到精通［M］.北京：中国电力出版社，2019.